当代社会研究方法

Stata
数据管理教程

许琪 ◎ 著

图书在版编目(CIP)数据

Stata 数据管理教程/许琪著. —北京：北京大学出版社，2021.10
(当代社会研究方法)
ISBN 978-7-301-32575-9

Ⅰ.①S… Ⅱ.①许… Ⅲ.①统计分析—应用软件—教材 Ⅳ.①C819

中国版本图书馆 CIP 数据核字(2021)第 197354 号

书　　　名	Stata 数据管理教程 STATA SHUJU GUANLI JIAOCHENG
著作责任者	许　琪　著
责任编辑	武　岳
标准书号	ISBN 978-7-301-32575-9
出版发行	北京大学出版社
地　　　址	北京市海淀区成府路 205 号　100871
网　　　址	http://www.pup.cn
新浪微博	@北京大学出版社　　@未名社科-北大图书
微信公众号	北京大学出版社　　北大出版社社科图书
电子邮箱	编辑部 ss@pup.cn　　总编室 zpup@pup.cn
电　　　话	邮购部 010-62752015　发行部 010-62750672 编辑部 010-62753121
印刷者	北京虎彩文化传播有限公司
经销者	新华书店
	650 毫米×980 毫米　16 开本　19.25 印张　311 千字 2021 年 10 月第 1 版　2024 年 8 月第 3 次印刷
定　　　价	56.00 元

未经许可，不得以任何方式复制或抄袭本书之部分或全部内容。
版权所有，侵权必究
举报电话：010-62752024　电子邮箱：fd@pup.cn
图书如有印装质量问题，请与出版部联系，电话：010-62756370

前 言

　　Stata 是一款风靡全球的统计分析软件。在国内,它也很受社会科学领域研究者和学生的欢迎。我从 2014 年到南京大学任教以来,就一直从事 Stata 软件的教学工作。除了日常的课堂教学,我也参加过各种线下和线上的培训班,给来自全国各地的科研工作者和学生讲解 Stata 的使用技巧。在教学过程中,我发现学生们问得最多的不是模型设定和统计分析结果的解释问题,而是诸如"我的数据怎么打不开""我的命令怎么又出错了""这个变量是怎么得到的"之类的问题。这些基础性问题很琐碎,但所有统计分析都会遇到。然而,市面上与 Stata 相关的教科书很少涉及这些问题,或者仅用一章的篇幅对这些问题一带而过。我认为这是不合适的。因为对那些没有相关统计分析经验的初学者来说,这些问题是他们迈入定量研究的第一关,很多人因为迈不过这一关而与定量研究彻底绝缘。为了更好地普及定量研究方法,也为了使初学者不再对定量研究心生恐惧,我决定写一本用 Stata 软件进行数据管理的教材。作为 Stata 软件的入门读物,这本书特别适合低年级本科生阅读。不过,书中讲到的一些软件使用技巧对那些有一定统计分析经验的研究人员同样有参考价值。[①]

　　在本书写作过程中,我得到了很多人的帮助和鼓励,在此一并表示感谢。

---

　　① 本书使用的所有数据、Stata 命令文件可通过访问北京大学出版社官网单击"下载中心"直接获取。每章末尾的练习部分所用的数据和答案也可从中得到。

特别要感谢的是我的三位导师——郭志刚教授、邱泽奇教授和谢宇教授,是他们将我引向了定量研究之路。此外,我要感谢在南京大学和其他科研单位工作的师友,感谢他们长期以来对我的关心和帮助。我也要感谢我曾经教授过的学生,是他们给了我写作此书的动力。尤其要感谢我的两名硕士研究生——徐威和付哲,他们对全书进行了认真的校对,提出了很多有价值的修改意见。我还要感谢北京大学出版社的武岳编辑,她在本书出版过程中付出了大量的时间和精力。最后,我还要感谢我的家人,他们是我从事各项工作的精神力量。

最后不得不提的是,虽然我和很多人都对书稿进行了反复校对,但书中难免会存在一些疏漏或错误之处,在此也恳请各位读者不吝赐教(我的邮箱是:xuqi@nju.edu.cn)。

许 琪

2021 年 8 月于南京大学社会学院

目 录

导　论 ··· 1

　　第一节　什么是数据管理 ··· 1
　　第二节　Stata 简介 ·· 3
　　第三节　本书的使用方法 ··· 6

第一章　Stata 基础知识 ··· 10

　　第一节　安装 Stata ·· 10
　　第二节　Stata 的工作界面 ·· 16
　　第三节　向 Stata 发出指令 ··· 20
　　第四节　Stata 的命令结构 ·· 25
　　第五节　Stata 的系统参数 ·· 35
　　第六节　更新 Stata ·· 37
　　第七节　学习 Stata 的资源 ··· 41

第二章　使用数据 ·· 44

　　第一节　数据格式 ·· 44
　　第二节　读入数据 ·· 46
　　第三节　录入数据 ·· 56

第四节　查阅数据 ………………………………… 61
第五节　存储数据 ………………………………… 74

第三章　变　量 …………………………………… 77

第一节　变量名与变量标签 ……………………… 77
第二节　变量值与值标签 ………………………… 82
第三节　数值变量与字符变量间的转换 ………… 90
第四节　变量的存储类型 ………………………… 95
第五节　变量的显示格式 ………………………… 101

第四章　变量运算 ………………………………… 107

第一节　变量赋值 ………………………………… 107
第二节　书写表达式 ……………………………… 112
第三节　变量重编码 ……………………………… 127
第四节　使用 egen 命令 ………………………… 142
第五节　巧用系统变量 …………………………… 148

第五章　数据变换 ………………………………… 158

第一节　纵向合并数据 …………………………… 158
第二节　横向合并数据 …………………………… 165
第三节　长宽格式互转 …………………………… 183
第四节　数据排序与筛选 ………………………… 196
第五节　数据延展与抽取 ………………………… 202

第六章　do 文件 …………………………………… 221

第一节　do 文件简介 …………………………… 221
第二节　编写 do 文件 …………………………… 228
第三节　执行 do 文件 …………………………… 235
第四节　调用 do 文件 …………………………… 242

第五节　一个特殊的 do 文件:profile.do ……………………………… 243

第七章　编程入门 ………………………………………………………… 245

　　第一节　编程简介 ……………………………………………………… 245
　　第二节　宏 ……………………………………………………………… 247
　　第三节　获取 Stata 的运算结果 ……………………………………… 253
　　第四节　循　环 ………………………………………………………… 264
　　第五节　创建新命令 …………………………………………………… 276

附　表 ……………………………………………………………………… 291

参考书目 …………………………………………………………………… 297

导　论

本章重点和教学目标：

1. 了解数据管理的概念，知道数据管理在统计分析中的作用；
2. 知道 Stata 不同版本和型号之间的差异，明白 Stata 相对其他统计软件的特点；
3. 了解本书的内容和章节安排，知晓本书的编排体例。

第一节　什么是数据管理

随着大规模调查数据在科学研究、商业咨询和政府决策中的使用日益频繁，各行各业对调查数据的分析需求也与日俱增。与之相应，包括经济学、管理学、社会学、人口学、教育学、新闻传播学、公共卫生在内的很多社会科学专业都开设了统计学课程，以满足社会各界日益增长的统计分析需求。但是，在统计学的日常教学过程中，无论是授课教师还是学生，都常常面临这样一个困扰，即课堂讲授的统计方法很难直接应用到实际的数据分析之中。举例来说，我们在进行统计分析时经常会遇到以下问题：

- ◆ 原始数据中的变量存在缺失值、奇异值和不合逻辑的值，分析前需要清理；
- ◆ 变量包括其取值都没有添加标签，导致数据难以理解；

◆ 变量在原始数据中以连续取值的形式存在,但实际应用时需要转换为分类变量;

◆ 某些分类变量的取值过于零散,分析前需要合并;

◆ 模型分析需要纳入某些变量的平方项、交互项等,但原始数据中没有这些变量;

◆ 分析需要使用的变量分别存储在多个数据文件中,但不知如何将它们合并;

◆ 某些特殊的统计方法(如事件史分析、追踪数据分析)对数据形态有特殊要求,但不知如何转换数据。

  类似的问题还有很多。我想,所有接触过统计分析的人都会遇到上述问题,甚至遇到过比上述问题更加棘手的问题。解决这些问题往往需要耗费大量的时间和精力,即使对一个有经验的统计分析人员来说,有时也并不容易。这本书的目标,就是教会大家解决这些问题的办法,而这种办法有一个专业名称,即数据管理(data management)。

  通俗来讲,数据管理就是我们在拿到原始数据到进行统计分析之前需要完成的工作。这些工作往往非常琐碎。小到改变某个变量的取值,大到改变整个数据的形态,都是数据管理的内容。除了琐碎之外,数据管理还非常耗费精力。有时,一个统计项目在最终的模型分析部分只需几行命令就可完成。但是,要将原始数据处理成模型可分析的形态却要写几百行甚至上千行命令。这些命令稍有不慎就会出错,从而导致整个项目失败。

  虽然数据管理在整个统计分析过程中非常重要,也非常容易出错,但人们对它的重视程度却远远不够。长期以来,高校的统计课程和市场上的各种培训都将重点放在统计方法和模型上,似乎只要学会了统计模型就能掌握统计分析。但实际上,如果学生只会模型而不懂数据管理,那么在面对"杂草丛生"的原始数据时也会有种有劲使不出的感觉。这就好比一个厨师只知如何对洗净、切好并进行过预处理的食材进行烹饪,而不会洗菜、切菜和加工食材的方法。在这种情况下,即便他厨艺高超,在面对近乎原初状态的蔬果肉蛋时也是做不出好菜的。为了帮助大家跨越原始数据与统计分析之间的鸿沟,进而成为一名真正的统计分析高手,本书详细讲授了使用 Stata 软件进行数据管理的方法和技巧。在本章接下来的部分，将首先简单介绍 Stata 软件，然后讲述本书的使用方法。

第二节　Stata 简介

进行数据管理需要专门的工具，在本书中，我们使用的工具是 Stata。Stata 是一个功能强大而又相对简单易学的统计软件。它是 Stata 公司的核心产品，在历经多次更新换代以后，Stata 已发展成与 SAS、SPSS 齐名的世界三大权威统计软件之一。

一、Stata 的版本与型号

Stata 是一个不断发展的软件，近些年来，它保持着每两年更新一版的节奏，目前最新的版本是第 17 版。本书将基于 Stata 14 介绍它的数据管理功能[①]。如果读者平时使用的不是 Stata 14，而是 Stata 15、Stata 16、Stata 17 或者比 Stata 14 更低的其他版本（如 Stata 13、Stata 12 等），也没有关系，因为 Stata 在进行版本升级的时候，主要是更新一些相对高级的统计功能，而不是数据管理功能。因此，本书的内容总体而言适用于各个版本的 Stata。

除了不同版本有所差别之外，Stata 在同一个版本内部还根据软件能处理的数据大小和运算速度分为不同的型号或子版本。以 Stata 14 为例，它可分为 MP 版、SE 版、IC 版和 Small 版四个子版本。这四个子版本之间的差异如表 0.1 所示。

从表 0.1 可以发现，Small Stata（也称学生版 Stata）是四个型号中性能最弱的。它只能读入行数不超过 1200 行、变量数不超过 99 个的数据；在进行统计运算的时候，最多只能纳入 99 个自变量，且矩阵运算的规模不能超过 40×40，同时它只支持单处理器运算。所以，这个型号的 Stata 只适用于学生课堂练习，不能用于大规模的统计分析。相比之下，IC 版（也称标准版）Stata 在读入数据的规模和运算规模上均比 Small Stata 有很大提升，已经基本能够满足一般统计

---

① 部分章节命令将基于更新后的 14.2 版执行，软件更新方法详见第一章第六节。

分析的需要。而 SE 版（也称特别版）Stata 又比 IC 版有进一步提升，但是它也只支持单处理器运算，因而在运算速度上依然受到限制。最后，MP 版（也称多处理器版）Stata 则在 SE 版的基础上增加了多处理器并行运算的功能，因而更能够利用多核处理器在运算速度上的优势。

表 0.1 Stata 14 不同型号间的差异

	Stata/MP	Stata/SE	Stata/IC	Small Stata
最大变量数	32767	32767	2047	99
最大自变量数	10998	10998	798	99
最大样本量	内存容量	内存容量	内存容量	1200
矩阵规模	11000×11000	11000×11000	800×800	40×40
处理器数量	多个	1个	1个	1个

综上所述，从 Small Stata 到 MP 版 Stata，软件的运算能力和运算速度逐步提升，但价格也在相应地提升，因此，大家应该根据自身需要购买最适合自己的版本。需要提醒大家的是，不同型号的 Stata 虽然在运算能力和运算速度上有很大差异，但能够执行的运算种类是完全相同的。换言之，MP 版的 Stata 能够执行的统计分析功能（如线性回归及其他复杂的统计模型），Small Stata 一样能够胜任。只不过 Small Stata 能处理的数据规模小一些，运算的速度慢一点。本书将使用 SE 版的 Stata 演示该软件的数据管理功能，本书演示的方法和命令可以不加任何修改地应用于其他型号的 Stata。

二、为什么使用 Stata

如前所述，Stata 是一个非常流行的统计分析软件，特别是在科学研究领域，Stata 的普及性和受欢迎程度非常高，甚至已经超过了 SAS 和 SPSS 等同类产品。这主要是因为，与其他软件相比，Stata 在以下几个方面拥有明显的优势：

第一，功能强大。Stata 具有非常强大的统计分析功能，从简单的统计描述到复杂的统计建模，Stata 都能轻易完成。而且，Stata 每两年就会进行一次更新升级，每次更新都会增加一些前沿的统计分析模块，这使得 Stata 可以始终与统计学的最新发展保持同步。

第二，运算速度极快。Stata 在运行时首先会将数据读入计算机内存，然后关于数据的各种处理和分析都直接在内存中完成，而无须反复从硬盘读入和存储数据。因此，Stata 的运算速度非常快，几乎所有的统计分析都可以在一瞬间完成。

第三，相对简单易学。使用 Stata 需要掌握它的命令和语言，一些习惯使用菜单的用户在刚开始的时候可能会有些不太适应。不过，Stata 的命令和语法都非常简单明了，对于一些有过编程经验的用户来说简直就是"小儿科"。即使用户不会编程，学写命令也不难。只要用户会写简单的英文句子，就能轻易学会 Stata 的命令和语法。

第四，结果易读易懂。Stata 的输出结果非常简洁，陈列也非常美观，用户可以使用各种选项设置自己想要的输出结果及其呈现方式。而且，Stata 的输出结果可以直接复制粘贴或通过命令输出到 Word、Excel 等常用的文本编辑软件中，供后续编辑使用。另外，Stata 还可以制作各种精美的表格和图形，这使得其在同类软件中拥有无可比拟的优势。

第五，众多的外部程序。Stata 是一个开放的软件，它所有的命令程序都保存在扩展名为".ado"的文件之中，用户可以通过文本编辑器打开、查阅甚至修改任何一个软件自带的命令程序文件，也可根据自身需要编写新的命令程序文件。这样一个开放的框架吸引了世界各地的统计爱好者不断开发新的命令程序。这些外部程序非常多，有些也非常实用，用户只要将这些程序下载并安装到自己的电脑上，就可以像使用软件自带的命令一样来使用它们。

三、Stata 的数据管理功能

很多人选择 Stata 是因为它强大的统计分析功能，但实际上，Stata 的数据管理功能同样出众。就我个人而言，Stata 并不是我最初接触的统计软件，而后来我改用 Stata 的一个主要原因就是它在数据管理方面非常方便。

举例来说，我们在做数据分析时，经常会发现所需的变量被分别存储在多个数据文件中。例如，员工每一年的工作表现都存储在一个单独的数据文件中，而数据分析却要综合两年的情况进行。面对这样碎片化的数据文件，分析的第一步就是要将多年数据合并到一起,使用 Stata 的 merge 命令就可以轻易做到这一点(详见第五章第二节)。

再举一个例子,我们有时需要对数据进行分类汇总,并将汇总结果作为一个新变量存储到原数据文件中。比如,我们有一组全国范围内的抽样调查数据,现在需要分省份计算各省的平均收入,然后将之作为一个新变量存储到原数据中。这项工作在其他软件中往往要分好几步才能完成,不仅烦琐而且非常容易出错;但是在 Stata 中,我们通过 egen 命令一步就可完成(详见第四章第四节),这就大大提高了工作的效率。

总而言之,Stata 有非常强大的数据管理功能。我想,读者在阅读本书以后将会对这一点有更加深刻的体会。我在前面曾经提到,数据管理是整个数据分析过程中最琐碎、最耗费精力,同时也是最容易出错的环节。所以,选择一个操作简单、方便易学的数据管理软件至关重要。就我个人的使用体验来说,Stata 是我们做数据管理的不二之选,这是我推荐大家使用 Stata 的主要原因,我想这也是 Stata 能够风靡全球的原因所在。

第三节 本书的使用方法

本书旨在教会读者使用 Stata 进行数据管理的技巧和方法,在正式介绍这些技巧和方法之前,有必要先了解一下本书的使用方法。

一、章节安排

本书的正文部分共分八章,除了导论之外,其余章节的安排如下:

第一章主要介绍 Stata 的基础知识,包括 Stata 的工作界面、向其发出指令、命令结构、系统参数和学习资源等。这一章主要是为不熟悉 Stata 的读者准备的,如果读者曾经学过 Stata,或者已经对 Stata 的基本使用方法有所了解,可以跳过这一章的内容。

从第二章开始,我们将正式进入数据管理部分。第二章主要介绍读入和录入数据、查阅数据和存储数据的相关知识。作为补充,我们还介绍了 Stat/Transfer 软件的使用方法。通过这个软件,读者可以非常方便地将其他格式的数据转换成 Stata 默认的".dta"格式。

第三章的核心内容是变量。在这一章,我们将系统介绍 Stata 中变量的命名规则、取值类型、存储与显示方式、为变量及其取值添加标签的方法,以及不同取值类型的变量相互转换的方法。除此之外,我们还将介绍 Stata 对缺失值的编码方法及相关注意事项。

第四章将介绍与变量运算相关的知识,包括:给变量赋值、正确书写表达式和使用 Stata 自带的函数、对变量重编码、生成虚拟变量、使用 egen 命令及系统变量来实现一些相对复杂的运算功能等。

第五章介绍的是数据合并和变换的方法,包括数据的纵向合并、横向合并、长宽格式互转、排序与筛选、延展与抽取等。这些内容是数据管理中相对高深的部分,同时也是使用 Stata 进行数据管理的精华之所在。

第六章将介绍 do 文件的编写方法。do 文件是 Stata 的命令文件。用户可以直接在 do 文件中编写命令并提交给 Stata 执行,也可以将执行过的命令保存在 do 文件中供以后查阅和修改。因此,学会编写 do 文件是使用 Stata 的基本功,用户必须掌握。

最后,第七章将简要介绍 Stata 的编程语言。Stata 除了提供一系列现成的命令供用户使用之外,还提供了一种编程语言,以方便用户遇到难以解决的问题时自己探索解决问题的办法。正是基于这套编程语言,世界各地的统计爱好者开发出了成千上万的外部程序。在这一章,我们将简单介绍 Stata 的编程语言,以方便一些高级用户在有需要时使用。

综上所述,本书的八个章节既相互联系,又自成一体。因此,读者既可以从头开始按部就班地学习,也可以选择自己需要的章节单独学习。对于一些有基础的读者,还可以将本书作为手册,放在手边随时查阅。

二、课程资料

本书除了一般性地介绍数据管理的方法之外,在每章都配有大量的案例。这些案例大多取自真实的调查数据,如中国人民大学中国调查与数据中心负责设计与实施的中国综合社会调查(Chinese General Social Survey,以下简称 CGSS)、北京大学中国社会科学调查中心负责设计与实施的中国家庭追踪调查

（China Family Panel Studies，以下简称 CFPS）等。这些数据都是国内外学者研究中国时常用的数据资料，希望通过这种"真枪实弹"的演练帮助读者尽快掌握数据管理的方法和技巧。

为了方便读者在阅读的同时演练书中的案例，**本书使用的所有数据、Stata 命令文件可通过访问北京大学出版社官网单击"下载中心"直接获取**。每章末尾的练习部分所用的数据和答案也可从中得到。

三、编排与体例

作为一本统计软件教科书，本书包含大量的 Stata 命令程序和输出结果，这给编排工作带来了很多困难。为了保证编排质量和阅读效果，我们针对不同内容采用了不同的格式，以提高本书的可读性，方便读者学习。具体来说：

◆ 对于正文中出现的 Stata 命令、符号、变量和函数等，统一用正文字体；对于单独成行的 Stata 命令，使用 Courier New 字体。

◆ 对于实际可执行的 Stata 命令，在该命令之前都有一个"．"。因此，读者只要看到某行命令前有一个"．"，则意味着可以直接将之键入 Stata 执行。[①]

◆ Stata 的输出结果均使用 Courier New 打印机字体显示，其中执行过的命令部分用加粗的 Courier New 字体显示，而一般输出结果不加粗。

四、作者寄语

在本章的最后，我想谈几点我学习和讲授 Stata 的心得体会，与大家共勉。

我最初接触 Stata 是在 2009 年，当时国内相关教材还非常匮乏，身边也没有能熟练掌握 Stata 的师友可以请教。因此，我的 Stata 操作技能基本是靠自己摸索学会的。我谈及这段经历不是为了炫耀，而是想让大家知道 Stata 并不难学，千万不可在一开始就产生畏难心理。我在从事 Stata 教学的过程中，发现不少学生听说 Stata 要写命令就感到害怕，其实这大可不必。事实上，Stata 的每

[①] 部分命令的执行结果可能与书中不同，这主要是因为 Stata 对数据排序和抽样时存在一定的随机性。

个命令就是一个英文单词,而且大家只需学会30多个命令就能掌握数据管理的基本方法。所以,Stata并不难学,至少比学习英语要容易得多。

虽然Stata不难学,但如果不下功夫也不容易掌握。与学习其他计算机软件一样,熟练使用Stata的唯一途径就是反复练习,并在自己的实际工作中有意识地多用Stata。本书在讲解过程中配备了大量的案例,在每章末尾还有相应的练习,希望读者在阅读时反复推敲书中的案例并勤加练习。读者在研究书中案例和做练习的时候,需要不断思考和总结其中的方法和技巧,因为这些方法和技巧完全可以直接推广到其他情境之中。因此,参照书中的案例和练习中的方法,读者便能解决绝大多数实际研究中遇到的问题。

最后,大家在使用Stata做数据管理的时候一定会遇到千奇百怪的错误,对于初学者来说,出错的可能性更高。这都是正常的,大家不必为此过于焦虑。我在初学Stata的时候也是错误百出。但是,随着不断地使用和练习,软件报错的频率也越来越低。在我看来,犯错是学习Stata的一个必经阶段:只有不使用,才能不出错;如果出错少,只能说明练得少。所以,大家不必过于担心犯错,因为只有亲身经历过各种错误以后,才能真正掌握正确的使用方法。为了帮助大家(特别是初学者)读懂软件报告的错误,本书在介绍每一个命令的时候,都会详细讲解使用该命令时的常见错误和纠正这种错误的方法,希望读者在阅读时仔细体会,早日成为Stata的使用高手!

◆ 练习

1. 什么是数据管理?为什么说数据管理是整个统计分析过程中最琐碎、最耗费时间精力,也是最容易出错的一个环节?
2. Stata的不同版本和型号之间有何差异?
3. Stata相对其他软件而言,有哪些优势和特点?

第一章

Stata 基础知识

本章重点和教学目标：
1. 学会安装、激活和更新 Stata 的方法；
2. 熟悉 Stata 的工作界面，学会设定界面的颜色和字体、调整窗口的大小和位置等；
3. 知道如何向 Stata 发出指令，了解 Stata 的命令结构，能在命令窗口输入简单命令；
4. 能正确使用命令回顾窗口查找并调用已执行过的命令；
5. 知道如何查询和修改 Stata 的系统参数；
6. 知道如何获取 Stata 的学习资源。

第一节 安装 Stata

在使用 Stata 之前，首先需要下载软件，将之安装到电脑。Stata 可以在 Windows、macOS 和 Linux 这三种操作系统中运行。在不同系统中安装 Stata 的过程大同小异，下面将以 Windows 系统为例讲解 Stata 的安装方法和注意事项。

一、Windows 环境下安装 Stata

Windows 环境下安装 Stata 的步骤如下：

第一步:双击安装文件,启动安装程序。此时,屏幕会弹出如图 1.1 所示的窗口,表示安装程序已经启动成功,我们单击"Next",进入下一步。

图 1.1　Windows 环境下 Stata 安装步骤 1

第二步:在这一步,屏幕会显示如图 1.2 所示的窗口。该窗口显示的是 Stata 的用户协议,我们须接受该协议才能使用 Stata。因此,选择"I accept the license agreement",然后单击"Next"进入下一步。

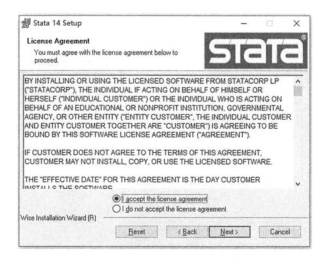

图 1.2　Windows 环境下 Stata 安装步骤 2

第三步：在这一步，屏幕会显示如图1.3所示的窗口。我们可在该窗口输入自己的用户名和机构名称，然后继续单击"Next"，进入下一步。

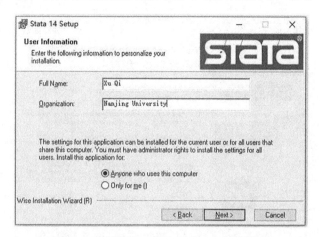

图1.3　Windows环境下Stata安装步骤3

第四步：进入这一步，屏幕会显示如图1.4所示的窗口。该窗口要求选择待安装的Stata型号，总共有Stata/MP、Stata/SE、Stata/IC和Small Stata四个选择。需要注意的是，这一步的选择必须与已购买的软件序列号所对应的型号（可以在存储序列号的文件中找到）相一致，否则后期无法激活Stata。因为本书使用的是SE版的序列号，所以在这一步，须选择Stata/SE，然后单击"Next"，进入下一步。

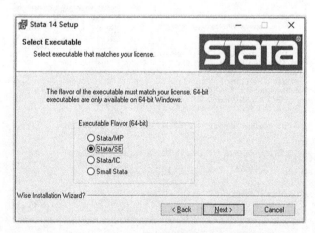

图1.4　Windows环境下Stata安装步骤4

第五步:在这一步,屏幕将显示如图 1.5 所示的窗口。该窗口可以指定 Stata 的安装位置,默认是安装在"C:\Program Files (x86)\Stata14\"。如果用户想将 Stata 安装在电脑其他位置,可单击"Browse"选择安装地址;如果不想改变安装地址,直接单击"Next"。

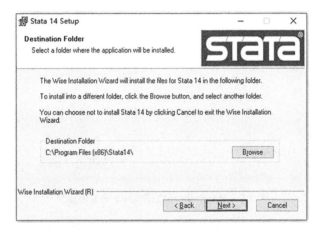

图 1.5　Windows 环境下 Stata 安装步骤 5

第六步:在这一步,电脑屏幕将显示如图 1.6 所示的窗口。该窗口用来指定 Stata 输出图形、数据和其他文件的位置,这个位置也称作工作目录(working directory)。Stata 默认是将工作目录设置为用户的文档,这个目录可以在后期使用时根据需要来更改。一般来说,我们在这一步只需遵循软件的默认设置即可,所以直接单击"Next"进入下一步。

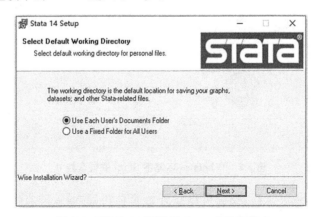

图 1.6　Windows 环境下 Stata 安装步骤 6

第七步：在这一步，屏幕将显示如图1.7所示的窗口。此时，软件已做好安装前的所有准备工作，我们只需单击"Next"就可以开始安装了。

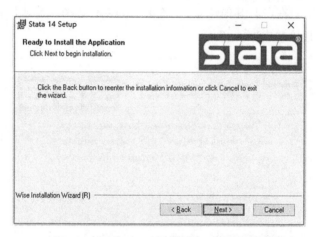

图1.7 Windows环境下Stata安装步骤7

第八步：安装完成后，屏幕会显示如图1.8所示的窗口。此时，只需单击"Finish"即可完成整个安装环节。

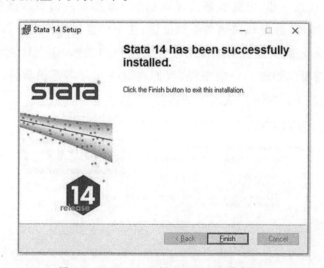

图1.8 Windows环境下Stata安装步骤8

在安装好Stata以后，我们可以在开始菜单找到Stata的应用程序，也可以在第五步设置的安装地址找到Stata的应用程序。建议在桌面创建该应用程序

第一章　*Stata* 基础知识

的快捷方式，或者将该应用程序添加到任务栏，这样可以在以后使用时更加方便地打开 Stata。

二、激活 Stata

Stata 安装好以后第一次打开会弹出如图 1.9 所示的窗口。该窗口是一个激活窗口。因为 Stata 是一个付费软件，所以在使用前必须先激活。激活的方法是将已购买的序列号输入激活窗口的相应栏目并进行验证。在激活窗口中，"Name"和"Organization"可根据实际情况填写，而"Serial number""Code"和"Authorization"必须与购买的正版序列号中的代码完全一致。输入完毕之后单击"下一步"，就可对输入的序列号进行验证。

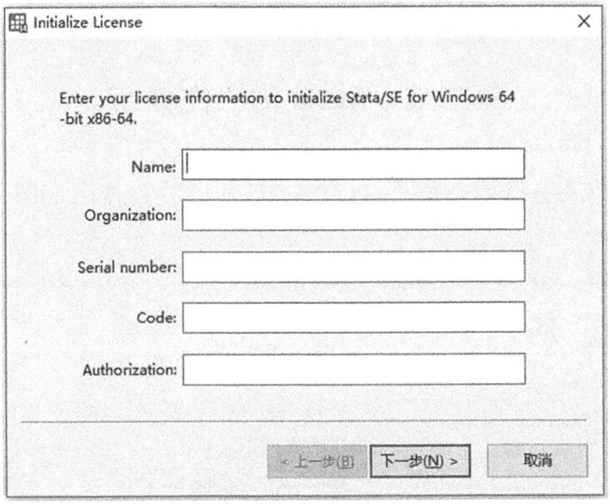

图 1.9　Stata 激活窗口

如果序列号通过验证，就会弹出如图 1.10 所示的窗口。该窗口询问用户是否需要立即注册 Stata。是否注册并不影响 Stata 软件的使用，但是注册以后可以享受一些额外服务，如不定期地收到 Stata 公司的邮件以及在需要时得到相应的技术支持等。如果用户想要立即注册 Stata，可以在方框中打钩，然后单击"完成"。此时，在联网状态下电脑会自动打开浏览器并跳转到注册页面，用户根据提示填写相关注册信息就可注册成为 Stata 用户。如果暂时不想注册，不在方框中打钩，直接单击"完成"即可。

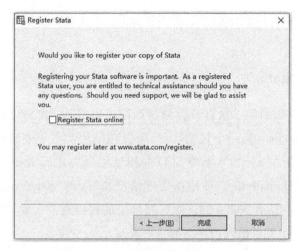

图 1.10　注册 Stata

第二节　Stata 的工作界面

对于安装成功且已激活的 Stata 软件，打开以后会弹出如图 1.11 所示的工作界面。

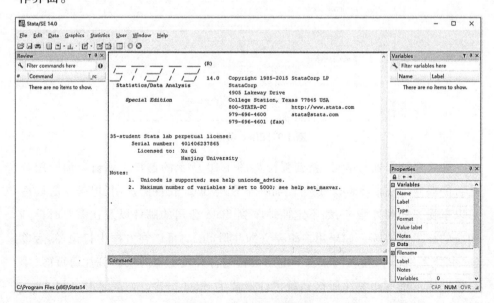

图 1.11　Stata 的工作界面

一、窗口

这个工作界面中共有五个窗口,下面将逐一进行介绍。

结果窗口。在工作界面的中央占据面积最大的一个窗口是结果窗口。结果窗口的功能是显示用户输入的命令及其输出结果。除此之外,如果命令出错,相应的错误提示也会显示在结果窗口里。Stata 在结果窗口使用不同的颜色来标识不同的信息。例如,已执行过的命令和相应的输出结果用黑色显示,而错误提示则用红色显示。

命令窗口。在结果窗口的正下方标题为"Command"的窗口是命令窗口。该窗口的功能是输入命令。用户在命令窗口输入命令以后,按回车键就可将命令提交给 Stata 执行,执行结果则会在结果窗口显示出来。

命令回顾窗口。工作界面的左边标题为"Review"的窗口是命令回顾窗口。该窗口的功能是显示已提交给 Stata 执行的命令编号、内容和反馈结果。对于正确执行的命令,用黑色显示;对于出错的命令,则用红色显示,同时显示错误代码。

变量窗口。位于工作界面右上角标题为"Variables"的窗口是变量窗口。该窗口的功能是显示已读入 Stata 中的数据所包含的所有变量的名称和变量标签。

属性窗口。位于工作界面右下角标题为"Properties"的窗口是属性窗口。该窗口的功能是显示已读入 Stata 中的数据和变量的属性。变量(Variables)的属性包括每个变量的名称、标签、存储类型、显示格式、数值标签和变量注释。数据(Data)的属性包括数据的名称、标签、注释、变量数、样本量、文件大小、分配内存容量和排序特征。

二、菜单和快捷键

在 Stata 五个窗口的上方有菜单和快捷键,具体如图 1.12 所示。

图 1.12　Stata 的菜单和快捷键

Stata 共有八个菜单,从左到右依次是:File(文件)、Edit(编辑)、Data(数据)、Graphics(图形)、Statistics(统计)、User(用户)、Window(窗口)和 Help(帮助)。除此之外,还有 12 个快捷键,从左到右依次是:打开数据、存储数据、打印、处理结果记录文件、打开信息浏览窗口、打开制图窗口、打开 do 文件编辑器窗口、数据编辑窗口、数据浏览窗口、变量管理窗口、分页符处理和程序中断按钮。虽然 Stata 提供了非常丰富的菜单和快捷键,但除了其中极个别之外,我们很少会用到它们。对于那些有时会使用的菜单和快捷键,将在后续章节用到的时候再做具体介绍。

三、设定界面

初次使用 Stata 的时候,可以根据自己的偏好调整它的工作界面。具体操作包括:关闭、打开和隐藏窗口,调整窗口的位置和大小,调整结果窗口的字体和颜色等。

关闭、打开和隐藏窗口。Stata 默认显示五个窗口,但其中除了结果窗口以外,其他四个窗口都可关闭或隐藏。若要关闭某个窗口,只需单击该窗口右上角的"✕"即可;若要将已关闭的窗口再次打开,则可通过"Window"菜单找到相应的窗口名称,然后单击。隐藏窗口的方法是单击窗口右上角的"📌",此时,屏幕将只显示窗口的名称,而不显示窗口的内容;若要显示隐藏窗口,只需将鼠标移动到标有该窗口名称的位置即可;若要将隐藏的窗口再次固定到工作界面上,则需单击窗口右上角的"📌"。

调整窗口的位置和大小。若要调整某个窗口的位置,则需单击该窗口的标题栏,然后按住鼠标左键将其拖动到理想的位置后再松开鼠标左键。若要调整窗口的大小,则需将鼠标移动到窗口边框位置,然后拖动窗口的边框就可任意改变窗口的大小。

调整结果窗口的字体和颜色。若要调整结果窗口的字体,用户可将鼠标移动到结果窗口,然后单击鼠标右键,并在弹出的快捷菜单中选择"Font",此时就会弹出如图 1.13 所示的窗口,用户可根据需要选择自己喜欢的字体、字形和字号。若要调整结果窗口的颜色,可将鼠标移动到结果窗口,然后单击鼠标右键,并在弹出的快捷菜单中选择"Preferences",此时就会弹出如图 1.14 所示

第一章　*Stata* 基础知识

的窗口。软件默认采用的是"Standard"配色,如果用户想要使用其他配色,可通过下拉菜单选择,也可根据自己的偏好自定义配色。

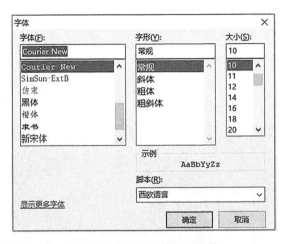

图 1.13　调整结果窗口的字体

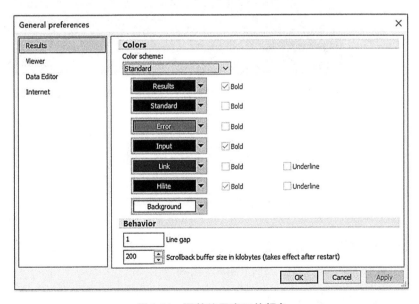

图 1.14　调整结果窗口的颜色

我个人比较偏好如图 1.15 所示的工作界面。与默认的界面相比,该界面的不同之处在于:第一,关闭了用处不大的属性窗口,并将变量窗口调整到整个界面的左下角,这样可以最大限度地增加结果窗口的显示空间;第二,将结果窗口的配色改为"Classic",这款配色是 Stata 早期版本的默认配色,也是我比较喜欢的配色。需要说明的是,虽然我个人比较偏好如图 1.15 所示的工作界面,但是这并不代表所有人都必须进行同样的设定。具体如何设定,用户要充分考虑自己的偏好和使用习惯。

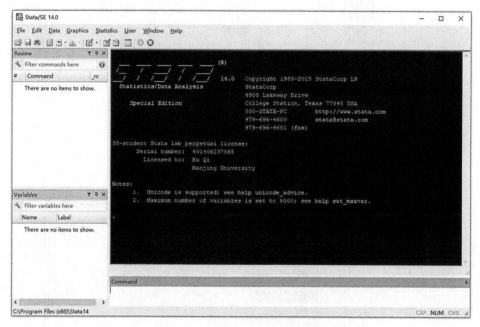

图 1.15 调整后的 Stata 工作界面

第三节 向 Stata 发出指令

使用 Stata 的过程就像在进行一场人机对话,这场对话得以顺利进行的前提是用户能够采用正确的方式向 Stata 发出指令。

一、指令输入方式

用户可以通过菜单和命令两种方式将指令发送给 Stata。对初学者来说,菜单式可能更有吸引力,特别是在用户还不熟悉 Stata 命令的情况下,菜单可以

第一章 Stata 基础知识

帮助用户提交运算任务,特别是一些比较复杂的运算任务。但是,使用菜单输入也有很多问题:

第一,菜单操作非常烦琐,在遇到复杂任务的情况下很容易出错。第二,菜单操作的可复制性较低,即使相似的分析任务也需重复单击,费时费力。第三,菜单操作的过程很难记录和保存,一旦关闭 Stata,操作过程就会丢失,这导致统计分析工作缺乏延续性。第四,菜单操作过程很难共享给其他用户,因此大大限制了同行间的交流。第五,菜单只能执行 Stata 自带的功能,而用户编写的外部命令和功能只能通过写命令的方式实现。

基于上述五点,我建议大家从一开始学习 Stata 就尝试写命令。用户可以先在命令窗口输入一些探索性的命令,然后把认为有用的命令复制粘贴到 do 文件里[1];或者直接在 do 文件里输入命令。这种使用习惯不仅可以使用户对自己要执行的任务有比较清晰的理解,同时也为保存、记录、修改和共享命令程序带来了极大的便利。

二、输入命令

我们可以尝试在 Stata 的命令窗口输入以下命令,按回车键以后,相应的执行结果就会呈现在结果窗口里:

. use "C:\Users\XuQi\Desktop\cgss2003.dta", clear

该命令的功能是打开一个存放在"C:\Users\XuQi\Desktop\"[2]的名为"cgss2003.dta"的 Stata 数据。在这行命令中,use 是打开数据文件的命令名,双引号之间的部分是数据存放的地址和数据文件名称,命令主体后面紧跟一个选项 clear,该选项的功能是在读入数据前先清空内存。可以发现,在执行该命令以后,变量窗口已经显示出该数据所包含的所有变量及其标签。与此同时,在命令回顾窗口也可以查阅刚刚执行过的这条命令。

打开数据以后,可通过在命令窗口输入 describe 查阅数据的基本情况。执

---

[1] do 文件的编写和使用方法将在本书第六章进行介绍。
[2] 读者在执行该命令时需修改数据文件的存储位置,使其与自己实际存储文件的位置相符。书中之后涉及相关问题时,做类似处理。

行该命令以后，结果窗口会列出数据的样本量、变量数，以及每个变量的名称、存储类型、显示格式、值标签和变量标签。与此同时，刚执行过的 describe 命令也会出现在命令回顾窗口中：

```
. describe

Contains data from  C:\Users\XuQi\Desktop\cgss2003.dta
  obs:           5,894
 vars:              17                          14 Feb 2020 09:26
 size:         247,548
---------------------------------------------------------------------
              storage   display    value
variable name   type    format     label       variable label
---------------------------------------------------------------------
id             int      %9.0g                  问卷编号
province       byte     %19.0g     province    省份
gender         float    %9.0g      gender      性别
age            float    %9.0g                  年龄
age2           float    %9.0g                  年龄平方
race           byte     %12.0g     race        民族
hukou          float    %9.0g      hukou       户口
marry          byte     %15.0g     marry       婚姻状况
edu            byte     %18.0g     edu         教育程度
eduy           byte     %9.0g                  教育年限
party          byte     %19.0g     party       是否党员
work           float    %15.0g     work        工作状况
income         float    %9.0g                  收入
lninc          float    %9.0g                  收入对数
fedu           byte     %18.0g     fedu        父亲教育程度
medu           byte     %18.0g     fedu        母亲教育程度
ppwt           float    %19.0g     LABB        人权重
---------------------------------------------------------------------
Sorted by:
```

接下来，我们还可通过 list 命令列出数据中前五行的部分变量，相应的命令和执行结果如下：

```
. list gender age race hukou edu party work in 1/5
```

	gender	age	race	hukou	edu	party	work
1.	男性	45	汉族	城镇	高中职高技校	非党员	全职工作
2.	男性	20	汉族	城镇	大专及以上	非党员	无业
3.	男性	46	汉族	城镇	高中职高技校	党员	全职工作
4.	女性	63	汉族	城镇	小学及以下	非党员	无业
5.	女性	67	汉族	城镇	小学及以下	非党员	无业

该命令中，list 是命令名，list 之后从 gender 到 work 是需要列出的变量名，

命令最后的 in 1/5 用来限定只针对前五行数据执行该命令。

检查完数据以后,我们可以做一些简单的统计描述。例如,使用 summarize 命令计算 income 和 eduy 的均值、标准差等统计值;使用 tabulate 命令生成 edu 和 gender 的二维频数表。相应的命令和输出结果如下:

```
. summarize income eduy
```

Variable	Obs	Mean	Std. Dev.	Min	Max
income	5,351	9908.345	13683.06	0	360000
eduy	5,894	10.42501	3.70177	0	19

```
. tabulate edu gender
```

教育程度	性别		Total
	女性	男性	
小学及以下	651	422	1,073
初中	994	848	1,842
高中职高技校	905	901	1,806
大专及以上	509	664	1,173
Total	3,059	2,835	5,894

通过上文的演示可以发现,Stata 的命令不仅简洁,而且通俗易懂,所以书写起来非常方便。在输入命令以后,只要按回车键,就可提交执行,相应的执行结果就会立即出现在结果窗口。与此同时,已执行过的命令也会按顺序存放在命令回顾窗口。这些存放好的命令不仅完整记录了数据分析的整个过程,而且可以反复调用。下面将详细介绍如何使用命令回顾窗口调用已执行过的命令。

三、使用已执行的命令

用户可通过两种方法将记录在命令回顾窗口的命令再次提交给 Stata 执行:一是双击命令回顾窗口的命令,双击以后该命令可直接提交执行;二是单击命令回顾窗口的命令,单击以后该命令会出现在命令窗口,此时用户可按回车键执行该命令,也可对命令稍做修改后再提交执行。熟练掌握这两种方法可以大大提高我们书写命令的效率。

举例来说，我们之前使用 tabulate 命令生成了 edu 和 gender 的二维频数表。如果我们现在不想输出频数，而是想了解分性别和不同教育程度的百分比，那么只需在命令回顾窗口将之前输入过的命令通过单击的方式键入命令窗口，然后在该命令后增加 nof 和 col 两个选项。nof 的功能是不输出频数，col 的功能是输出列百分比。具体执行结果如下：

. tabulate edu gender, nof col

教育程度	性别		
	女性	男性	Total
小学及以下	21.28	14.89	18.20
初中	32.49	29.91	31.25
高中职高技校	29.58	31.78	30.64
大专及以上	16.64	23.42	19.90
Total	100.00	100.00	100.00

如果现在我们又想单独看一下全职工作者中分性别和不同教育程度的分布情况，那么只需将上一步执行过的命令再次通过单击的方式键入命令窗口，然后增加 if work==1 这个限定条件即可再次提交执行。执行结果如下：

. tabulate edu gender if work==1, nof col

教育程度	性别		
	女性	男性	Total
小学及以下	7.60	7.65	7.63
初中	23.78	27.43	25.89
高中职高技校	38.90	34.24	36.21
大专及以上	29.71	30.67	30.27
Total	100.00	100.00	100.00

综上所述，在很多情况下，我们需要对已提交的命令进行局部修改，如增加或减少某个变量，修改命令的执行条件，改变输出结果的呈现方式等。如果每次调整都要重新书写命令就会非常烦琐，而在已执行过的命令基础上进行修改就会节省大量的时间。因此，学会重复使用已执行的命令是提高 Stata 使用效率的一个有效手段。

第四节　Stata 的命令结构

学会 Stata 的关键在于写对命令,而写对命令的前提是了解命令的书写规则。虽然 Stata 的命令千差万别,但所有命令都遵循一个通用的语法规则:

[prefix:] command [varlist] [=exp] [if exp] [in range] [weight] [, options]

这条语法规则乍看起来非常复杂,但实际上,其中方括号[ ]内的部分都是非必需的。因此,一条最简单的 Stata 命令只需包含命令名 command 即可(如之前演示的 describe),而其他部分只是对 command 的补充和修饰。在本节接下来的部分,将从命令名 command 开始,逐一对命令结构中的各个部分进行解释。

一、命令名

如前所述,命令名(command)是 Stata 命令的核心,也是一条命令中唯一不可缺少的部分。Stata 的命令有很多,每条命令都有唯一的名称,每条命令都对应一项功能。初学 Stata 的人可能会觉得要学的命令太多、太难学,其实不然。Stata 中的命令虽多,但经常使用的核心命令只有几十条。就本书来说,用户大约学会 30 条命令就可基本掌握使用 Stata 进行数据管理的方法。而且,Stata 中的每个命令名就是一个英文单词,这些单词与它对应的功能是非常直观的。例如,生成新变量的命令名是 generate,对变量重编码的命令名是 recode,数据排序的命令名是 sort,线性回归的命令名是 regress。这些命令从名字就能大体猜出其功能,因此记忆起来非常方便。

在书写 Stata 命令的时候,命令名可以写全称,也可以采用缩写。例如,generate 可缩写为 g,regress 可缩写为 reg。采用缩写可减少输入命令时的工作量,但缩写时也必须遵循一定的规则。用户可通过 help 命令查询命令的缩写规则。举例来说,我们可以在命令窗口输入 help summarize 查询 summarize 命令的缩写方法,从弹出的帮助窗口可以发现,summarize 命令的语法规则如下:

```
summarize [varlist] [if] [in] [weight] [, options]
```

其中,在 su 下面有一条下划线,这意味着我们可以将 summarize 缩写为 su;但是,如果想进一步缩写为 s,则是不被认可的。

二、变量串

在 Stata 命令中,命令名通常是一个动词,如果它是及物动词,那么我们还必须指定宾语,这个宾语就是 varlist,即变量串。指定变量串的目的是告诉 Stata 针对哪些变量采取行动。如果行动的目标只有一个,那么只需在命令名之后将该变量列出;如果行动的目标有多个,那么就需在命令名之后将多个变量依次列出,变量之间用空格隔开。如果多个变量之中有自变量和因变量的区别,通常因变量在前,自变量在后。

在 Stata 的命令窗口输入变量有两种方法:一是手动输入,二是在变量窗口通过双击变量名的方法将变量输入。具体采用哪种方法,可根据实际情况进行选择。除此之外,在一些特殊情况下,也可通过简便方法输入多个变量。

举例来说,我们在打开 cgss2003 数据(use "×:\××\××\cgss2003.dta")以后,可以输入以下命令:

```
. list province-edu in 1/5
```

	province	gender	age	age2	race	hukou	marry	edu
1.	上海	男性	45	2025	汉族	城镇	在婚	高中职高技校
2.	上海	男性	20	400	汉族	城镇	未婚	大专及以上
3.	上海	男性	46	2116	汉族	城镇	在婚	高中职高技校
4.	上海	女性	63	3969	汉族	城镇	离婚或丧偶	小学及以下
5.	上海	女性	67	4489	汉族	城镇	在婚	小学及以下

该命令的功能是列出 province、gender、age、age2、race、hukou、marry 和 edu 这几个变量在前五行的观测值。在数据中,这些变量恰好是连续排列在一起的,因此可以用连字符将首尾两个变量相连,这样可以将所有变量同时提交给 Stata。

我们再看一个例子。在这个例子中,我们想要使用 tab1 命令描述所有以 edu 结尾的变量。在数据中,以 edu 结尾的变量有三个,分别是 edu、fedu 和

medu。我们可以直接将这三个变量列在 tab1 之后,也可采用以下简便方法:

. **tab1 *edu**

-> **tabulation of edu**

教育程度	Freq.	Percent	Cum.
小学及以下	1,073	18.20	18.20
初中	1,842	31.25	49.46
高中职高技校	1,806	30.64	80.10
大专及以上	1,173	19.90	100.00
Total	5,894	100.00	

-> **tabulation of fedu**

父亲教育程度	Freq.	Percent	Cum.
文盲	1,601	28.63	28.63
小学及以下	1,939	34.67	63.29
初中	1,036	18.52	81.82
高中职高技校	672	12.02	93.83
大专及以上	345	6.17	100.00
Total	5,593	100.00	

-> **tabulation of medu**

母亲教育程度	Freq.	Percent	Cum.
文盲	2,943	51.60	51.60
小学及以下	1,498	26.27	77.87
初中	700	12.27	90.15
高中职高技校	436	7.65	97.79
大专及以上	126	2.21	100.00
Total	5,703	100.00	

Stata 的变量名中可用 * 指代任意一个或多个字符,因此,上述命令中的 *edu 表示所有以 edu 结尾的变量。同理,如果要列出所有以 edu 开头的变量,可以使用 edu*。感兴趣的读者可以自己尝试一下。

三、前缀

在 Stata 的命令主体之前可使用前缀(prefix:),使用前缀的目的是对命令主体的功能进行拓展或修饰。需要注意的是,命令的前缀部分和主体部分必须用":"隔开,否则无法执行。

要了解前缀的用法,可在命令窗口输入 help prefix,然后按回车键,就可在弹出的帮助窗口中查阅 Stata 中的所有前缀及其使用方法。就本书所要讨论的数据管理来说,我们只需掌握 by varlist 这个前缀的用法即可。

前缀 by varlist 的功能是分类执行。换句话说,在使用该前缀以后,Stata 会针对 varlist 里的每个变量取值分别执行一次命令主体部分。需要注意的是,在使用该前缀之前,必须先对 varlist 中的变量排序,否则软件会报错。举例来说,我们在打开 cgss2003 数据以后,可以在命令窗口输入以下命令:

```
. by gender: sum eduy income
not sorted
r(5);
```

可以发现,在提交该命令以后,结果窗口出现了一行红色的错误提示"not sorted",即数据没有排序。要避免这个错误,可在执行该行命令之前,首先使用 sort 命令对 gender 排序,具体操作过程如下:

```
. sort gender

. by gender: sum eduy income
```

-> gender = 女性

Variable	Obs	Mean	Std. Dev.	Min	Max
eduy	3,059	9.961752	3.915162	0	19
income	2,706	7901.133	10933.34	0	240000

-> gender = 男性

Variable	Obs	Mean	Std. Dev.	Min	Max
eduy	2,835	10.92487	3.387104	0	19
income	2,645	11961.85	15754.52	0	360000

可以发现,在对 gender 排序以后再执行之前出错的命令,就可实现分性别计算 eduy 和 income 这两个变量的描述性统计指标的功能。

上述两行命令也可通过一行实现。操作方法是将前缀部分改为"bysort gender"或者"by gender, sort"。这两种方法都可实现先排序后分类计算的功能。沿用上面的例子,我们可在命令窗口输入以下两个命令:

```
. bysort gender: sum eduy income
```

-> gender = 女性

Variable	Obs	Mean	Std. Dev.	Min	Max
eduy	3,059	9.961752	3.915162	0	19
income	2,706	7901.133	10933.34	0	240000

-> gender = 男性

Variable	Obs	Mean	Std. Dev.	Min	Max
eduy	2,835	10.92487	3.387104	0	19
income	2,645	11961.85	15754.52	0	360000

```
. by gender, sort: sum eduy income
```

-> gender = 女性

Variable	Obs	Mean	Std. Dev.	Min	Max
eduy	3,059	9.961752	3.915162	0	19
income	2,706	7901.133	10933.34	0	240000

-> gender = 男性

Variable	Obs	Mean	Std. Dev.	Min	Max
eduy	2,835	10.92487	3.387104	0	19
income	2,645	11961.85	15754.52	0	360000

可以发现,这两个命令的执行结果与之前的两步法完全相同,但书写起来更加简洁,也更不容易出错。所以,建议大家在书写时直接使用"bysort"或"by varlist, sort"。

四、赋值运算

赋值运算(=exp)的意思是将表达式"exp"的取值通过赋值符号"="赋给

一个变量,这个变量既可是数据中没有的新变量,也可是数据中已经存在的旧变量。如果要给新变量赋值,需使用 generate 命令;如果要给旧变量赋值,需使用 replace 命令。

举例来说,在打开 cgss2003 数据以后,可以执行以下命令:

```
. generate income1=income/10000
(543 missing values generated)
```

该命令的功能是生成一个名为 income1 的新变量,它的取值等于原变量 income 除以 10000,即生成一个以万元为单位的收入变量。执行该命令以后,变量列表中将会新增一个名为 income1 的变量。我们可以使用以下 list 命令列出这个变量与原变量 income 在前五行的取值:

```
. list income1 income in 1/5
```

	income1	income
1.	.6	6000
2.	1	10000
3.	0	0
4.	0	0
5.	.45	4500

可以发现,原变量 income 恰好是新变量 income1 的 10000 倍。

给变量赋值的关键在于写对表达式,而表达式的写法将在本书第四章进行介绍。

五、条件表达式

除了给变量赋值以外,表达式的另一个常见用途是用在 if 之后限定命令的执行条件。与 if 连用的表达式被称作条件表达式(if exp)。在使用的时候,Stata 会对 if 之后的表达式进行逻辑判断,如果判断结果为真,则执行命令;如果判断结果为假,则不执行。

举例来说,我们可在打开的 cgss2003 数据中执行以下命令:

```
. summarize eduy income if gender==0
```

Variable	Obs	Mean	Std. Dev.	Min	Max
eduy	3,059	9.961752	3.915162	0	19
income	2,706	7901.133	10933.34	0	240000

该命令的功能是描述女性样本的 eduy 和 income,因为女性样本是 gender 取值为 0 的样本,所以我们使用了 if gender==0 这个条件。需要注意的是,在书写条件表达式的时候,判断取值相等的运算符号是"==",而不是"="。在 Stata 里,一个等号表示给变量赋值,两个等号才是判断取值是否相等,初学者在这一点上经常出错。

除了判断取值是否相等以外,Stata 还可进行"大于""小于"等逻辑判断。此外,当判断涉及好几个并列条件时,还需使用"并且""或者"等更加复杂的运算符。这些运算符的使用方法和具体案例可参见表1.1。

表 1.1 Stata 的关系运算符和逻辑运算符

类型	运算符	说明	表达式举例	Stata 输入方式
关系运算符	==	等于	x = y	x == y
	!=	不等于	x ≠ y	x != y
	>	大于	x > y	x > y
	>=	大于等于	x ≥ y	x >= y
	<	小于	x < y	x < y
	<=	小于等于	x ≤ y	x <= y
逻辑运算符	&	并且	x = 1 且 y = 1	x == 1 & y == 1
	|	或者	x = 1 或 y = 1	x == 1 | y == 1
	~	非	x ≠ 1	x ~= 1

六、范围筛选(in range)

除了使用 if 引导的条件表达式限定命令的执行条件以外,还可使用 in 来限定命令的执行范围。Stata 对读入内存的每一行数据都分配了一个行号,这个行号被记录在一个名为_n 的变量①之中,用户可使用 in 来明确告诉 Stata 对数据中的哪几行执行命令。

举例来说,我们在之前曾使用 list province-edu in 1/5 这行命令让 Stata 列出 cgss2003 数据中 province 至 edu 之间的所有变量在前五行的取值。与之类似,我们可以改变该命令中 in 之后的数字,从而让 Stata 列出这些变量在其他行的值。表 1.2 给出了一些例子,读者可自己尝试。

表 1.2　通过 in range 限定命令的执行范围

Stata 命令	对命令的解释
list province-edu in 1/5	列出 province 至 edu 间的变量在前五行的值
list province-edu in 5	列出 province 至 edu 间的变量在第五行的值
list province-edu in -5	列出 province 至 edu 间的变量在倒数第五行的值
list province-edu in -5/-1	列出 province 至 edu 间的变量在倒数后五行的值

七、加权

Stata 在进行统计运算的时候,有四种不同的加权(weight)方案,详情可参见表 1.3。需要特别注意的是,并不是所有 Stata 命令都同时支持这四种加权方案,所以在实际使用的时候,我们要结合数据和命令两方面的情况选择恰当的加权方案。

表 1.3　Stata 的四种加权方案

加权方法	解释
fweight	频数权重,重复观测的频数,必须为整数
pweight	抽样权重,个案被抽中概率的倒数
aweight	分析权重,观测值方差的倒数
iweight	重要性权重,与个案的"重要性"成正比,不同命令对重要性的定义有所不同

---

① 这个变量不会显示在变量窗口里,以至于很多用户根本意识不到它的存在。但有时候,巧妙使用这个变量会收到意想不到的效果。本书将在第四章给出_n 的应用案例。

第一章 Stata 基础知识

举例来说，cgss2003 数据中包含一个权重变量 ppwt，我们可基于该变量对数据分析结果加权。例如，我们可通过以下命令计算加权后的收入均值：

```
. summarize income [aweight=ppwt]
```

Variable	Obs	Weight	Mean	Std. Dev.	Min	Max
income	5,351	5338.54522	9379.176	12968.94	0	360000

上述命令使用的是 aweight，此外，我们也可使用 iweight，结果如下：

```
. summarize income [iweight=ppwt]
```

Variable	Obs	Weight	Mean	Std. Dev.	Min	Max
income	5,351	5338.54522	9379.176	12968.94	0	360000

可以发现，这两种加权方案给出的计算结果完全一致。作为对比，我们同时计算了不加权的结果：

```
. summarize income
```

Variable	Obs	Mean	Std. Dev.	Min	Max
income	5,351	9908.345	13683.06	0	360000

可以发现，不加权时，软件计算的均值和标准差与加权时存在一定差异。考虑到数据提供了权重，此处我们应该采用加权后的结果。

summarize 命令支持 aweight、iweight 和 fweight 这三种加权方案，但不支持 pweight。因此，在这个案例中，我们无法使用 pweight 加权。此外，虽然 summarize 命令支持 fweight，但在这个案例中也不可用，因为在使用 fweight 的时候，权重变量必须是整数，而 ppwt 这个变量存储的都是小数。由此可见，加权方案的选择要考虑数据和命令的具体情况，如果用户实在拿不定主意，可使用 weight 泛指采用四种加权方案中的一种，而具体采用哪一种则交由软件决定。

在上面的例子中，我们可以输入以下命令：

```
. summarize income [weight=ppwt]
(analytic weights assumed)
```

Variable	Obs	Weight	Mean	Std. Dev.	Min	Max
income	5,351	5338.54522	9379.176	12968.94	0	360000

此时，软件会根据情况采用一种它认为合适的加权方法。从输出结果看，Stata 采用的是 aweight。

八、选项

选项（options）是命令功能的细化，它通常位于命令的最后，并与命令主体用","隔开。Stata 命令的选项非常丰富，这使得它的功能变得异常强大。举例来说，我们之前曾多次使用 summarize 命令计算变量的均值、标准差、最大值和最小值。如果我们在该命令之后使用 detail 选项，则可以显示更多的计算结果。具体如下：

```
. summarize income, detail
```

收入

	Percentiles	Smallest		
1%	0	0		
5%	0	0		
10%	0	0	Obs	5,351
25%	3200	0	Sum of Wgt.	5,351
50%	7200		Mean	9908.345
		Largest	Std. Dev.	13683.06
75%	12000	170000		
90%	20000	240000	Variance	1.87e+08
95%	30000	300000	Skewness	8.684375
99%	60000	360000	Kurtosis	154.5357

可以发现，在使用 detail 选项以后，Stata 除了汇报收入的均值、标准差、最大值和最小值以外，还汇报了多个分位数、方差、偏态系数和峰态系数。

再举一个例子，tabulate 命令的主要功能是显示分类变量的频数分布表。例如，通过以下命令可以显示 gender 的频数分布：

```
. tabulate gender
```

性别	Freq.	Percent	Cum.
女性	3,059	51.90	51.90
男性	2,835	48.10	100.00
Total	5,894	100.00	

如果我们在上述命令的基础上使用 summarize(income) 选项，则可以实现

分性别计算收入均值和标准差的统计功能,具体结果如下:

```
. tabulate gender, summarize(income)
```

性别	Summary of 收入		
	Mean	Std. Dev.	Freq.
女性	7901.1327	10933.335	2,706
男性	11961.848	15754.523	2,645
Total	9908.3448	13683.059	5,351

通过这两个例子可以发现,Stata 的选项可以大大拓展命令的功能,这也是 Stata 软件的一大特点。我们可以通过 help 命令查看每个命令的选项和使用方法,掌握这些方法是提高 Stata 使用效率和操作技巧的必要条件。

第五节　Stata 的系统参数

Stata 的运行环境由一系列系统参数决定,我们可以通过 query 命令查询这些参数,并通过 set 命令修改参数的值。

一、查询系统参数

查询系统参数的命令是 query。如果直接在命令窗口输入 query 并按回车键,Stata 会一次性将所有系统参数都显示出来。如果我们只想查询部分参数,则需要在 query 命令之后指定查询的目标。举例来说,输入以下命令可以查询 Stata 当前的输出设置:

```
. query output

  Output settings
    set more        off
    set rmsg        off
    set dp          period    may be period or comma
    set linesize    198       characters
    set pagesize    45        lines

    set level       95        percent confidence intervals
    set clevel      95        percent credible intervals
```

```
set showbaselevels              may be empty,   off, on, or all
set showemptycells              may be empty,   off, or on
set showomitted                 may be empty,   off, or on
set fvlabel              on
set fvwrap               1
set fvwrapon             word    may be word or width

set lstretch                    may be empty,   off, or on

set cformat                     may be empty or a numerical format
set pformat                     may be empty or a numerical format
set sformat                     may be empty or a numerical format

set coeftabresults       on

set logtype              smcl   may be smcl or text
```

要想了解这些参数的含义,可在结果窗口单击相应的栏目,然后在弹出的帮助窗口中查询。举例来说,我们可以单击以上输出结果的第一个参数 more,从弹出的帮助窗口可以知道,这个参数是用来控制分页显示输出结果的开关。它有两个状态:on 和 off。状态 on 表示当一次显示的输出结果过长时,采用逐页显示的方式呈现输出结果,同时在结果窗口显示分页符--more--,用户需手动单击--more--才能看到下一页的输出结果。状态 off 表示一次性将所有结果都显示出来。从以上 query 命令的查询结果看,当前 more 处于 off 状态,如果用户想要将之改为 on 状态,则需要使用 set 命令。

除了 more 以外,Stata 中还有很多系统参数。表 1.4 列出了一些常见的系统参数,读者可通过 query 命令查询这些参数的值及其含义。

表 1.4　Stata 常用系统参数及其含义

参数名	含义	取值范围
maxvar	最大变量数	[2048, 32767]
matsize	矩阵规模	[10, 11000]
more	分页显示	on, off
linesize	结果窗口每行显示字符数	[40, 255]
pagesize	结果窗口每页显示行数	正整数
scrollbufsize	结果窗口缓存规模	[10000, 2000000]

第一章 Stata 基础知识

(续表)

参数名	含义	取值范围
level	置信区间的置信度	[10.00, 99.99]
logtype	日志文件类型	smcl, text
update_query	自动更新	on, off
update_interval	自动更新时间间隔	0, 1, 2,…

二、修改系统参数

修改系统参数的命令是 set，使用该命令时，我们需要在 set 之后依次列出待修改的参数名和参数值。举例来说，我们可通过以下命令将 more 这个参数的值改为 on：

`. set more on`

使用 set 命令修改参数值以后，一旦关闭 Stata，软件又会恢复修改前的值。如果想要永久性地改变某个系统参数的值，可使用 permanently 选项。使用该选项以后，Stata 会将修改后的值记录下来，即使软件关闭也不会丢失。

举例来说，通过以下命令可将 more 的值永久性地改为 on。

`. set more on, permanently`
`(set more preference recorded)`

可以发现，在执行上述命令以后，输出结果多了一行提示，这行提示的意思是 Stata 已将用户对 more 的偏好保存下来了。

第六节 更新 Stata

Stata 是一个不断更新的软件，除了每两年一次的版本升级以外，还有其他不定期的更新。这些更新都是由 Stata 公司官方发布的，用作修补原有程序的漏洞，或者添加一些新的功能。因此，用户应该养成经常更新 Stata 的好习惯。

一、自动更新

我们可以通过自动更新和手动更新两种方法来更新 Stata。如果采用自动更新，则需先确保自动更新功能处于激活状态，查询的方法是在命令窗口输入以下命令：

```
. query update

    Update settings
      set update_query         off
      set update_interval      7
      set update_prompt        off
```

上述命令输出当前自动更新功能所处的状态。其中，update_query 是自动更新的开关，处于 on 状态表示打开，处于 off 状态表示关闭。update_interval 用来设置自动更新的时间间隔，即隔多少天自动更新一次。update_prompt 用来设置自动更新时是否弹出提示窗口，处于 on 状态表示弹出提示窗口，处于 off 状态表示不提示。从上述查询结果看，目前 Stata 的自动更新功能处于关闭状态，因此无法自动更新。若要打开自动更新功能，可使用 set 命令将 update_query 的值改为 on，如果再加上选项 permanently，可将修改结果永久保存下来。具体操作如下：

```
. set update_query on, permanently
(set update_query preference recorded)
```

进行上述操作以后，Stata 将每隔七天自动检查更新一次[①]。如果想要在发现更新以后弹出提示窗口，则可以再输入以下命令，将 update_prompt 的值修改为 on：

```
. set update_prompt on, permanently
(set update_prompt preference recorded)
```

如果用户想要关闭 Stata 的自动更新功能，则只要在上述命令中将相关的参数值修改为 off 即可，感兴趣的用户可以自己尝试一下。

---

① 自动检查更新的前提是电脑要连接互联网。

二、手动更新

除了自动更新,用户也可通过手动更新的方法更新 Stata。具体来说,用户可在联网状态下在命令窗口输入以下命令:

```
. update query
(contacting http://www.stata.com)
Update status
    Last check for updates:       17 Oct 2019
    New update available:         29 Jan 2018    (what's new)
    Current update level:         02 Apr 2015    (what's new)
Possible actions
    Install available updates                    (or type -update all-)
```

该命令的功能是联网检查 Stata 的版本是否为最新。从输出结果看,当前软件的版本时间是 2015 年 4 月 2 日,而最新的版本时间是 2018 年 1 月 29 日,因此需要更新。更新的方法是先使用 clear 命令清空内存,然后在命令窗口输入 update all:

```
. clear
```

```
. update all
```
(输出结果略)

输入以后 Stata 会自动联网下载并安装更新文件①。更新完成以后,软件会重新打开 Stata 的工作界面,从这个界面可以发现,当前 Stata 的版本号已经从之前的 14.0 变成了 14.2。此时,如果我们再次输入 update query,则会显示如下结果:

```
. update query
(contacting http://www.stata.com)
Update status
    Last check for updates:       17 Oct 2019
    New update available:         none           (as of 17 Oct 2019)
    Current update level:         29 Jan 2018    (what's new)
Possible actions
    Do nothing; all files are up to date.
```

---

① 更新期间会重启几次 Stata,这都是正常的,用户只需按照软件提示操作即可。

该结果说明,当前软件版本已是最新的,无须再次更新了。

自动更新和使用 update all 手动更新 Stata 的前提是电脑的网络连接比较顺畅。如果网络连接状态不好,更新过程会出现中断,而一旦中断就需要再来一遍,非常麻烦。一个替代方法是首先从 Stata 官网下载最新的更新程序包,然后手动将之安装到电脑上。

Stata 官网下载更新程序的网址是:https://www.stata.com/support/updates/。从该网址可以找到 Windows、macOS 和 Linux 系统下从 Stata 9 至 Stata 17 的所有更新文件。用户可根据自己的电脑系统和安装的 Stata 版本下载最新的更新程序包。下载好以后需将更新程序解压,然后在命令窗口输入 db update 命令。执行该命令以后会弹出如图 1.16 所示的窗口,用户可选择"From alternate location:",然后通过"Browse"按钮找到之前下载并解压好的安装文件,最后单击"OK"就可将下载好的安装程序安装到电脑上。

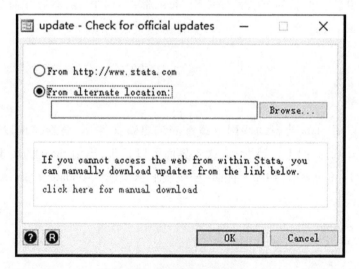

图 1.16 本地更新提示窗口

使用该方法更新 Stata 的好处是可以使用相对稳定的下载工具下载更新文件,因而能避免因网络连接不好导致的更新中断问题。但是,与直接使用 update all 相比,这种方法更加烦琐。用户可根据实际情况选择最适合自己的更新方法。

第一章　Stata 基础知识

第七节　学习 Stata 的资源

随着 Stata 用户群的增加，Stata 的学习资源也在不断拓展。除了软件自带的帮助文件和手册之外，还有很多在线资源和书籍可以使用。本节将简要介绍 Stata 的学习资源，用户可在日后使用这些资源进一步学习 Stata。

一、帮助文件

每个 Stata 命令都有一个与之对应的帮助文件，在很多时候，学习一个新命令的第一步就是查阅它的帮助文件。查阅方法是使用 help 命令，并在 help 之后紧接命令名。举例来说，我们可使用如下命令查询 regress 命令的使用方法：

```
. help regress
```

在执行该命令以后，软件会自动打开 regress 命令的帮助文件。该文件详细介绍了 regress 命令的用途、语法结构、选项及用法，此外，文件末尾还配有几个案例以帮助用户快速上手。经常使用 help 命令的用户通常会对 Stata 的这一求助功能爱不释手。在我看来，help 命令是所有 Stata 命令中最重要的一个，因为通过它，我们可以学会其他任何一个命令。所以对于初学者来说，一定要尽快养成经常向 Stata 求助的好习惯。

二、使用手册

除了帮助文件，Stata 还自带使用手册。用户可在安装地址的"docs"文件夹中找到这些手册，也可通过单击"help"菜单下的"PDF documentation"子菜单打开手册。Stata 手册是其帮助文件的扩展，它不仅详细介绍了每个命令的使用方法，还介绍了相应的统计学原理和计算公式，因此，它是比帮助文件更加全面的 Stata 学习资料。

不过，因为 Stata 的使用手册过于全面，学习起来也特别困难。举例来说，Stata 14 自带的使用手册有 25 本，且每本都有几百页厚，因此，要在短期内将这些手册全部看完是不太现实的，也没有这个必要。

对初学者来说，我建议先看 *Stata User's Guide*（《Stata 用户指南》）和

Getting Started with Stata for Windows(《Windows 版 Stata 入门》)这两本入门级手册,然后再结合自身需要去学习其他手册中的内容。此外,Stata 还有一本关于数据管理的手册,即 *Stata Data Management Reference Manual*(《Stata 数据管理参考手册》),可以配合本书一起使用。

三、在线求助

除了软件自带的帮助文件和手册以外,用户还可联网获取更多学习资料。获取在线资源的一种方法是在命令窗口输入 search 或 findit 命令,然后紧接其后输入想要求助的内容。举例来说,我们可以通过以下命令在线求助线性回归的使用方法:

. search linear regression

执行该命令以后,Stata 会联网搜索与 linear regression 相关的内容,然后将这些内容呈现在一个新窗口里。从该窗口可以发现,与 linear regression 相关的学习资源非常多,包括 Stata 自带的相关命令、在线教学视频和案例、常见问题答疑(FAQs)、"Stata 技术通告"(Stata Technical Bulletin,常缩写为 STB)上的相关说明、用户自己编写的程序等。读者可以尝试打开其中的几个链接,查阅里面的内容。

除了通过 search 或 findit 命令联网搜索学习资源以外,用户还可登录 Stata 的官方网站查找学习资料。比较常用的网络资源可参见表 1.5。

表 1.5 Stata 常用网络资源

网址	说明
http://www.stata.com	Stata 官网
http://www.stata-press.com	Stata 出版社
http://www.stata-journal.com	Stata 电子杂志
http://www.stata.com/support/faqs/	Stata 常见问题答疑
https://www.stata.com/links/video-tutorials/	Stata 在线视频学习资源

四、Stata 教材

除了上述学习资源以外,Stata 出版社在近年来也出版了很多教材。其中,

第一章 Stata 基础知识

对初学者比较适用的教材有：*A Gentle Introduction to Stata*[①]、*Data Management Using Stata: A Practical Handbook*[②] 和 *Statistics with Stata*[③]。相对资深的用户，可以根据自身需要在 Stata 出版社的官网寻找适合自己的教材。

◆ 练习

1. 安装并激活 Stata，根据自己的使用习惯设置 Stata 的工作界面。
2. 打开 cgss2005final 数据，执行以下操作：
    （1）查看数据的基本情况；
    （2）列出 id 至 educ 之间的所有变量在前 10 行的值；
    （3）以 male 为行变量、agegroup 为列变量生成二维表，显示行百分比，不显示频数；
    （4）使用前缀 by 计算不同教育程度者的 income 的均值和标准差；
    （5）针对男性样本重复上一步操作。
3. 查询 Stata 当前的系统参数，并执行以下操作：
    （1）检查分页显示的开关是否处于关闭状态，如果没有，将之关闭；
    （2）检查自动更新功能是否打开，如果处于打开状态，将之关闭；
    （3）将结果窗口每行输出的字符数设置为 200，并将每页可显示的行数设置为 50；
    （4）让 Stata 再次启动时保留你对分页显示和自动更新的设置。
4. 检查自己的 Stata 是否处于最新状态；如果不是，更新 Stata。
5. 打开 list 命令的帮助文件，阅读其中的内容。

[①] Alan C. Acock, *A Gentle Introduction to Stata*, 6th ed., Stata Press, 2018.

[②] Michael N. Mitchell, *Data Management Using Stata: A Practical Handbook*, 2nd ed., Stata Press, 2020.

[③] Lawrence C. Hamilton, *Statistics with STATA: Version 12*, 8th ed., Brooks/Cole, Cengage Learning, 2013.

第二章

使用数据

本章重点和教学目标：

1. 掌握读入 Stata 格式、文本格式和 Excel 格式数据的方法；
2. 能正确使用 Stat/Transfer 软件实现不同数据格式之间的相互转换；
3. 掌握使用数据编辑窗口和 input 命令录入数据的方法；
4. 能熟练使用 cf 命令进行双录检验；
5. 学会使用 Stata 14 处理打开低版本数据后的中文乱码问题；
6. 能熟练运用相关命令查找数据中的奇异值、不合逻辑的值和重复观测；
7. 学会将数据存储为 Stata 格式和其他格式的方法。

第一节 数据格式

要学会数据管理，首先需要了解什么是数据。简单来说，数据是一个行列交错的二维表格，表格中的每一行代表一个观察个案（observation），每一列代表一个变量（variable），而行列交汇处即为观察个案在变量上的取值（value）。

表 2.1 展示了 cgss2003 数据的部分内容。该表除第一行存储的是变量名之外，共有十行八列，每一行代表一名受访者（观察个案），每一列代表受访者

的一个特征(变量),行列交汇处的单元格存储的是受访者在各特征上的值。举例来说,从表2.1不难发现,个案编号为1的受访者来自上海,是一名男性,45岁,汉族,拥有城镇户口,目前在婚,最高教育程度为"高中职高技校"。其他各行上的取值也可按照同样的方式去理解。

表 2.1　cgss2003 部分数据

id	province	gender	age	race	hukou	marry	edu
1	上海	男性	45	汉族	城镇	在婚	高中职高技校
2	上海	男性	20	汉族	城镇	未婚	大专及以上
3	上海	男性	46	汉族	城镇	在婚	高中职高技校
4	上海	女性	63	汉族	城镇	离婚或丧偶	小学及以下
5	上海	女性	67	汉族	城镇	在婚	小学及以下
6	上海	女性	61	汉族	城镇	在婚	小学及以下
7	上海	男性	19	汉族	城镇	未婚	大专及以上
8	上海	女性	24	汉族	城镇	未婚	大专及以上
9	上海	男性	36	汉族	城镇	在婚	高中职高技校
10	上海	女性	62	汉族	城镇	在婚	初中

表 2.1 所示的数据结构使用起来非常方便,因而,所有软件都会采用这种结构来存储数据。但是,不同软件在存储数据的时候也会加入各自特有的格式信息,并用不同的扩展名来加以区分,这导致不同软件的数据文件无法通用,甚至同一个软件不同版本的数据文件有时也会存在兼容性问题[①]。举例来说,Stata 数据文件的扩展名为". dta",而 SPSS 数据文件的扩展名为". sav"。因为数据格式不同,Stata 14 无法打开和分析 SPSS 格式的数据。

对于不同软件的数据格式不兼容的问题,有两种处理办法。一是将数据文件自身所携带的格式信息去掉,统一用纯文本的方式来存储。去掉格式信息的数据文件因为只保留了数据本身的原始信息,有时也被称作原始数据

---

① 例如,Stata 13 就无法打开 14 版的数据,Stata 14 虽可以打开 13 版数据,但时常出现中文乱码,我们将在本章后续部分详细介绍这些问题的解决办法。

(raw data)。几乎所有软件都可以打开原始数据,因而使用原始数据可以解决格式不兼容的问题。但原始数据在去除格式信息的同时,也将一些有用信息(如变量标签、值标签等)一并删除了,这给后续的分析带来了麻烦。

解决数据格式不兼容问题的第二种方法是,通过专业的数据转换软件将其他格式的数据转换成可以使用的格式。例如,可以通过Stat/Transfer软件将SPSS格式的数据转换成Stata格式的,然后就可以用Stata打开和分析该数据了。Stat/Transfer可以实现数十种数据格式之间的相互转换,而且在转换过程中可以保留变量标签、值标签等有用信息,因而通过该软件转换后的数据使用起来非常方便。我们将在本章介绍该软件的使用方法。

第二节 读入数据

将数据读入Stata是进行数据管理的第一步。Stata可以直接读入软件默认的".dta"格式的数据、文本数据和少量其他格式的数据(如Excel格式),而那些无法直接读入的数据可通过Stat/Transfer等数据转换软件转换成".dta"格式的数据,然后再读入Stata。

一、读入Stata格式数据

使用use命令可以非常方便地读入以Stata格式存储的数据文件,该命令的语法是:

```
use filename [, clear]
```

其中,filename需包含完整的存储地址及文件名,如果使用选项clear,表示先清空内存,再读入数据。举例来说,我们可以通过以下命令打开cgss2003数据:

```
. use "C:\Users\XuQi\Desktop\cgss2003.dta", clear
```

使用use命令打开数据时,有以下几个注意事项:

第一,use之后要给出数据存储的完整地址和文件名,否则Stata无法找到要打开的数据文件。有时候,数据存储的地址很长,这时可以用cd命令将

第二章 使用数据

Stata 的工作目录设为数据文件存储的地址，这样，只需在 use 之后指定文件名就可打开数据文件。

例如，我们可以通过以下两行命令打开 cgss2003 数据：

`. cd "C:\Users\XuQi\Desktop\"`
`C:\Users\XuQi\Desktop`

`. use cgss2003.dta, clear`

这里，第一行 cd 命令（cd 是 change directory 的英文缩写）的功能是将 Stata 的工作目录设置为"C:\Users\XuQi\Desktop\"，下面的 use 命令的功能是打开 cgss2003.dta 数据。因为 Stata 默认是在工作目录中寻找要打开的数据，所以通过 cd 命令修改工作目录的地址以后，就无须在 use 命令中指定数据的存储地址了。

如果工作目录中只有一个数据文件，使用 cd 命令修改工作目录的意义不大。但是，如果工作目录中存有多个数据，那么，使用 cd 命令修改工作目录以后打开这些数据就都不用指定存储地址了，因为只要工作目录没有发生变更，Stata 就能从中找到它们。

第二，在 use 之后建议用双引号将文件的存储地址和文件名包裹起来。这样做的好处是可以防止存储地址和文件名中因包含空格而导致命令出错。举例来说，Stata 在安装目录下存有一个自带的汽车数据集 auto.dta，我们可以通过以下命令打开该数据：

`. use "C:\Program Files (x86)\Stata14\auto.dta", clear`
`(1978 Automobile Data)`

但是，如果我们将上述命令中的双引号去掉再次执行，就会出错：

`. use C:\Program Files (x86)\Stata14\auto.dta, clear`
`invalid 'Files'`
`r(198);`

出错的原因在于 auto.dta 数据集的存储地址中有一个空格，即"Program Files"这两个单词之间有一个空格。Stata 在读入数据的时候，遇到空格就认为命令结束了,因此当它读到 Program 的时候发现有空格,就不再往下读了。要避免这个问题,最简单的方法就是用双引号将数据文件的存储地址和文件名完整地包裹起来。使用双引号之后,Stata 会将双引号中的内容视作一个整体。我们建议大家在使用 use 命令的时候养成加引号的习惯,因为加引号并不麻烦,但它能避免很多不易察觉的错误(如存储地址中的空格)。

第三,使用 use 命令的另一个常见错误提示是"no; data in memory would be lost"。出现这个错误的原因是软件已经读入了一个数据,用户对该数据做了修改但没有保存,此时又想读入一个新数据。需要注意的是,Stata 一次只能读入一个数据,如果已经读入了数据且做了修改,那么再读入新数据的时候对原数据的修改就会丢失,为了提醒用户可能存在的风险,Stata 会发出错误提示。这时,用户需评估一下是否要保存原数据:如果是,则先保存原数据,再打开新数据;如果否,可以在使用 use 命令的时候加上 clear 选项,使用该选项意味着先清空内存(即清空修改过的原数据),再读入新数据。

第四,使用低版本 Stata(如 Stata 10)打开数据的时候,有时会因系统内存分配不足而出错,其错误提示是"no room to add more observations"。Stata 的工作原理是先将数据读入内存,然后进行分析。在早先电脑内存很小的情况下,Stata 可用来读入数据的内存空间也很有限,默认状态下只有 1M,即最多只能读入 1M 数据,如果待读入的数据超过这个规模就会出错。不过,随着电脑硬件的发展,Stata 在 11 版以后取消了这个限定。例如,本书用来演示的 Stata 14 可读入的数据规模可等于电脑本身的内存空间。换句话说,电脑内存有多大就可读入多大的数据。但在 10 版以前,这是不可以的。因此,如果用户使用的是 Stata 10 或更早的版本,需要根据数据大小设置内存。举例来说,如果用户要读入的数据有 20M,可先使用 set memory 命令调整内存大小(如扩大为 50M),然后再读入数据。

第五,use 命令既能读入本地数据,也能读入保存在网络上的数据。换句话说,数据存储的地址既可以是本地计算机上的一个位置,也可以是一个网址。举例来说,通过以下命令可以打开一个保存在"http://www.stata-press.com/data/r9/"的名为 nlswork.dta 的数据文件:

. use "http://www.stata-press.com/data/r9/nlswork.dta", clear

(National Longitudinal Survey. Young Women 14-26 years of age in 1968)

需要注意的是,使用 use 命令打开网络数据的时候,一定要确保电脑处于联网状态。

除了 use 之外,Stata 还有两个命令可以打开".dta"格式的数据:一个是 sysuse,另一个是 webuse。sysuse 只能打开软件自带的系统数据,使用时只需在 sysuse 之后指明系统数据的名称即可。例如,上文提到的汽车数据就可通过以下命令打开:

. sysuse auto.dta, clear

(1978 Automobile Data)

webuse 的功能是从 Stata 官网读取数据,与 sysuse 相同,我们只需在 webuse 之后指定数据名称,在联网状态下,Stata 就可以去官网下载并打开该数据。例如,上文提到的 nlswork.dta 数据可以通过以下命令打开:

. webuse nlswork.dta, clear

(National Longitudinal Survey. Young Women 14-26 years of age in 1968)

因为 sysuse 和 webuse 只能打开特定的数据,所以它们的功能都比较有限,而 use 命令可以打开任何一个 Stata 数据文件,因此,读者应当重点掌握 use 命令的使用方法。

二、读入文本格式数据

除了读入".dta"格式的数据之外,Stata 还可以读入文本数据。文本数据有多种形态,针对不同形态的数据需要使用不同的命令。

形态 1:有分隔符的文本数据文件

对于那些不同变量之间用指定分隔符(如",")分开的文本数据文件,可使用 import delimited 命令来读入。

以数据文件 auto_comma.csv 为例,我们可使用 type 命令显示该数据的内容,具体如下:

. type "C:\Users\Xuqi\Desktop\auto_comma.csv"
make,price,mpg,rep78,headroom,trunk,weight,length,turn,displacement,gear_ratio,foreign
AMC Concord,4099,22,3,2.5,11,2930,186,40,121,3.5799999,Domestic
AMC Pacer,4749,17,3,3,11,3350,173,40,258,2.53,Domestic
AMC Spirit,3799,22,,3,12,2640,168,35,121,3.0799999,Domestic
Buick Century,4816,20,3,4.5,16,3250,196,40,196,2.9300001,Domestic
Buick Electra,7827,15,4,4,20,4080,222,43,350,2.4100001,Domestic
Buick LeSabre,5788,18,3,4,21,3670,218,43,231,2.73,Domestic
Buick Opel,4453,26,,3,10,2230,170,34,304,2.8699999,Domestic
Buick Regal,5189,20,3,2,16,3280,200,42,196,2.9300001,Domestic
Buick Riviera,10372,16,3,3.5,17,3880,207,43,231,2.9300001,Domestic
Buick Skylark,4082,19,3,3.5,13,3400,200,42,231,3.0799999,Domestic

该数据中第一行是表头，即变量名；其后紧接着10行数据。数据中共有12列，列与列之间用","隔开。我们可以通过以下命令将该数据读入Stata：

. import delimited using "c:\Users\Xuqi\Desktop\auto_comma.csv", delimiter(",") clear
(12 vars, 10 obs)

上述命令中，import delimited 是命令名，表示我们要读入一个以指定分隔符分开的文本数据。using后用双引号引起来的部分是数据文件存储的位置及文件名称。该命令包含两个选项。clear 选项表示清空内存，它与上一部分介绍 use 命令时的用法和功能完全相同。这里需要重点介绍的是 delimiter( ) 选项，该选项的功能是指定分隔符。在我们这个例子中，各列之间是用","分隔的，因此，我们使用 delimiter(",") 告诉 Stata 分隔符为","，这样，Stata 就能正确读入数据了。

从上面这个例子不难看出，使用 import delimited 命令读入有固定分隔符的文本数据并不复杂，其要点在于先明确分隔符是什么，然后在 delimiter( ) 选项中设置好。不过有一点需要特别注意：数据的分隔符不能同时出现在变量值中！举例来说，如果上述汽车的价格数据中每隔千位用逗号隔开，那么数据读入时就会出错，因为软件无法区分作为分隔符的逗号和作为数据取值的逗号。为了尽可能避免这个错误，建议大家在保存文本数据的时候尽可能选用那些不太可能作为数据取值来使用的分隔符，如制表符。

除了 delimiter( ) 和 clear 之外，import delimited 命令还有其他选项可供使

用。例如,选项 rowrange( )用来指定将哪些行的数据读入 Stata,选项 colrange( )用来指定将哪些列的数据读入 Stata,varnames( )用来指定将哪一行数据视作变量名等。这些选项通常只在特定情况下才需使用,用户可在命令窗口输入 help import delimited 查阅这些选项的使用方法,并在恰当的时候灵活使用这些选项。

形态 2:自由格式的文本数据文件

import delimited 命令适用于读入那些每个观察个案的数据都保存在同一行,且变量之间用固定分隔符分开的文本数据,但有些数据并不符合这个要求。

以 auto_free.raw 为例,该数据的内容如下:

```
. type "C:\Users\XuQi\Desktop\auto_free.raw"
"AMC Concord"           4099        22        3        2.5        11
    2930        186        40        121        3.58        "Domestic"
"AMC Pacer"             4749        17        3        3          11
    3350        173        40        258        2.53        "Domestic"
"AMC Spirit"            3799        22        .        3          12
    2640        168        35        121        3.08        "Domestic"
"Buick Century"         4816        20        3        4.5        16
    3250        196        40        196        2.93        "Domestic"
"Buick Electra"         7827        15        4        4          20
    4080        222        43        350        2.41        "Domestic"
"Buick LeSabre"         5788        18        3        4          21
    3670        218        43        231        2.73        "Domestic"
"Buick Opel"            4453        26        .        3          10
    2230        170        34        304        2.87        "Domestic"
"Buick Regal"           5189        20        3        2          16
    3280        200        42        196        2.93        "Domestic"
"Buick Riviera"        10372        16        3        3.5        17
    3880        207        43        231        2.93        "Domestic"
"Buick Skylark"         4082        19        3        3.5        13
    3400        200        42        231        3.08        "Domestic"
```

与之前相比,该数据有三点不同:一是没有变量名,二是同一个观测个案的数据用两行来存储,三是变量值之间用多个空格隔开。对于这样一个数据,显然无法使用 import delimited 命令来读入。这时我们需要用到 infile 命令,该命令可以读入那些格式相对自由的文本数据。例如，我们可以通过以下命令将 auto_free. raw 读入 Stata：

```
. infile str14 make price mpg rep78 headroom trunk weight length turn
displacement gear_ratio str8 foreign using "C:\Users\XuQi\Desktop\auto_
free.raw", clear
```
(10 observations read)

该命令中，infile 是命令名，表示我们要读入一个自由格式的文本数据。infile 之后紧接着的一串是变量名，即数据中各列所对应的变量的名字。数据中有 12 个变量，对应每个变量，我们依次列出了 12 个变量名。需要注意的是，如果变量中存储的是数值，我们只需列出变量名即可（如 price），但如果变量中存储的是字符（如 make 和 foreign），则必须在变量名前用 str# 告诉 Stata 这是一个字符型变量，# 表示该字符变量最多可以存储多少个字符。举例来说，"str14 make"表示 make 是一个字符型变量，且该变量最多可存储 14 个字符。在列出所有变量名之后，还需使用 using 告诉 Stata 数据存储的位置和数据文件的名称。最后，该命令还使用了一个选项 clear，表示读入数据前先清空内存。

使用 infile 命令读入数据的时候，有三点需要特别注意。第一，使用 infile 命令的时候，各变量之间只能用空格隔开，而不能使用其他分隔符。第二，因为空格已作为分隔符来使用，所以，如果变量取值中也包含空格，就必须做一些特殊处理。例如，在上面的例子中，make 所记录的汽车型号信息中包含空格，为了避免 Stata 产生误解，我们用双引号将 make 的取值都完整地包裹起来，这样，Stata 就不会将 make 取值中的空格误认为是分隔符了。最后，数据中的缺失值也不能以空格来表示，因为 Stata 会将之视为分隔符。为了加以区分，Stata 常用"."表示缺失值，因此，如果数据有缺失，"."必不可少！

形态 3：固定格式的文本数据文件

有些文本数据会用固定的位置来存储变量，对于这类数据，需使用 infix 命令读入。

以 auto_fix. raw 为例，该数据的内容如下：

```
. type "C:\Users\XuQi\Desktop\auto_fix.raw"
AMC Concord     4099   22 3 2.5 11 2930 186 40 121 3.58 Domestic
AMC Pacer       4749   17 3 3.0 11 3350 173 40 258 2.53 Domestic
AMC Spirit      3799   22   3.0 12 2640 168 35 121 3.08 Domestic
Buick Century   4816   20 3 4.5 16 3250 196 40 196 2.93 Domestic
Buick Electra   7827   15 4 4.0 20 4080 222 43 350 2.41 Domestic
Buick LeSabre   5788   18 3 4.0 21 3670 218 43 231 2.73 Domestic
Buick Opel      4453   26   3.0 10 2230 170 34 304 2.87 Domestic
Buick Regal     5189   20 3 2.0 16 3280 200 42 196 2.93 Domestic
Buick Riviera  10372   16 3 3.5 17 3880 207 43 231 2.93 Domestic
Buick Skylark   4082   19 3 3.5 13 3400 200 42 231 3.08 Domestic
```

与之前的两种数据形态都不同,该数据在每一行都用固定的位置保存变量值。例如,每行数据的第 1-14 列用来存储汽车型号,第 15-20 列用来存储汽车价格,如此等等。因为变量存储的位置是固定的,所以,只需告诉 Stata 变量的起止位置,就能读入该数据。具体来说,我们可通过以下命令将 auto_fix.raw 数据读入 Stata:

```
. infix str14 make 1-14 price 15-20 mpg 21-23 rep78 24-25 headroom 26-29 trunk
30-32 weight 33-37 length 38-41 turn 42-44 displacement 45-48 gear_ratio
49-53 str8 foreign 54-61 using "C:\Users\XuQi\Desktop\auto_fix.raw", clear
(10 observations read)
```

该命令中,infix 是命令名,表示我们将要读入的是一个固定格式的数据,即该数据中变量存储位置在每一行都固定不变。在 infix 之后需要列出变量名,这与 infile 命令的用法相同(对于字符型变量,需要在变量名前使用 str#);但与 infile 不同的是,我们使用 infix 的时候不仅要列出变量名,而且要指出每个变量的存储位置。例如,"str14 make 1-14"表示 make 是一个包含 14 个字符的字符型变量,它位于每行第 1-14 列;"price 15-20"表示 price 是一个数值型变量,它位于每行第 15-20 列,其他变量的指定方法与此相同。在指定每个变量的变量名和存储位置之后,还需使用 using 告诉 Stata 数据的存储地址和数据名称。最后,我们使用 clear 选项表示先清空内存,再读入数据。

三、读入 Excel 格式数据

Stata 也可直接读入 Excel 格式的数据文件,其命令是 import excel。举例来说,我们可以使用以下命令将图 2.1 所示的 auto.xls 数据读入 Stata：

. `import excel using "C:\Users\XuQi\Desktop\auto.xls", sheet("Sheet1") cellrange(A1:L11) firstrow clear`

(12 vars, 10 obs)

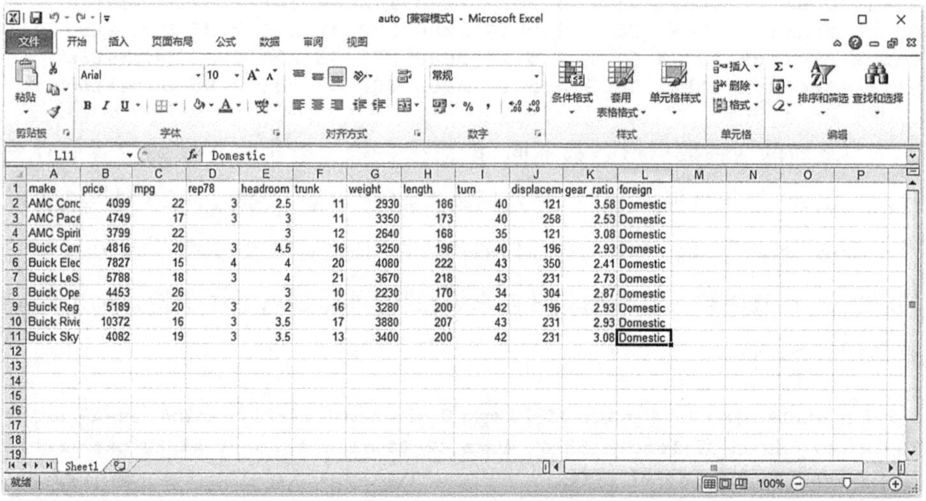

图 2.1 auto.xls 数据

使用 import excel 命令时,需要首先在 using 之后设置好待读入的 Excel 文件的存储地址和文件名称。除此之外,还需使用 sheet()和 cellrange()这两个选项设置待读入的数据在 Excel 文件中的具体存放位置。以上述命令为例,选项 sheet("Sheet1")表示待读入的数据位于一个名为 Sheet1 的工作表中,而选项 cellrange(A1:L11)表示待读入的数据的起始位置是 Sheet1 中的 A1 单元格,而结束位置是 L11 单元格。经过这两步设置之后,Stata 就能准确找到待读入的数据了。接下来,我们还使用了 firstrow 选项,告诉 Stata 数据中的第一行存储的是变量名,如果不加该选项,Stata 会将第一行数据当作变量值来读入。最后,我们还使用了 clear 选项,表示先清空内存,再读入数据。

四、数据格式转换

Stata 可以读入软件默认的".dta"格式的数据、文本格式数据和 Excel 格式

第二章　使用数据

数据,但也有很多格式的数据无法直接读入 Stata。在这种情况下,最好先使用专业的数据转换软件将其他格式的数据转换成 Stata 格式,然后再使用 use 命令将其读入。

我们推荐用户使用 Stat/Transfer 进行数据转换。Stat/Transfer 是一款非常好用的数据转换软件,它可以非常轻易地实现数十种数据格式之间的转换,且转换速度快、效率高、不易出错。目前,该软件的最新版是第 15 版[①],用户可从其官网(https://stattransfer.com/)下载到该软件的试用版。需要注意的是,试用版在数据转换的时候会随机丢弃一些观察个案,因此只能当作练手。要获取该软件的全部功能,需购买正版。

图 2.2 展示的是 Stat/Transfer 14 的工作界面。使用该软件的时候,用户只需设置好输入文件的类型、存储位置和文件名称,以及输出文件的类型、存储位置和文件名称,然后单击"Transfer"按钮就可实现数据转换。如果想要重新设置,只需单击"Reset"按钮即可。

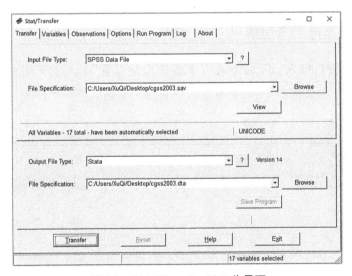

图 2.2　Stat/Transfer 14 工作界面

举例来说,假如我们想要将一个名为 cgss2003.sav 的 SPSS 数据转换成

---

① 建议用户使用最新版 Stat/Transfer,因为低版本的 Stat/Transfer 无法将其他格式的数据转换成最新版的 Stata 数据,也无法将最新版 Stata 数据转换成其他格式的数据。

Stata 格式,那么首先要在"Input File Type"下拉菜单中将输入文件的格式设置为"SPSS Data File",并单击输入部分的"Browse"按钮,找到该文件。接下来,可按照相同的方法在"Output File Type"中将输出文件的格式设置为"Stata",并单击输出部分的"Browse"按钮设置好输出文件的存储地址及名称。最后,单击"Transfer"按钮就可实现数据转换。如图 2.2 所示,将输入和输出两部分都设置好以后,单击"Transfer"按钮可以在电脑桌面上生成一个名为 cgss2003.dta 的 Stata 数据文件,然后通过 use 命令,我们就可轻而易举地打开这个数据了。

第三节 录入数据

除了打开已有数据之外,Stata 也可以录入数据。本节将介绍两种录入数据的方法:数据编辑窗口和 input 命令。此外,我们还将介绍如何使用 Stata 进行双录检验。

一、使用数据编辑窗口

在命令窗口输入 edit 命令或者单击快捷键" "都可打开数据编辑窗口(见图 2.3)。在该窗口中,我们就可以直接录入数据。

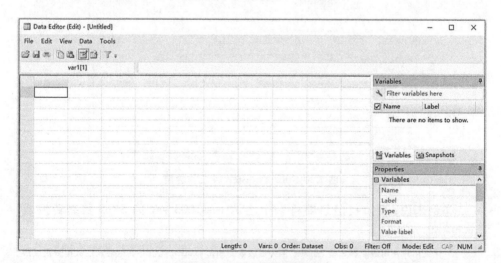

图 2.3 Stata 数据编辑窗口

第二章 使用数据

举例来说,我们想要将表2.2的学生成绩数据录入数据编辑窗口,这时,可分两步进行。

表2.2 学生成绩数据

id	name	Chinese	Math	English
1	Mary	95	80	75
2	Jack	75	88	91
3	Tom	80	65	78
4	Lucy	82	85	86
5	Lily	72	74	76

第一步:在数据编辑窗口中录入数据。录入完成后的结果如图2.4所示。

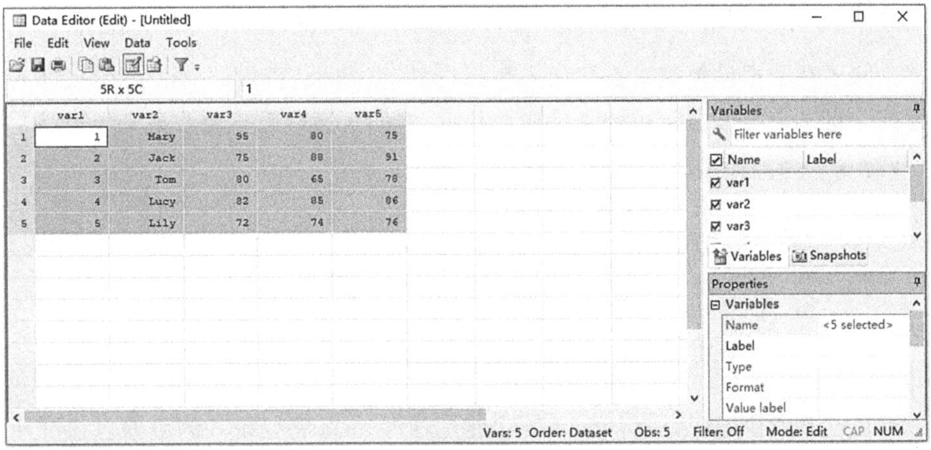

图2.4 在数据编辑窗口录入数据

第二步:修改变量名。默认状态下,Stata将按照var1,var2,var3,…的方式给变量命名,这种命名方式显然不是很合适。我们可以在Variables窗口中单击相应的变量名,然后在Properties窗口中将Name替换成合适的变量名。例如,将示例中的var1替换为id。将所有变量的名称都修改好之后的结果见图2.5。

在Properties窗口中,除了可以修改变量名之外,还可以添加变量标签和值标签、修改变量的存储类型和显示格式等。不过,我们推荐大家通过写命令的方式完成这些工作,这些方法我们将在下一章详细介绍。

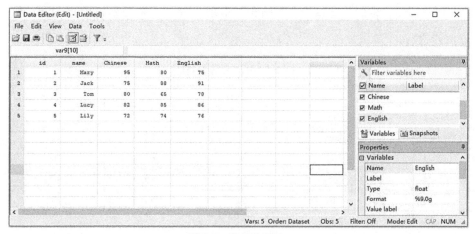

图 2.5　修改变量名

二、使用 input 命令

除了在数据编辑窗口直接录入数据以外,我们也可通过 input 命令来录入数据。对于上一节演示用的学生成绩数据,我们可通过以下命令来录入:

```
. input id str4 name Chinese Math English
1  Mary  95  80  75
2  Jack  75  88  91
3  Tom   80  65  78
4  Lucy  82  85  86
5  Lily  72  74  76
end
```

在这段命令中,第一行 input 的功能是告诉 Stata 将要录入的数据包括哪几个变量,如果有字符型变量需要用 str#标出(如上面的 str4 name)。接收到 input 命令之后,Stata 将进入数据录入模式。接下来,用户就可一行一行地录入数据,变量之间用空格隔开。数据录入完毕之后,一定要输入 end,end 表示数据录入结束,Stata 将退出数据录入模式。

需要注意的是,无论是使用数据编辑窗口,还是使用 input 命令,都只适用于录入少量数据。如果数据量过大,以上操作一来过于烦琐,二来容易出错。所以,对于大规模数据的录入,我们建议用户使用专业的数据录入软件(如 EpiData),并将录入的数据导出为 Stata 格式,这样就可以使用 use 命令打开这些数据了。

三、双录检验

数据录入过程中有时会出错,例如,错误地将1000元录为10000元,将34岁录为35岁等。当数据录入的量很大的时候,这种错误很难避免;而且,如果数据录入的量很大,要找到这些错误也非常困难。双录检验是避免数据录入错误的一个有效办法。

双录检验指的是将同一个数据录入两遍,并将独立录入的两份数据加以比较。如果两次录入都没有出现错误,那么这两份数据应该完全相同;如果两份数据存在不一致的地方,就意味着至少有一个数据出错了。这时,可以通过查阅原始数据(如原始问卷)找到正确的取值,并用正确值替换掉录入的错误值。当然,如果录入员两次都犯了同样的错误,那么双录检验是无法发现的,但通常来说,出现一模一样错误的可能性很小。所以,通过双录检验可以排除绝大多数数据录入过程中产生的错误。

Stata 的 cf(compare files)命令可以对独立录入的两份数据进行双录检验。这个命令的功能是逐行比对两份数据文件,并将不一致的地方标出。在使用这个命令的时候,数据中必须包含一个标识个案编号的变量(如学生成绩中的 id),并且两个数据都已按照这个变量排序,因为只有这样,才能保证逐行比较的时候比的是同一个案的数据。

举例来说,我们将上文演示的学生成绩数据录入了两次,生成了两个数据:student1.dta 和 student2.dta。这两个数据中的内容如表2.3所示。仔细对比这两份数据可以发现,它们有一处不一致:在 student1.dta 中,Tom 的数学成绩是65分;而在 student2.dta 中,是66分。可以想象,如果数据量很大,仅凭肉眼是很难发现这种细微的差异的,而使用 cf 命令却可以轻易做到这一点。

表 2.3 两次数据录入结果对比

student1.dta					student2.dta				
id	name	Chinese	Math	English	id	name	Chinese	Math	English
1	Mary	95	80	75	1	Mary	95	80	75
2	Jack	75	88	91	2	Jack	75	88	91

(续表)

	student1.dta					student2.dta			
id	name	Chinese	Math	English	id	name	Chinese	Math	English
3	Tom	80	**65**	78	3	Tom	80	**66**	78
4	Lucy	82	85	86	4	Lucy	82	85	86
5	Lily	72	74	76	5	Lily	72	74	76

使用 cf 命令之前，需要首先将这两个数据按照 id 排序并保存，具体如下：

```
. use "C:\Users\XuQi\Desktop\student1.dta", clear
. sort id
. save "C:\Users\XuQi\Desktop\student1.dta", replace
file C:\Users\XuQi\Desktop\student1.dta saved

. use "C:\Users\XuQi\Desktop\student2.dta", clear
. sort id
. save "C:\Users\XuQi\Desktop\student2.dta", replace
file C:\Users\XuQi\Desktop\student2.dta saved
```

完成上述准备工作之后，就可使用 cf 命令进行双录检验了。具体如下：

```
. use "C:\Users\XuQi\Desktop\student1.dta", clear
. cf Chinese using "C:\Users\XuQi\Desktop\student2.dta", all verbose
      Chinese:  match

. cf_all using "C:\Users\XuQi\Desktop\student2.dta", all verbose
           id:  match
         name:  match
      Chinese:  match
         Math:  1 mismatch
               obs 3. 65 in master; 66 in using
      English:  match
r(9);
```

上述命令中，第一行是使用 use 命令打开 student1.dta 这个数据。第二行命令的功能是比较当前打开的数据与 student2.dta 数据在 Chinese 这个变量上是否一致。要完成这个目标,我们在 cf 命令之后列出了 Chinese 这个变量,表示我们比较的对象是 Chinese,并且我们用 using 告诉 Stata 待比较的数据存放的具体位置及名称。此外,我们还使用了两个选项,选项 all 表示列出所有变量的比较结果,如果不加该选项,Stata 仅显示有差异的变量的比较结果;选项 verbose 表示如果变量取值有差异,则列出差异的详细信息,包括在哪些行存在差异,以及在这些行中变量的取值分别是多少。从第二行命令的执行结果看,两个数据在 Chinese 这个变量上的取值不存在差异(match)。

接下来,我们又使用了一个 cf 命令,该命令与之前命令的唯一差别是使用"_all"替代了 Chinese 的位置,"_all"表示同时比较两个数据中的所有变量。结果显示,student1 和 student2 这两个数据在 id、name、Chinese 和 English 这四个变量上的取值是完全一致的(match),但是在 Math 这个变量上存在 1 处不一致(1 mismatch)。不一致的地方出现在两个数据的第 3 行(obs 3):在 student1 中,Math 在该行的取值为 65(65 in master);而在 student2 中,Math 的取值为 66(66 in using)。可以发现,通过 cf 命令,我们准确找到了两个数据不一致的地方。当数据量很大的时候,使用 cf 命令可以大大提高双录检验的效率。

第四节 查阅数据

将数据读入 Stata 以后,不要着急使用。特别是自己不熟悉的数据,在使用前一定要仔细检查一下。具体来说,我们需要检查三项内容:第一,数据的显示是否有问题,是否存在乱码;第二,数据中每个变量的取值范围是否合理,数据缺失的情况是否严重;第三,数据中的变量值之间是否存在逻辑矛盾,是否存在重复案例等。

一、乱码及解决办法

Stata 对英文的支持性很好,但是对中文等其他文字的支持性一直为人诟病。为了一劳永逸地解决非英文字符的显示问题,Stata 在 14 版以后植入了统一的 Unicode 编码系统,所以,14 版以后的 Stata 格式的数据文件,通常不会出现乱码。但是,如果我们的数据文件是 13 版或更低的版本的,用 Stata 14 打开以后很可能出现乱码。

举例来说,我们可以通过以下命令打开 cgss2003_old.dta 数据:

. use "C:\Users\XuQi\Desktop\cgss2003_old.dta", clear

这是 13 版的 Stata 数据,我们可以用 Stata 14 打开它[①]。打开以后,在命令窗口输入 browse 或者单击快捷键" "可以打开数据浏览窗口。如图 2.6 所示,刚打开的这个数据在很多变量上都出现了乱码。出现乱码的原因在于,很多变量及其取值使用了中文标签[②],而这些标签是在 13 版 Stata 中生成的,它们在 Stata 14 中无法正常显示。

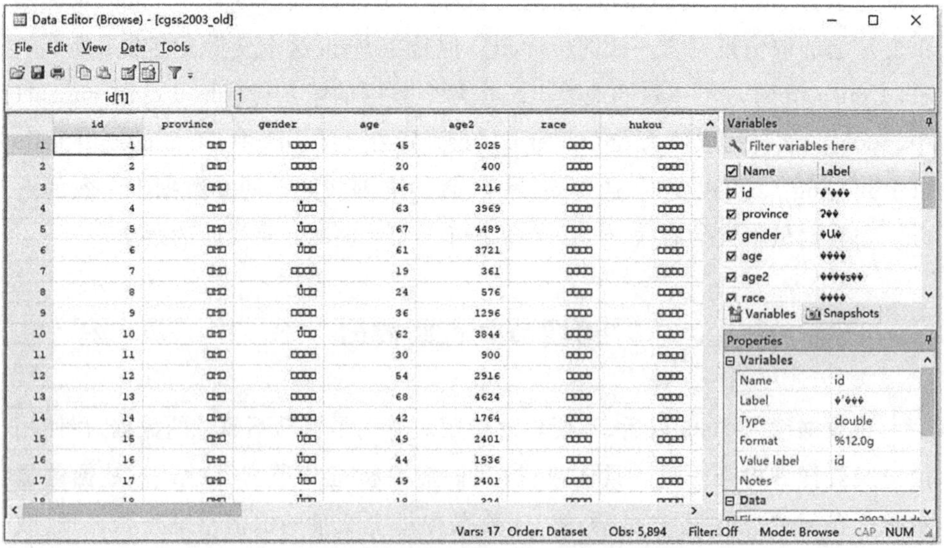

图 2.6 数据浏览窗口中的中文乱码

要解决上述乱码问题,有两个方法:一是为所有变量更换标签,这个方法虽然可行但工作量很大;另一个方法是通过 unicode 命令对中文字符转码,使其能够在 Stata 14 中正常显示。下面我们将着重介绍第二种方法。

使用 unicode 转码需要分五步进行:

[①] 需要注意的是,因为版本不兼容,13 版及更低版本的 Stata 无法打开 14 版的数据。
[②] 关于标签的使用方法,我们会在下一章详细介绍。

第二章 使用数据

第一步,使用 clear 命令清空内存;
第二步,使用 cd 命令将当前的工作目录设置为文件存放的位置;
第三步,使用 unicode analyze 命令对工作目录中的文件进行分析;
第四步,使用 unicode encoding set 命令设置转码的具体方式;
第五步,使用 unicode translate 命令实施转码。

通常来说,经过上述五步,绝大多数乱码都能得到纠正。少部分无法纠正的乱码可以手动处理,如手动修改变量标签和值标签等。

举例来说,对于 cgss2003_old 这个数据,我们可以通过以下五行命令实现:

```
. clear

. cd "C:\Users\XuQi\Desktop\"
C:\Users\XuQi\Desktop

. unicode analyze *
(输出结果略)

. unicode encoding set gb18030
(default encoding now gb18030)

. unicode translate *, invalid(ignore)
(输出结果略)
```

其中,第一行命令的功能是清空内存。第二行命令的功能是将当前的工作目录设置为电脑桌面,即 cgss2003_old 数据存放的地方。第三行命令的功能是对工作目录下的所有文件进行分析,这里的"*"表示分析所有文件。经过这步分析,Stata 会锁定那些需要转码的文件。第四行命令的功能是设置转码的方式,gb18030 是中文汉字的国标码,我们建议对于中文都使用这个码来转换。如果用户需要转换的是其他字符,如日文、韩文等,可通过 help 命令查询对应的代码。最后一行命令是对 Stata 识别出来的所有需要转码的文件按照我们设置好的方式进行转码,在转码时我们使用了 invalid(ignore) 选项,该选项的意思是如果遇到无法转码的特殊字符,则忽略它们。

执行上述五个命令之后,我们再次打开 cgss2003_old 数据,此时,数据浏览窗口的显示情况见图 2.7。可以发现,与之前相比,所有中文字符都能正常显示了。

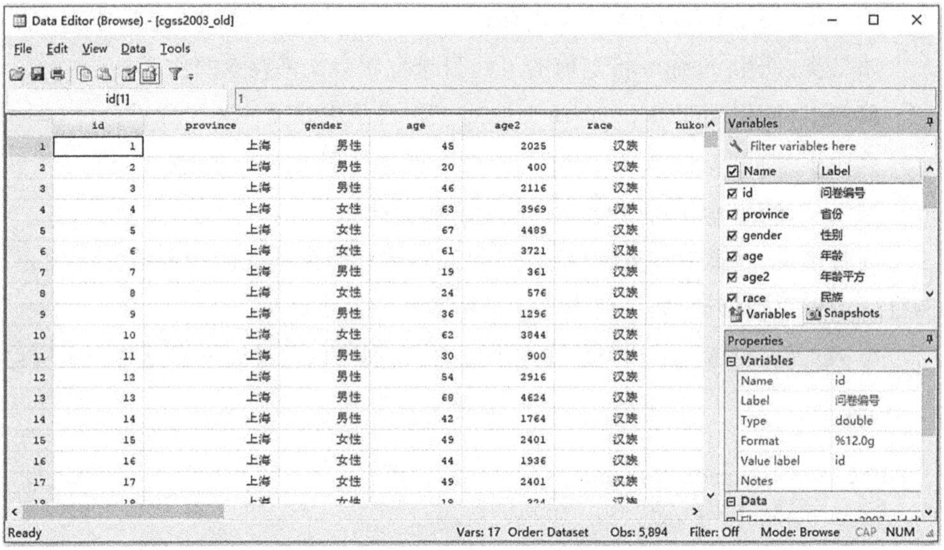

图 2.7 转码以后的数据浏览窗口的显示情况

二、几个常用命令

当数据能够正常显示之后,就需要进一步检查数据的具体内容。在本节,我们将介绍几个常用的查阅数据的命令。

命令 1：browse

browse 命令的功能是打开数据浏览窗口。此外,我们也可通过单击快捷键"▦"的方式打开数据浏览窗口。

顾名思义,数据浏览窗口的功能是浏览数据。如图 2.6 所示,从该窗口可以浏览所有观察个案在每个变量上的值。如果变量值有标签,默认情况下显示的是标签;如果想要查看变量值本身,则需隐藏标签。隐藏标签的方法是单击 Tools 菜单下的 Value labels 子菜单,并选择 Hide all value labels。如果要再显示值标签,只需单击 Tools 菜单下的 Value labels 子菜单,并将 Hide all value labels 左侧的"√"去掉即可。

除了浏览数据以外,通过数据浏览窗口右侧的 Variables 窗口和 Properties 窗口还可查看数据中的所有变量及其属性。在 Variables 窗口中,每个变量的左侧都有一个方框,打"√"表示该变量已在数据浏览窗口中显示,如果不想显示该变量,可以将"√"去掉。

数据浏览窗口与本章第三节介绍的数据编辑窗口很相似,二者的区别在于:数据浏览窗口只能浏览数据,不能编辑数据;而数据编辑窗口既能浏览数据,也能编辑数据。我们建议用户在浏览数据的时候使用数据浏览窗口,以防不小心错误地修改了数据的值。

命令 2: describe

describe 命令的功能是描述数据,该命令名之后可接变量名,也可不接变量名。如果不接变量名,Stata 将描述整个数据,接变量名时仅描述指定变量。

例如,我们在打开 cgss2003.dta 数据之后,可以直接在命令窗口输入 describe 来描述整个数据,输出结果如下:

```
. use "C:\Users\XuQi\Desktop\cgss2003.dta", clear

. describe
Contains data from  C:\Users\XuQi\Desktop\cgss2003.dta
  obs:         5,894
 vars:            17                               14 Feb 2020 09:26
 size:       247,548
              storage   display    value
variable name   type    format     label      variable label
id              int     %9.0g      id         问卷编号
province        byte    %19.0g     province   省份
gender          float   %9.0g      gender     性别
age             float   %9.0g                 年龄
age2            float   %9.0g                 年龄平方
race            byte    %12.0g     race       民族
hukou           float   %9.0g      hukou      户口
marry           byte    %15.0g     marry      婚姻状况
edu             byte    %18.0g     edu        教育程度
eduy            byte    %9.0g                 教育年限
party           byte    %19.0g     party      是否党员
work            float   %15.0g     work       工作状况
income          float   %9.0g                 收入
lninc           float   %9.0g                 收入对数
fedu            byte    %18.0g     fedu       父亲教育程度
medu            byte    %18.0g     fedu       母亲教育程度
ppwt            float   %19.0g     LABB       人权重

Sorted by:
```

从输出结果看,cgss2003 数据共包含 5894 个观察个案,17 个变量,数据文件的大小为 247548 字节,最后修改时间为 2020 年 2 月 14 日上午 9 点 26 分。此外,describe 命令还列出了该数据中所有变量的变量名、存储类型、显示格式、值标签和变量标签。可以发现,通过 describe 命令,我们对数据的基本情况已经有了大致的了解。

命令 3:tabulate

通过 describe 命令可以了解变量的属性,但依然无法得知变量的取值。如果要了解变量的取值范围,则需使用 tabulate 命令。该命令的功能是生成变量的频数分布表。如果 tabulate 之后接一个变量,生成的是一维表;如果接两个变量,则生成二维表。在这里,我们仅介绍使用 tabulate 命令生成一维表的用法。

举例来说,打开 cgss2003 数据之后,可以使用以下命令描述变量 marry 的分布:

```
. tabulate marry
```

婚姻状况	Freq.	Percent	Cum.
未婚	621	10.58	10.58
在婚	4,848	82.58	93.15
离婚或丧偶	402	6.85	100.00
Total	5,871	100.00	

marry 记录的是受访者的婚姻状况,它有三个类别:未婚、在婚、离婚或丧偶。从输出结果看,数据中未婚者有 621 人,在婚者有 4848 人,离婚或丧偶者有 402 人。除了观测频数之外,tabulate 命令还汇报了每个类别的百分比和累计百分比。

从上述输出结果还可知道,三类婚姻状况的合计值为 5871,但通过之前的 describe 命令可以知道,数据的样本量为 5894 人,这意味着有 23 人的 marry 值是缺失的,但缺失值并未显示在上述表格中。如果想在描述变量分布的时候显示缺失值,则需使用 missing 选项。例如,我们可以使用以下命令再次描述

marry 的频数分布：

```
. tabulate marry, missing
```

婚姻状况	Freq.	Percent	Cum.
未婚	621	10.54	10.54
在婚	4,848	82.25	92.79
离婚或丧偶	402	6.82	99.61
.	23	0.39	100.00
Total	5,894	100.00	

使用 missing 选项之后，Stata 会将缺失值也作为变量取值的一个类别列在表中，这样我们就可以非常清楚地知道变量是否有缺失值以及缺失值的数量。从上表可以发现，Stata 是用"."来标记缺失值的，这与其他软件有很大不同[①]。

除了 missing 之外，tabulate 命令在生成一维表的时候还有几个常用选项。一是 nolabel，该选项的功能是显示变量的真实取值，而不显示值标签；另一个是 sort，该选项的功能是按照频数从高到低显示变量的类别。感兴趣的读者可以尝试一下这两个选项。

使用 tabulate 命令一次只能生成一个一维表，如果想要描述多个变量，则需重复多次使用 tabulate 命令。一个简化方法是使用 tab1 命令，该命令之后可接多个变量，执行时可一次性生成多个一维表。举例来说，我们可通过以下命令生成四个一维表：

```
. tab1 gender race hukou marry

-> tabulation of gender
```

性别	Freq.	Percent	Cum.
女性	3,059	51.90	51.90
男性	2,835	48.10	100.00
Total	5,894	100.00	

---

① 本书将在第三章详细介绍缺失值的用法和注意事项。

-> tabulation of race

民族	Freq.	Percent	Cum.
少数民族	323	5.48	5.48
汉族	5,568	94.52	100.00
Total	5,891	100.00	

-> tabulation of hukou

户口	Freq.	Percent	Cum.
农村	423	7.20	7.20
城镇	5,453	92.80	100.00
Total	5,876	100.00	

-> tabulation of marry

婚姻状况	Freq.	Percent	Cum.
未婚	621	10.58	10.58
在婚	4,848	82.58	93.15
离婚或丧偶	402	6.85	100.00
Total	5,871	100.00	

上述 tab1 命令与连续四次使用 tabulate 命令在功能上是等价的，但很显然，tab1 命令要简洁得多。与 tabulate 相同，在 tab1 命令中，我们也可使用 missing 选项，让 Stata 在描述变量的时候同时汇报缺失值。感兴趣的读者可以自己尝试一下。

命令 4：list 和 count

list 命令的主要功能是列出变量的值，它通常与 if 或 in 连用，以列出那些符合特定条件的变量值。在使用 list 之前，通常会先使用 count 命令，确定是否存在符合某一条件的个案：如果存在，则用 list 列出；如果不存在则不列出。list 和 count 是进行数据清理的两个常用命令，下面将通过具体的例子来演示这两个命令的使用方法。

首先打开 cgss2003 数据。如果我们认为在 2003 年，年收入超过 20 万元的个案是比较极端的个案，那么首先可以通过以下命令查看是否存在这样的极端个案：

```
. count if income>200000 & income<.
  3
```

在上述命令中,if引导的条件表达式包含两个部分,"income>200000"这个部分比较好理解,它表示我们要统计的是收入超过20万元的个案;但"income<."这个部分则比较微妙。在Stata中,缺失值"."被视为无穷大,所以,如果income存在缺失值,这些缺失值也会被认为大于200000,而缺失值并不是我们统计的目标。所以,要避免缺失值的干扰,必须加上"income<."这个条件,而初学者很容易忽视这个条件!

输出结果显示,排除缺失值以后,有三个个案的income值大于200000。接下来,可通过以下list命令列出这三个个案的编号:

```
. list id if income>200000 & income<.

              id
      91.     91
     896.   1083
    3528.   4897
```

结果显示,这三个个案的编号分别是91、1083和4897。对于这三个个案,最简单的处理方法是将他们的收入赋值为缺失值,以消除极端值的影响。但更好的方法是查看数据的原始资料(如原始问卷),确认是否存在数据录入错误的情况;如果录入正确,最好能再联系一下受访者,询问问卷记录的值是否准确。

除了极端值,count和list命令也可用来寻找数据中的逻辑矛盾。举例来说,根据相关规定,个人年满18岁才有资格加入中国共产党,所以,党员的年龄如果小于18岁就显得不符合逻辑。我们可以通过以下count命令查看cgss2003数据中是否存在这样的个案:

```
. count if age<18 & party==1
  0
```

上述命令中,"if age<18 & party==1"表示年龄小于18岁的共产党员。输出结果显示,数据中并不存在这样的个案,因此,从这个角度说,数据值都是符合逻辑的。因为count命令的输出是0,所以也没有必要再使用list命令了。

再举一个例子,我国《婚姻法》规定,男性年满22周岁才可登记结婚,女性年满20周岁才可登记结婚,因此,数据中22周岁以下男性和20周岁以下女性的婚姻状况应该都是未婚,否则就不合逻辑。我们可以通过以下count命令查看一下具体情况:

```
. count if gender==0 & age<20 & (marry==2 | marry==3)
    1

. count if gender==1 & age<22 & (marry==2 | marry==3)
    1
```

上述第一个count命令查看的是年龄小于20周岁(age<20)且婚姻状况为在婚或离婚丧偶(marry==2 | marry==3)的女性(gender==0),第二个count命令查看的是年龄小于22周岁(age<22)且婚姻状况为在婚或离婚丧偶(marry==2 | marry==3)的男性(gender==1)。输出结果显示,满足上述条件的男性和女性各有一人。接下来,我们可使用list命令找到这两个个案:

```
. list id if gender==0 & age<20 & (marry==2 | marry==3)

          +------+
          |  id  |
          |------|
 1839.    | 2206 |
          +------+

. list id if gender==1 & age<22 & (marry==2 | marry==3)

          +------+
          |  id  |
          |------|
 2177.    | 2636 |
          +------+
```

输出结果显示,女性的个案编号是2206,男性的个案编号是2636。在数据分析时,可以将这两个个案删除。如果条件允许,最好能查阅原始问卷或联系受访者,以确定这两个个案的性别、年龄和婚姻状况是否记录正确。

命令5:duplicates

查阅数据的一个重要工作是识别数据中的重复案例。所谓重复案例,指的是在所有变量上的取值都相同的案例。在变量很多的情况下,出现重复案例的可能性极小,因此,如果发现重复案例,则预示着数据很可能有问题。

有时候,即使两个个案的值不完全相同,在某些变量上的取值相同也是不允许的。例如,标识每个观测个案的 id 变量、学生的学号、公民的身份证号、手机号码等。理论上这些变量对每个观测个案都是唯一的,所以,如果出现重复则意味着数据存在问题。

Stata 提供了一组专门用来识别和清理重复案例和重复观测值的命令,这组命令都以 duplicates 开头,下面,我们将通过例子来演示它们的使用方法。

首先打开 cgss2003 数据,打开以后,我们人为制造一些重复案例,具体如下:

. use "C:\Users\XuQi\Desktop\cgss2003.dta", clear

. expand 2 in 1
(1 observation created)

. expand 3 in 2
(2 observations created)

上述第一个 expand 命令的功能是将数据中的第一个观测个案复制为两个(即生成一个与之一模一样的个案),而第二个 expand 命令的功能是将数据中的第二个观测个案复制为三个(即生成两个与之一模一样的个案)。接下来,我们将尝试使用 duplicates 命令去识别并清理这些重复案例。

首先,我们在命令窗口输入以下命令:

. **duplicates report id**

Duplicates in terms of **id**

copies	observations	surplus
1	5892	0
2	2	1
3	3	2

duplicates report 的功能是报告数据中是否有重复案例,我们在其后指定了变量 id,因此该命令只报告 id 变量上是否存在重复。结果显示:有 5892 个个

案在 id 变量上是唯一的,没有冗余(surplus);有两个个案在 id 变量上存在两个重复观测,因此有一个是冗余的;另外,有三个个案在 id 变量上存在三个重复观测,因此有两个是冗余的。因为 id 是个案的识别号,它对每个观测个案应该是唯一的,上述结果已经证明数据存在问题。

duplicates report 只能告诉我们数据中是否存在重复观测,但不能告诉我们哪些个案重复了。要实现这个功能,有两个方法。一是使用 duplicates list 命令,该命令可以列出重复观测值,具体如下:

`. duplicates list id`

Duplicates in terms of **id**

group:	obs:	id
1	1	1
1	5895	1
2	2	2
2	5896	2
2	5897	2

上述命令列出了在 id 变量上有重复的行。具体来说,输出结果告诉我们,存在两组重复观测:第一组有两个个案,它们分别位于数据第一行和第 5895 行,这两个个案的 id 值都为 1;第二组有三个个案,它们分别位于数据第二行、第 5896 行和第 5897 行,这三个个案的 id 值都为 2。通过以上结果,我们已能准确找到这些重复案例的位置。

另一个确定重复案例位置的方法是使用 duplicates tag 命令,该命令可以生成一个新变量,用来标记重复的个案,具体如下:

`. duplicates tag id, gen(dup)`

Duplicates in terms of **id**

使用该命令以后,数据中将生成一个名为 dup 的新变量,该变量取值为 0 表示无重复观测值,取值为 1 表示有一个重复观测值,取值为 2 表示有两个重复观测值,以此类推。我们可以使用 tabulate 命令查看一下该变量的频数分布,结果如下:

第二章 使用数据

```
. tabulate dup
```

dup	Freq.	Percent	Cum.
0	5,892	99.92	99.92
1	2	0.03	99.95
2	3	0.05	100.00
Total	5,897	100.00	

可以发现,有两个个案的 dup 值等于 1,有三个个案的 dup 值等于 2。我们可以继续使用 list 命令列出这些个案:

```
. list id if dup>0
```

	id
1.	1
2.	2
5895.	1
5896.	2
5897.	2

结果显示,第一行和第 5895 行的 id 值都为 1,第二行、第 5896 行和第 5897 行的 id 值都为 2,这与之前使用 duplicates list 命令的输出结果完全一致。

现在我们已经锁定了 id 变量上重复观测值的位置,接下来,我们需要进一步确定这些个案是仅在 id 变量上有重复还是在所有变量上都重复。如果仅在 id 变量上有重复,则意味着 id 的值可能录错了,我们需要为这些个案换一个新 id;如果这些个案在所有变量上都重复,则意味着它们是重复案例,需要将冗余案例删除。

为了判断这些案例是否完全重复,可以再次使用 duplicates list 命令,只不过此时,我们不再指定任何变量,具体如下:

```
. duplicates list
```
(输出结果略)

从输出结果看,这几个个案确实在所有变量上的值都相同,因此,我们可以确定它们是重复案例。接下来,可以使用 duplicates drop 命令删除冗余案例:

```
. duplicates drop
Duplicates in terms of all variables
(3 observations deleted)
```

结果显示,有三个案例被删除了。现在,我们再次使用 duplicates report 命令,从结果看,经过上述处理,数据中已经不存在重复案例了:

```
. duplicates report
Duplicates in terms of all variables
```

copies	observations	surplus
1	5894	0

第五节 存储数据

读入 Stata 的数据文件只是暂时保存到内存中,如果用户对数据做了修改,那么这些修改也被临时保存在内存中,一旦关闭 Stata,这些修改就会随之丢失。为了防止出现这种情况,用户可以在关闭 Stata 前将数据存储到硬盘上。本节将介绍存储数据的方法,包括存储为 Stata 格式数据的方法和存储为其他格式数据的方法。

一、存储为 Stata 格式数据

用户可使用 save 命令将当前内存中的数据存储到硬盘上,该命令的语法是:

```
save filename [, replace]
```

其中,filename 表示一个完整的路径和文件名,若想存储到当前的工作目录,可以省略路径。如果要存储的路径有一个同名文件,且要覆盖该文件,需使用选项 replace。

举例来说,我们可使用以下命令将 cgss2003 数据保存下来:

```
. save "C:\Users\XuQi\Desktop\cgss2003.dta", replace
file C:\Users\XuQi\Desktop\cgss2003.dta saved
```

第二章 使用数据

上述命令的功能是将当前内存中的数据存储到电脑桌面上,文件名为cgss2003,因为桌面上已经有了一个同名文件,所以我们使用了 replace 选项来覆盖它。需要注意的是,一旦使用 replace 选项,原文件将被新文件替换。所以,如果想要同时保留原文件,最好给新文件换一个名字。

使用 save 命令的关键在于将 filename 写对。与 use 命令一样,我们建议用户给 filename 加上双引号,以防当中有空格导致命令出错。此外,一定要留意存储地址是否已有同名文件,并谨慎使用 replace 选项。

在 Stata 14 中使用 save 命令可将数据存储为第 14 版的 Stata 数据文件,该版本数据可以由 Stata 14、Stata 15、Stata 16 和 Stata 17 打开,但不能由 Stata 13 及以下版本打开。如果数据将来会共享给那些使用低版本 Stata 软件的用户,那么最好使用 saveold 命令。该命令的使用方法与 save 相同,只不过可以将数据存储为较低的版本。

举例来说,我们可使用以下命令将 cgss2003 数据存储为 13 版的 Stata 格式:

```
. saveold "C:\Users\XuQi\Desktop\cgss2003.dta", replace version(13)
```
(输出结果略)

该命令中的选项 version(13) 表示存储为 13 版的数据格式,如果用户想要存储为 11 版或 12 版,只需将 13 改为 11 或 12 即可。不过需要注意的是,在 Stata 14 中使用 saveold 命令最低只能存储为 11 版,更低的版本则无法得到。此外,因为 Stata 从 14 版开始对中文等特殊字符使用了 Unicode 编码系统,而 saveold 命令无法转码,所以使用低版本 Stata 打开 saveold 命令存储的数据文件时,中文等特殊字符的显示会有问题。

二、存储为其他格式数据

Stata 也可将当前数据导出为文本、Excel 等其他几种数据格式。举例来说,我们可通过以下命令将 cgss2003 数据导出为以",为分隔符的文本格式:

```
. export delimited using "C:\Users\XuQi\Desktop\cgss2003_comma.txt", delimiter(",")
file C:\Users\XuQi\Desktop\cgss2003_comma.txt saved
```

我们还可通过以下命令获得自由格式的文本数据：

. `outfile using "C:\Users\XuQi\Desktop\cgss2003_free.txt"`

此外，我们还可通过以下命令将 cgss2003 数据另存为 Excel 格式：

. `export excel using "C:\Users\XuQi\Desktop\cgss2003.xls", firstrow(variables)`
`file C:\Users\XuQi\Desktop\cgss2003.xls saved`

上述命令的使用方法与本章第二节介绍的 import delimited、infile 和 import excel 相似，读者可将这几个命令对应起来学习。

最后，如果 Stata 提供的数据存储格式依然不能满足用户的需求，我们建议先将数据存储为 Stata 格式，然后再使用之前介绍的 Stat/Transfer 软件将 Stata 数据转换为需要的数据格式，如 SPSS 数据等。这种方法简单易行、不易出错，而且，通过 Stat/Transfer 软件还能保留变量标签和值标签，因此我们推荐用户使用这种方法。

练习

打开 cgss2005final_old 数据，执行以下操作：
(1) 浏览数据，检查是否存在乱码，如果是，解决乱码问题；
(2) 查看数据的基本特征和变量的取值分布（将缺失值也列出来）；
(3) 检查数据中是否存在 income 取值大于 100000 的个案，如果有，列出他们的 id；
(4) 检查数据中是否存在年龄小于 18 岁的党员，如果有，列出他们的 id；
(5) 检查数据中是否存在完全相同的重复个案，如果有，将重复个案删除；
(6) 保存为一个 11 版的 Stata 数据；
(7) 将当前数据存储为以";"为分隔符的文本格式数据；
(8) 将当前数据存储为 Excel 格式的数据；
(9) 将第(7)题和第(8)题中的数据读入 Stata；
(10) 将第(6)题保存的 Stata 数据通过 Stat/Transfer 软件转换成 SPSS 格式数据。

第三章

变　量

本章重点和教学目标：

1. 掌握变量的命名规则和为变量重命名的方法；
2. 掌握为变量和变量值添加标签的方法；
3. 了解数值变量和字符变量的差异，能在有需要时实现二者的相互转换；
4. 掌握 Stata 对数值变量和字符变量缺失值的编码方法；
5. 了解数值变量和字符变量的存储类型和显示格式；
6. 学会改变变量存储类型和显示格式的方法。

第一节　变量名与变量标签

变量是数据分析的核心，也是数据管理的核心。在数据分析和数据管理过程中，我们都是通过变量名来指称变量的。因此，在使用变量前，必须为每个变量起一个响亮的名字。

一、变量的命名规则

在 Stata 中给变量命名必须符合一定的语法规则，具体来说，包括以下五点：

第一，变量名不能过长，最多包含 32 个字符。

第二，变量名只能包含英文字母(a-z、A-Z)、阿拉伯数字(0-9)和下划线"_"。因此汉字不能出现在变量名中，诸如"$""#""@""/"等特殊字符也不能使用。

第三，变量名只能以英文字母或下划线开头。考虑到 Stata 中有很多系统变量以下划线开头，我们建议用户用英文字母作为变量名的起始字符。

第四，变量名不能与系统保留的变量重名。Stata 保留了一些变量名供系统使用，这些变量名包括："_all""_n""_N""_b""_coef""_cons""_rc""_pred""_skip""_pi""if""in""with""using""byte""int""long""float""double""str#""strL"。

第五，变量名区分大小写。因此，urban、Urban 和 URBAN 在 Stata 看来是三个不同的变量，用户在命名和使用的时候需要特别小心。

除了以上五点之外，我们建议用户在给变量命名的时候尽可能做到"见名知义"，即通过变量名就能大概了解变量的含义。如果变量都以 a、b、c、d 来命名，虽然符合 Stata 的语法规则，但使用起来会有诸多不便，因此也不是好的变量名。

接下来，我们将通过 cgss2005raw.dta 数据来做演示。这个数据包含 2005 年 CGSS 调查的部分变量，这些变量都没有经过任何预处理，因此不能直接使用。在接下来的几章，我们将给大家演示如何将这个近乎原始状态的数据变成可以使用的形态。

首先使用 use 命令打开该数据，然后用 describe 命令查看一下变量：

```
. use "C:\Users\XuQi\Desktop\cgss2005raw.dta", clear

. describe

Contains data from  C:\Users\XuQi\Desktop\cgss2005raw.dta
  obs:        10,372
  vars:           19                          17 Feb 2020 12:22
  size:      788,272
```

```
variable name      storage    display    value
                   type       format     label      variable label
uniq_id            float      %8.0g
qs2a               float      %8.0g
qs2c               float      %8.0g
qa2_01             float      %8.0g
qa3_01             float      %8.0g
qa4_01             float      %8.0g
qa5_01             float      %8.0g
qa6_01             float      %8.0g
qa7_01             float      %8.0g
qb01               float      %8.0g
qb03b              float      %8.0g
qb04a              float      %8.0g
qb07               float      %8.0g
qb08               float      %8.0g
qb09b              float      %8.0g
qb09e              float      %8.0g
qb09f              float      %8.0g
qb12a              float      %8.0g
qb12b              float      %8.0g

Sorted by:
```

输出结果显示，该数据共包含 19 个变量，每个变量都已经有了名字，但这些名字都不好，因为从这些名字中我们并不知道每个变量代表的是什么。实际上，这里的每个变量名都是问卷中的问题编号，我们只有对着问卷，才能知道每个变量测量的是什么，这给数据分析带来了很大不便。因此，我们考虑给所有变量都换一个更合适的名字。

二、给变量重命名

给变量重命名的命令是 rename，它的使用方法如下：

rename oldname newname

其中，oldname 是原来的变量名，而 newname 是新变量名。

举例来说，在 cgss2005raw 数据中，变量 qs2a 记录的是受访者所在的省份，为了使该变量能更好地体现其含义，我们决定将它的名字换成 province，具体如下：

```
. rename qs2a province
```

执行该命令以后，变量窗口中原来的 qs2a 就变成了 province。按照同样的方法，我们可以给数据中的所有变量都换一个名字，命令如下：

```
. rename uniq_id id
. rename qs2c urban
. rename qa2_01 gender
. rename qa3_01 birth
. rename qa4_01 race
. rename qa5_01 hukou
. rename qa6_01 regular
. rename qa7_01 employ
. rename qb01 marry
. rename qb03b edu
. rename qb04a party
. rename qb07 workyear
. rename qb08 workhours
. rename qb09b occ
. rename qb09e industry
. rename qb09f ownership
. rename qb12a inc_m
. rename qb12b inc_y
```

执行上述所有命令之后，数据中的所有变量就都有符合它们含义的名字了[1]。

使用 rename 命令还可以改变变量名中英文字符的大小写，其用法如下：

```
rename varlist, upper | lower | proper
```

该命令中，varlist 是重命名的目标变量，upper、lower 和 proper 这三个选项必选其一。upper 表示将所有英文字符变成大写，lower 表示将所有英文字母变成小写，proper 表示首字母大写、其余小写。

举例来说，我们可通过以下命令将 id 变量变为大写：

---

[1] 本书接下来的章节对 cgss2005raw 数据的操作都将在之前操作的基础上进行。因此，建议用户每执行完一段命令之后将数据保存下来，或者将执行过的命令保存下来，并在每次操作前先执行之前的命令。

```
. rename id, upper
```

可以发现,执行该命令后,变量窗口中的 id 变成了 ID。

我们还可通过以下命令一次性将所有变量名中的英文字符都变成大写:

```
. rename _all, upper
```

该命令中的"_all"表示对所有变量重命名。执行以后,所有变量名中的英文字符就都变成了大写。因为 Stata 对变量名区分大小写,而小写字母在输入时比较方便,所以在一般情况下,我们建议用户使用小写字母做变量名,命令如下:

```
. rename _all, lower
```

三、变量标签

给变量起一个合适的名字可以在一定程度上反映变量的真实含义,但变量名在这方面的功能依然很有限。首先,变量名通常很短,因此,变量的很多信息无法体现在其名字中。其次,变量名只能包含英文字符、数字和下划线,因此,想通过变量名来传递一些复杂信息也非常困难。为了弥补变量名的这些缺陷,Stata 允许用户给变量添加标签。

变量标签是对变量的说明性文字。与变量名相比,Stata 对变量标签的限制少很多。例如,变量标签最多可以包含 80 个字符,而变量名最多只能包含 32 个字符;此外,变量标签可以包含任意字符,甚至包括汉字,这在变量名中是不可想象的。因此,我们建议用户给每个变量都添加标签,以方便后续使用。

给变量添加标签的命令是 label variable,其使用方法如下:

```
            label variable varname "label"
```

该命令中的 varname 是准备添加标签的变量,而双引号中的文字是标签的内容。

举例来说,我们可以给 cgss2005raw 数据中的 id 变量添加一个标签,标签内容是"个案识别号",具体如下:

```
. label var id "个案识别号"
```

执行该命令以后,变量窗口中的 id 变量有了一个标签,其内容是"个案识别号"。按照同样的方法,我们可以为所有变量都添加标签,命令如下:

```
. label var province "省份"
. label var urban "城乡"
. label var gender "性别"
. label var birth "出生年"
. label var race "民族"
. label var hukou "户口性质"
. label var regular "户口所在地"
. label var employ "就业状况"
. label var marry "婚姻状况"
. label var edu "教育程度"
. label var party "党员身份"
. label var workyear "开始工作年份"
. label var workhours "工作时长"
. label var occ "职业"
. label var industry "行业"
. label var ownership "单位所有制"
. label var inc_m "月收入"
. label var inc_y "年收入"
```

执行上述所有命令以后,数据中的变量就都有标签了。贴上标签以后,变量的含义也变得更加清晰。而且,对于那些有标签的变量,Stata 在后续的分析过程中将显示变量标签而不是变量名,这可以帮助用户更好地读懂数据分析结果。

较早的 Stata 版本对中文的支持性不好,中文标签的显示经常出现乱码,因此最好使用英文标签。而 Stata 14 及更高版本的 Stata 软件对中文字符采用了统一的 Unicode 编码,这就彻底解决了中文的显示问题。因此,在 Stata 14 及更高版本的 Stata 中,用户可以放心地使用中文标签,这对那些习惯用中文的用户来说无疑是一个福音。

第二节 变量值与值标签

变量存储的内容即为变量值,变量的值既可以是数字,也可以是字符。如果变量的值空缺,就是缺失值,缺失值需要用特殊的符号来标记。此外,如果变量的值无法通过其自身来表达含义,我们就需要为其添加标签。本节将详细介绍上述与变量值相关的内容。

一、变量的取值类型

Stata 中的变量有两种类型:数值变量与字符变量。[①] 数值变量存储的是数字,而字符变量存储的是字符。数值变量可以进行各种复杂运算,而字符变量则不行。有时候,字符变量中存储的也是数字,但这些数字是当作字符来存储的,它们无法进行数值运算。

(一) 数值变量

数值变量的取值只能用 0,1,2,…,9 及正负号与小数点表示。下面给出了几个例子:

- 5
- −5
- 5.5
- 5.5e+03
- 5.5e−02

上述前三个例子比较好理解,而后两个例子是以科学计数法显示的数值,其中的 e 表示以 10 为底的指数。因此,5.5e+03 表示 5.5×10^3,即 5500;而 5.5e−02 表示 5.5×10^{-2},即 0.055。关于数值变量的显示格式,我们将在本章第五节详细介绍。

此外还需特别注意的是,数值变量中不能包含"¥""$"等货币符号,也不能包含逗号。因此,1000 元人民币作为数值变量只能记为 1000,而"¥1000""1,000""¥1,000"都不是合法的数值,在分析时都会被当作字符变量来处理。

[①] 实际上还有一种时间型变量,但应用较少,本书不做过多介绍。

(二) 字符变量

字符变量的取值可以包含任意字符,如英文字母、阿拉伯数字、标点符号,甚至包括中文汉字。我们通常用字符变量来存储那些无法用数值存储的信息,如学生姓名、国家名称、用户地址等。此外,对于那些特别长且不能进行数值运算的数字串,有时也会用字符变量来存储,如学生的学号、身份证号、手机号码等。需要注意的是,如果数字以字符的方式来存储,就不能进行加减乘除等数值运算。

下面给出了几个字符变量取值的例子:

◆ "String"

◆ "string"

◆ "   string"

◆ "string   "

◆ ""

◆ "   "

◆ "123.45"

◆ "$1,000"

◆ "I love you"

◆ "我爱你"

在上述例子中,第一个例子记录的是 String 这个英文单词,其中首字母大写。第二个例子记录的也是同一个单词,但因为首字母小写,所以它与第一个例子并不相同。第三个例子与第二个例子也不相同,因为在第三个例子中,string 之前有多个空格,虽然这些空格看不见,但它们是客观存在的。在第四个例子中,string 之前无空格,但其末尾有多个空格,所以它与第三个例子和第二个例子也不相同。这几个例子告诉我们,在判断字符变量是否相同的时候,一定要注意大小写,且注意是否包含空格。

上述第五个例子中,双引号内没有任何内容,因而它是一个空字符。在下一小节我们将了解到,这个空字符表示缺失值。相比之下,第六个例子看似也不包含任何内容,但它不是缺失值。因为其双引号内有空格,而空格(虽然看

第三章 变量

不见)也是一种字符。

接下来,在第七个例子中,双引号内是 123.45 这个数字,但这个数字是以字符形式存储的,所以它无法进行数值运算。第八个例子中,引号中的内容是 1000 美元,但因为包含美元符号和逗号,所以也被存为字符。这两个例子或多或少都含有数值的成分,我们将在本章第三节介绍如何将之转换成数值变量。

最后两个例子分别存储的是英文的"I love you"和其中文翻译"我爱你"。列出这两个例子的用意在于说明字符变量既可以存储英文,也可以存储中文。

二、缺失值

数值变量和字符变量除了可以存储有效值以外,还可以存储缺失值。缺失值是一种特殊的变量取值类型。出现数据缺失的原因有很多,如问卷中的题目对受访者不适用(如未婚者无须填答配偶信息),受访者不知道准确答案或受访者拒绝回答等。

为了区分不同类型的数据缺失,Stata 针对数值变量,定义了 27 种不同的缺失值编码方法,分别是"."".a"".b"…".z"。通常情况下,我们只需使用系统默认的缺失值编码方式——一个"."来代表所有缺失值就可以了。如果确有必要区分不同类型的缺失值,则可以将其细分为".a"".b"".c"等多种类型。

需要注意的是,Stata 将数值变量中的缺失值视为无穷大。具体来说,Stata 定义:

任何非缺失数值<. <.a <.b …<.z

因此,缺失值比任何非缺失的值都要大,这与其他软件很不一样。初学者对此稍加不慎,就会出错。举例来说,如果我们想判断一个人的年龄是否超过 60 岁,仅设定条件 age>60 是不对的,因为这会将 age 变量上有缺失的个案也包括进来。正确的方法是使用"age>60 & age<."。在增加"age<."这个条件之后,age 变量上的所有缺失值就被排除在外了。

对于字符变量,Stata 用空字符("")表示缺失值,而不是"."。对字符变量来说,"."表示"点"这个字符,而不是缺失值,用户在使用的时候一定要当心。

最后需要注意的是，上面讨论的用"."或其他方式来标记的缺失值是Stata默认的系统缺失值。除此之外，还有用户自己定义的缺失值。例如，中国家庭追踪调查（CFPS）数据编码时用"-8"表示不适用，"-2"表示拒绝回答，"-1"表示不知道。① 因此，这三个数值对该数据的所有变量来说都意味着缺失值。用户可以使用mvdecode命令将这些自定义的缺失值转换成Stata默认的系统缺失值。具体来说，对于CFPS数据，我们可以使用以下命令：

. mvdecode _all, mv(-8=.a\-2=.b\-1=.c)

该命令中，"_all"表示对所有变量进行统一的缺失值编码，编码方法则在选项mv()之中详细列出。因为数据区分了三种不同类型的缺失值，所以我们使用了三种不同的编码与之对应。具体来说，我们将-8编码为".a"，将-2编码为".b"，-1编码为".c"。如果区分不同类型的缺失值意义不大，也可以统一编码为"."，读者可以自己尝试一下。

上面演示的mvdecode命令是可逆的。我们可以使用mvencode命令将系统缺失值变换为用户自己定义的值。举例来说，对于上述CFPS数据，我们可以使用以下命令将数据退回到之前的状态：

. mvencode _all, mv(.a=-8\.b=-2\.c=-1)

三、值标签

数值变量有两种类型。第一类数值变量存储的数值本身有明确含义，如年龄30岁、收入1000元等。对于这类数值变量，其取值含义无须再做说明。第二类数值变量存储的虽然是数值，但这些数值只是用来区分不同的类别，其大小无明确意义。举例来说，cgss2005raw数据用1表示城市，2表示农村，在这里，1和2只是区分城乡的两个数字符号，其含义需要借助城市和农村这两个说明性的标签才能得到正确理解。

给数值变量取值添加的标签称作值标签。与变量标签类似，值标签也是一种说明，只不过它是对数据取值的说明。在Stata中，为数值变量添加值标签

---

① 详见本章末的练习。

需分两步。

第一步:使用 label define 命令定义一个标签,其方法为:

```
label define labelname 1 "text1" 2 "text2" 3 "text3" …
```

其中,labelname 是用户定义的值标签的名字,1、2、3 等数字是变量取值,而双引号中的内容则是对这些取值的说明,即标签的内容。

第二步:使用 label value 命令将定义好的标签附加在变量上,其方法为:

```
label value varname labelname
```

其中,varname 是变量名,而 labelname 是定义好的标签名。

现在,我们来给 cgss2005raw 数据中的各变量添加值标签。首先使用 tabulate 命令描述一下数据中 urban 变量的取值:

```
. tabulate urban
```

城乡	Freq.	Percent	Cum.
1	6,098	58.79	58.79
2	4,274	41.21	100.00
Total	10,372	100.00	

输出结果显示,urban 共有 1 和 2 两个取值。对照问卷我们知道,1 表示城市,2 表示农村。因此,我们定义标签如下:

```
. label def urban 1 "城市" 2 "农村"
```

定义好之后,我们将该标签附加到 urban 这个变量上:

```
. label val urban urban
```

在上述命令中,第一个 urban 是变量名,第二个 urban 是标签名。我们建议用户在定义标签的时候,让标签名与变量名相同,因为这样可以做到标签与变量之间一一对应,不易出错。

现在我们已经完成了给 urban 变量添加值标签的工作,为了查看一下效果,可以再次使用 tabulate 命令描述一下该变量:

```
. tabulate urban
```

城 乡	Freq.	Percent	Cum.
城 市	6,098	58.79	58.79
农 村	4,274	41.21	100.00
Total	10,372	100.00	

对比之前的结果可以发现，Stata 已不再显示数值 1 和 2，而是显示其对应的标签。很明显，添加值标签以后，输出结果更容易理解。

按照同样的方法，我们可以为 cgss2005 数据中的所有变量都添加值标签，具体命令如下：

```
. label def province 11 "北京" 12 "天津" 13 "河北" 14 "山西" 15 "内蒙古"
21 "辽宁" 22 "吉林" 23 "黑龙江" 31 "上海" 32 "江苏" 33 "浙江" 34 "安徽"
35 "福建" 36 "江西" 37 "山东" 41 "河南" 42 "湖北" 43 "湖南" 44 "广东"
45 "广西" 46 "海南" 50 "重庆" 51 "四川" 52 "贵州" 53 "云南" 54 "西藏"
61 "陕西" 62 "甘肃" 63 "青海" 64 "宁夏" 65 "新疆"
. label val province province

. label define gender 1 "男" 2 "女"
. label val gender gender

. label def race 1 "汉" 2 "蒙古" 3 "满" 4 "回" 5 "藏" 6 "壮" 7 "维" 8 "其他"
. label val race race

. label def hukou 1 "城镇常驻" 2 "其他城镇" 3 "农村户口" 4 "其他户口"
. label val hukou hukou

. label def regular 1 "本居住地" 2 "本区县" 3 "本省" 4 "外省"
. label val regular regular

. label def employ 1 "全职" 2 "半职" 3 "临时工" 4 "离退休" 5 "无业" 7 "全职农民" 8 "从未工作"
. label val employ employ

. label def marry 1 "未婚" 2 "已婚" 3 "离婚未再婚" 4 "离婚后再婚" 5 "丧偶未再婚" 6 "丧偶后再婚" 7 "拒绝回答"
. label val marry marry
```

第三章 变量

```
. label def edu 1 "未上学" 2 "自学" 3 "小学一年级" 4 "小学二年级" 5 "小学三年
级" 6 "小学四年级" 7 "小学五年级" 8 "小学六年级" 9 "初中一年级" 10 "初中二年级"
11 "初中三年级" 12 "高中一年级" 13 "高中二年级" 14 "高中三年级" 15 "职高、技校"
16 "中专" 17 "大专非全日制" 18 "大专全日制" 19 "本科非全日制" 20 "本科全日制"
21 "国内研究生" 22 "国外研究生" 23 "其他"
. label val edu edu

. label def party 1 "党员" 2 "非党员"
. label val party party

. label def ownership 1 "党政机关" 2 "国有企业" 3 "国有事业" 4 "集体企事业"
5 "个体经营" 6 "私企民营" 7 "三资企业" 8 "其他1" 9 "其他2" 10 "其他3"
. label val ownership ownership
```

执行上述所有命令之后，数据中的数值变量就都有值标签了。

给变量添加值标签的过程比较烦琐，也很容易出错，如果出错以后要全部推倒重来就会非常麻烦。为了避免这个弊端，Stata 提供了修改变量值标签的方法。具体来说，我们可以在使用 label define 命令的时候通过 modify 选项来修改不恰当的标签内容，也可以通过 add 选项添加漏掉的标签。

举例来说，我们可以首先使用 label list 命令查看一下 employ 这个标签的内容：

```
. label list employ
employ:
        1 全职
        2 半职
        3 临时工
        4 离退休
        5 无业
        7 全职农民
        8 从未工作
```

结果显示，该标签对 1、2、3、4、5、7、8 这几个取值都有定义，但取值为 6 的标签却漏掉了。此外，对照问卷可以发现，取值为 5 的标签应为"下岗失业"，而这里定义的"无业"并不准确。对于这种情况，我们可以使用以下命令修改原标签的定义：

```
. label def employ 6 "兼业农民", add
. label def employ 5 "下岗失业", modify
```

上面的第一行 label define 命令使用了选项 add，表示我们要在之前定义的基础上增加类别。具体来说，要增加取值为 6 的这个类别，其标签内容为"兼业农民"。第二行 label define 命令使用了选项 modify，表示我们要修改原标签的内容。具体来说，我们要修改取值为 5 的标签内容，将其改为"下岗失业"。

执行这两行命令之后，可以再次使用 label list 命令查看 employ 标签的内容：

```
. label list employ
employ:
           1 全职
           2 半职
           3 临时工
           4 离退休
           5 下岗失业
           6 兼业农民
           7 全职农民
           8 从未工作
```

可以发现，与之前相比，现在该标签已经完整且都得到了正确的定义。

第三节　数值变量与字符变量间的转换

数值变量和字符变量是两种类型的变量，数值变量存储的是数值，字符变量存储的是字符。但有的时候，一个变量存储的虽然是数值，但作为字符处理更加方便，如个人的身份证号码、快递单号等。在这种情况下，我们需要将数值变量转换为字符变量。还有些时候，字符变量中存储的字符具有数值上的意义，如"￥1,000"表示人民币 1000 元，如果我们希望对其进行数值计算，就需要将之转换为数值变量。本节将介绍数值变量和字符变量间相互转换的方法。

一、数值变量转字符变量

可以使用 decode 命令将数值变量转换为字符变量,该命令的使用方法是:

decode varname, generate(newvarname)

其中,varname 是待转换的数值变量名,选项 generate(newvarname) 的功能是生成一个名为 newvarname 的新变量,并用该变量存储转换过来的结果。

举例来说,我们可以使用以下命令将 cgss2005raw 数据中的 province 转换为字符:

. decode province, gen(province1)

执行该命令以后,数据中将生成一个新变量 province1,它存储的就是转换过来的字符型的省份。现在可以使用 list 命令列出 province 和 province1 的部分取值:

. list province province1 in 1/5, nolabel

	province	provin~1
1.	11	北京
2.	11	北京
3.	11	北京
4.	11	北京
5.	11	北京

上述命令使用了 nolabel 选项,该选项的功能是要求 Stata 列出变量的原始值,而不是值标签。可以发现,在前五行数据中,province 存储的是数字 11,而 province1 存储的是汉字"北京"。实际上,"北京"恰好是 province 变量的值标签中与 11 对应的内容。由此可见,decode 命令的工作原理是将数值变量的值标签作为字符变量的取值来实现变量转换。那么,如果数值变量没有值标签,结果会如何呢?

以 inc_y 为例,该变量存储的是受访者的年收入,因为其数值本身就有明确含义,所以我们没有为它添加值标签。现在,我们尝试使用 decode 命令将其转换为字符变量:

```
. decode inc_y, gen(inc_y1)
inc_y not labeled
r(182);
```

结果软件报错了,错误提示为"inc_y not labeled",即变量 inc_y 没有值标签。由此可见,对于没有值标签的数值变量,decode 无法转换。那么,如果我们想要将数值而不是标签转换为字符,该如何操作呢?

这时,我们需使用 tostring 命令,这个命令的功能是将数值变量里面存储的数字作为新字符变量的字符来实现转换。其用法如下:

```
tostring varname, generate(newvarname) | replace
```

其中,varname 是待转换的数值变量名,选项 generate(newvarname) 和 replace 必选其一。如果使用 generate(newvarname),软件将保留原变量,并将转换结果保存到一个名为 newvarname 的新变量中;如果使用 replace,则用新生成的字符变量替换原变量。我们建议用户使用 generate(newvarname),因为这样原变量的信息不会丢失。

举例来说,可以使用以下命令将 inc_y 中的数值转换为字符来存储:

```
. tostring inc_y, gen(inc_y1)
inc_y1 generated as str6
```

执行该命令之后,数据中将生成一个新变量 inc_y1,它存储的就是转换为字符后的受访者的年收入值。

二、字符变量转数值变量

使用 encode 命令可以将字符变量转换为数值变量,它的用法如下:

```
encode varname, generate(newvarname)
```

其中,varname 是待转换的字符变量名,选项 generate(newvarname) 的功能是生成一个名为 newvarname 的新变量,并用该变量存储转换过来的结果。

从功能上说,encode 是 decode 的逆命令。使用该命令之后,Stata 会对 varname 中的每一个不同的字符串排序,并赋予从 1 开始编号的整数值,然后将这个值保存到新变量 newvarname 之中,而原字符变量的值则作为新数值变量的值标签。

举例来说,我们可以使用以下命令将之前通过 decode 转换来的字符变量 province1 再次转换成数值变量:

. `encode province1, gen(province2)`

执行该命令后,数据中将生成一个新变量 province2,它就是转换后的数值变量,这个变量已经自动添加了值标签,值标签的内容就是 province1 中记录的省份。我们可以使用 tabulate 命令描述一下该变量的分布:

. `tabulate province2, nol`

省份	Freq.	Percent	Cum.
1	400	3.86	3.86
2	320	3.09	6.94
3	167	1.61	8.55
4	407	3.92	12.48
5	171	1.65	14.12
6	668	6.44	20.56
7	405	3.90	24.47
8	524	5.05	29.52
9	669	6.45	35.97
10	166	1.60	37.57
11	585	5.64	43.21
12	410	3.95	47.17
13	80	0.77	47.94
14	615	5.93	53.87
15	241	2.32	56.19
16	420	4.05	60.24
17	664	6.40	66.64
18	322	3.10	69.75
19	80	0.77	70.52
20	491	4.73	75.25
21	491	4.73	79.98
22	254	2.45	82.43
23	321	3.09	85.53
24	335	3.23	88.76
25	416	4.01	92.77
26	85	0.82	93.59
27	334	3.22	96.81
28	331	3.19	100.00
Total	10,372	100.00	

上述 tabulate 命令使用了 nolabel 选项,因而 Stata 将显示变量取值,而不是值标签。从输出结果看,province2 的取值范围是 1 至 28,这说明之前的 encode 命令将 province1 中的 28 个省份名称成功地转换成了 28 个正整数值,而每个

整数究竟代表哪个省份,则需借助其值标签才能知道(将上述命令中的 nolabel 选项去掉即可)。

使用 encode 命令可以将字符变量转换成正整数,而有的时候,字符变量本身存储的就是数值,如果要将这些存为字符的数值转换成数值本身,则需使用 destring 命令,该命令的使用方法如下:

    destring varname, generate(newvarname) | replace

其中,varname 是待转换的字符变量名,选项 generate(newvarname) 和 replace 必选其一。如果使用 generate(newvarname),软件将保留原变量,并将转换结果保存到一个名为 newvarname 的新变量之中;如果使用 replace,则用新生成的数值变量替换原变量。与之前介绍 tostring 命令时相同,我们建议用户使用 generate(newvarname)。

举例来说,我们可以使用以下命令将之前通过 tostring 生成的字符变量 inc_y1 再次转换成数值变量:

```
. destring inc_y1, gen(inc_y2)
inc_y1 has all characters numeric; inc_y2 generated as long
(518 missing values generated)
```

执行该命令之后,数据中将生成一个新变量 inc_y2,它存储的就是转换后的结果。

有时候,待转换的字符变量中包含一些特殊字符,如人民币符号"￥",这时需要使用选项 ignore( )来忽略它们,具体如下:

```
. generate inc_y3="￥"+inc_y1

. destring inc_y3, gen(inc_y4) ignore("￥")
inc_y3: character ￥ removed; inc_y4 generated as long
(518 missing values generated)
```

上面,我们首先使用 generate 命令生成了一个新变量 inc_y3,该变量通过在 inc_y1 这个字符变量之前添加人民币符号"￥"得到。[①] 接下来,我们使用

[①] 字符变量可以做加法,字符相加的结果是将两个字符串拼接起来。

destring 命令将这个新生成的字符变量转换成数值,并将转换结果保存在 inc_y4 中。因为待转换的字符变量 inc_y3 中包含"￥",无法直接转换,所以我们使用了选项 ignore("￥")表示在做转换的时候忽略"￥"。

为了检验转换结果是否正确,我们使用 list 命令列出了 inc_y3 和 inc_y4 在前五行的值:

```
. list inc_y3 inc_y4 in 1/5

     inc_y3    inc_y4
 1.  ￥12000    12000
 2.  ￥25000    25000
 3.  ￥8000      8000
 4.  ￥9000      9000
 5.  ￥10000    10000
```

结果显示,inc_y3 的每个数值之前都包含"￥",而 inc_y4 则没有。因此,通过上述命令,我们成功地将一个包含特殊字符的字符变量转换成了数值变量。

第四节 变量的存储类型

Stata 可以采用多种方式来存储变量。存储方式不同,变量的取值范围、精度、存储空间也不相同。因此,用户需要为每一个变量选择恰当的存储方式。

一、数值变量的存储类型

数值变量在 Stata 中可以用五种类型来存储,具体见表 3.1:

表 3.1 数值变量的存储格式

存储类型	最小值	最大值	精度	存储空间
byte	-127	100	2	1 byte
int	-32747	32740	4	2 bytes
long	-2147483647	2147483620	9	4 bytes

（续表）

存储类型	最小值	最大值	精度	存储空间
float	$-1.70141173319 \times 10^{38}$	$1.70141173319 \times 10^{38}$	7	4 bytes
double	$-8.9884656743 \times 10^{307}$	$8.9884656743 \times 10^{307}$	16	8 bytes

在这五种类型中，byte、int 和 long 只能存储整数，不能存储小数。byte 对应的取值范围最小，精度最低，但它占用的存储空间也最小。从 byte 到 int 再到 long，变量所能存储的数值范围越来越大，精度越来越高，但占用的存储空间也越来越大。float 和 double 这两种类型既能存储整数，也能存储小数。相比之下，double 比 float 的取值范围、精确度要高得多，但它占用的存储空间也大得多。

float 是 Stata 默认的存储类型，也就是说，新生成的数值变量在不加说明的情况下，都是以 float 来存储的。但在有些情况下，float 并不是最合适的存储类型。

首先，float 的数值精度只有 7 位，也就是说，对于位数小于 7 位的数值来说，它可以保存其原始值，但是对于位数多于 7 位的数值，就会造成精度上的损失。举例来说，数字 1234567 如果用 float 来存储不会遭到精度损失，因为该数值共有 7 位，float 型变量可以保存所有数字；但 123456789 就不可以，因为该数值有 9 位，而 float 型变量最多只能精确保存 7 位，所以，最后两位数字（个位和十位）会有精度上的损失。

在有些情况下，存储精度不足造成的影响可以忽略不计，但有些情况却不行。举例来说，问卷调查中的样本编号通常是一串很长的数字，如果该数字的长度超过 7 位，使用 Stata 默认的 float 型来存储就会造成精度上的损失，而这种损失通常是不能接受的。在这种情况下，用户最好换用其他类型来存储。如果样本编号是一个长度不超过 9 位的整数，那么可以用 long 来存储；如果超过 9 位但不超过 16 位，则可以用 double 来存储；如果超过了 16 位（如身份证号码有 18 位），double 也无法胜任，这个时候，我们建议改用字符型变量来存储，因为字符型变量最多可以存储 2000000000 个字符。

其次，float 存储的每个数值要占用 4 个字节的内存空间，而 byte 和 int 分别只占用 1 个字节和 2 个字节。因此,在不损失精度的情况下,将 float 型变量换成 byte 或 int 型可以大大节省存储空间。举例来说,问卷调查中的绝大多数问题都是选择题,这些问题的答案通常用 int 甚至 byte 就可精确存储,无须使用占用空间更大的 float。举例来说,我们可以使用 describe 命令查看一下 cgss2005raw 数据中 urban 变量的存储类型:

```
. describe urban

              storage   display     value
variable name  type     format      label        variable label
urban          float    %8.0g       urban        城乡
```

结果显示,该变量的存储类型为 float,但实际上,urban 只有 1 和 2 两个取值,用 byte 就可精确存储,无须使用 float。为了压缩存储空间,我们可使用 recast 命令将 urban 的存储类型改为 byte:

```
. recast byte urban
```

在使用 recast 命令的时候,用户需要先在其命令名后指定要转换的存储类型(如 byte),然后再指定需要转换的目标变量(如 urban)。执行该命令之后,Stata 就会按照要求来改变变量的存储类型。

使用 recast 命令之前,用户需要先明确每个变量的最优存储类型,即无精度损失条件下占用空间最小的存储类型,但这个工作非常烦琐。一个替代方法是使用 compress 命令,该命令可以自动确定数据中每个变量的最优存储类型,并将当前的存储类型设置为最优类型。举例来说,我们可以对 cgss2005raw 数据使用该命令:

```
. compress
  variable id was float now int
  variable province was float now byte
  variable gender was float now byte
  variable birth was float now int
  variable race was float now byte
  variable hukou was float now byte
  variable regular was float now byte
  variable employ was float now byte
```

```
variable marry was float now byte
variable edu was float now byte
variable party was float now byte
variable workyear was float now int
variable workhours was float now int
variable occ was float now int
variable industry was float now int
variable ownership was float now byte
variable province2 was long now byte
(466,740 bytes saved)
```

执行该命令之后，Stata 自动调整了数据中多个变量的存储类型。从最后一行的输出结果可以发现，调整之后总共节省了 466740 个字节的存储空间。

最后，还有一点需要指出的是，Stata 是用二进制来存储数值变量的，但有些小数并没有完美的二进制表示方法，如：0.1、0.2、0.3 等。以 0.1 为例，因为它无法用二进制完美地表示，电脑在存储该数值的时候只能尽可能逼近它，而永远无法得到它。在 Stata 中，软件可以用 float 和 double 两种类型来存储 0.1，前者可精确到小数点后 7 位，而后者可精确到小数点后 16 位，因为这两种类型的存储精度不一样，float 型的 0.1 和 double 型的 0.1 在数值上并不相等，这种细微的差异一般不会造成问题，但有的时候也会出错。为了说明这一点，我们可以在 cgss2005raw 数据中生成一个新变量 a，并将其赋值为 0.1：

```
. gen a=0.1
```

接下来，我们使用 list 命令列出数据前五行中 a 的值：

```
. list a in 1/5 if a==0.1
```

上述 list 命令在执行的时候有一个条件，即只有当 a 等于 0.1 的时候才列出，否则不列出。不过，从之前的命令我们知道，a 在所有行的值都是 0.1，因此，这个条件应该不起作用，执行命令之后，软件应该会将前五行中 a 的值都列出，且这些值都等于 0.1。但奇怪的是，Stata 没有列出任何值，这是为什么呢？

原因在于，a 这个变量默认是用 float 来存储的，而 Stata 在做"if a==0.1"

第三章 变 量

这个条件判断的时候,等号右边的 0.1 是当作 double 型来计算的①。我们知道,float 型的 0.1 不等于 double 型的 0.1,因此,这个条件判断始终为假,Stata 不会列出任何结果。

要想让 Stata 列出 a 的值,可以使用 float( ) 函数将条件表达式中等号右边的 0.1 也变成 float 型,具体如下:

```
. list a in 1/5 if a==float(0.1)
```

	a
1.	.1
2.	.1
3.	.1
4.	.1
5.	.1

这时候,Stata 就可以将前五行中的 a 都列出来了。

上面这个例子充分说明,当涉及小数之间等于和不等于判断的时候,变量在存储类型上的差异不能忽视。② 我们建议用户在做这种条件判断时多使用 float( ) 函数,以避免 float 型和 double 型变量在存储精度上的不同对分析结果产生影响。

二、字符变量的存储类型

字符变量的存储类型比较简单,只有一种,即

$$str\#$$

这里的 # 表示变量最多可容纳的字符数。例如,str1 表示长度为 1 的字符变量,它只能存储 1 个字符,在存储时占用 1 个字节的内存空间;str10 表示长度为 10 的字符变量,它最多能存储 10 个字符(可以小于 10 个),在存储时占用 10 个字节的内存空间。(见表 3.2)

---

① Stata 在做运算的时候,表达式中出现的数值(如例子中的 0.1)都会被当作精度最高的 double 型。
② 只有小数会出现这个问题,而整数不会。因为所有整数都可以用二进制完美表示,电脑存储的时候无论用什么类型,都没有误差。

表 3.2　字符变量的存储类型举例

存储类型	字符串最大长度	存储空间
str1	1	1 byte
str10	10	10 bytes
str100	100	100 bytes
strL	2000000000	2000000000 bytes

需要注意的是，在 Stata 14 中，不同字符在存储时所需占用的字符数是不一样的。举例来说，1 个英文字母在存储时只占 1 个字符，而 1 个汉字却要占 3 个字符，用户在使用的时候要特别小心。此外，Stata 14 中字符变量的最大长度为 2000000000，其存储类型用 strL 表示。但很明显，将存储类型设置为 strL 并不实用，因为这样会占用很多存储空间。

在给字符变量设置存储类型的时候有两个原则：一是要保证使用，即设置的长度不能短于实际所需的字符数；二是尽可能节省空间，即用最小的空间来存储变量。但要同时做到这两点并不容易。通常来说，我们会将字符变量的存储空间设置得大一些，以尽量保证使用时不受限制。如果想要获得最优的存储空间，可以使用 compress 命令，让 Stata 根据每个变量的实际情况自动压缩存储空间。

举例来说，我们可以使用 describe 命令查看一下本章第三节生成的 inc_y3 这个字符变量的存储类型：

```
. describe inc_y3

              storage   display    value
variable name   type    format     label      variable label
-------------------------------------------------------------
inc_y3          str9    %9s
```

结果显示，inc_y3 的存储类型为 str9，即长度为 9 的字符型变量。现在，我们再使用 compress 命令，看是否能压缩其存储空间：

```
. compress inc_y3
  (0 bytes saved)
```

结果显示，inc_y3 当前的存储格式是最优的，已经无法再压缩了。

第五节 变量的显示格式

变量既有存储类型的区分,也有显示格式的差异。改变变量的显示格式不会影响变量取值,但会影响 Stata 如何在窗口中显示它们。

一、数值变量的显示格式

数值变量有三种常见的显示格式:固定格式、普通格式和科学计数法。在每种类型的显示格式内部还可细分出很多小类,我们已将其全部列在了表 3.3 中。

表 3.3 数值变量的显示格式

类型	表达式	表达式举例	案例:12345
固定格式	%w.df	%9.2f	12345.00
	%0w.df	%09.2f	012345.00
	%w.dfc	%9.2fc	12,345.00
	%-w.df	%-9.2f	12345.00
	%-w.dfc	%-9.2fc	12,345.00
普通格式	%w.dg	%9.2g	12345
	%w.dgc	%9.2gc	12,345
	%-w.dg	%-9.2g	12345
	%-w.dgc	%-9.2gc	12,345
科学计数法	%w.de	%9.2e	1.23e+04
	%-w.de	%-9.2e	1.23e+04

从表 3.3 可以发现,所有显示格式的表达式都以"%"开头,且都包含"w.d"这个部分。这里的 w 表示显示宽度,它决定了 Stata 用多少个字符来显示数值;而 d 表示小数点后显示多少位。很显然,d 必须小于等于 w。在"w.d"之后需接一个表示显示格式的后缀。因为有三类显示格式,所以相对应地有三种后缀:f、g 和 e。

如果我们使用的是后缀 f,表示采用固定格式。固定格式将严格按照"w.d"的设置来显示数值,即无论是否有必要,数值的显示宽度都为 w,且小数点后始终保留 d 位小数。举例来说,如果我们将数值 12345 的显示格式设置为"%9.2f",Stata 将显示"12345.00",包括左边的空格和小数点在内,总共用了 9 个字符,且小数点后保留了两位。

如果我们使用的是后缀 g,表示采用普通格式。普通格式是 Stata 默认的显示格式,它在显示的时候不像固定格式那么严格,具体来说,这体现在两个方面。一是普通格式不会严格按照设置来保留 d 位小数。在采用普通格式的时候,通常我们将 d 设置为 0,表示让软件自己决定保留几位小数。如果 d 不等于 0,Stata 将最多保留 d 位小数,而具体保留几位则视情况而定。还是以 12345 为例,如果我们将它的显示格式设置为%9.2g,Stata 将显示"   12345",包括数值左边的 4 个空格在内,总共用了 9 个字符,但没有显示任何小数。因为 Stata 发现,存储的是整数,无须显示小数点后的 0。

普通格式不同于固定格式的第二个方面在于,如果要显示的数值过大或过小,它会自动切换到科学计数法,即采用第三种显示格式来显示数值。

与常规的数值显示方式不同,科学计数法用 10(用 e 表示)为底的指数形式来显示数值。我们可以在"w.d"之后使用后缀 e 表示采用这种显示格式。例如,将 12345 的显示格式设置为%9.2e 之后,Stata 将显示" 1.23e+04",这里的"e+04"表示 10^4。显示该数值的时候,包括左侧的 1 个空格、小数点、e 和+在内,总共用了 9 个字符,且按照设置保留了 2 位小数。需要注意的是,因为只能保留 2 位小数,这时的显示值会让人误以为其数值大小变成了 12300;而实际上,它的大小没有变,依然等于 12345,只是因为显示格式的限制,Stata 没有将数值显示完整。在 Stata 中,受显示格式的限制,显示的数值不一定等于存储的数值,这一点用户一定要当心!

在默认情况下,Stata 在显示数值的时候采用右对齐,如果想要左对齐,可以在"w.d"之前增加一个"-"。最后,对于固定格式的显示类型,我们可在"w.d"之前加一个"0",表示右对齐显示时如果显示位数不足 w,左侧用 0 补齐。具体案例可参见表 3.3。

用户可使用 format 命令查看数值变量的显示格式,使用时只需在 format 之

第三章 变　量

后指定要查看的变量名即可。用户也可使用 format 命令修改变量的显示格式，使用时先在 format 之后列出变量名，然后再指定具体的显示格式。

举例来说，我们可以使用以下命令查看 cgss2005raw 数据中变量 birth 的显示格式：

```
. format birth
```

variable name	display format
birth	%8.0g

结果显示，该变量的显示格式为 %8.0g，即采用普通格式，显示宽度为 8 个字符，小数位由软件决定。接下来，我们改变该变量的显示格式，并比较显示结果：

```
. gen birth_f = birth
. gen birth_e = birth
. gen birth_fc = birth
. gen birth_fcl = birth
. gen birth_0f = birth

. format birth_f %8.1f
. format birth_e %8.1e
. format birth_fc %8.1fc
. format birth_fcl %-8.1fc
. format birth_0f %08.1f

. list birth birth_f birth_e birth_fc birth_fcl birth_0f in 1/5
```

	birth	birth_f	birth_e	birth_fc	birth_~l	birth_0f
1.	1960	1960.0	2.0e+03	1,960.0	1,960.0	001960.0
2.	1962	1962.0	2.0e+03	1,962.0	1,962.0	001962.0
3.	1955	1955.0	2.0e+03	1,955.0	1,955.0	001955.0
4.	1953	1953.0	2.0e+03	1,953.0	1,953.0	001953.0
5.	1939	1939.0	1.9e+03	1,939.0	1,939.0	001939.0

我们首先生成了五个变量，即 birth_f、birth_e、birth_fc、birth_fcl 和 birth_0f，这五个变量与原数据中的 birth 完全相同。接下来，我们使用 format 命令将这

五个变量的显示格式分别改为%8.1f、%8.1e、%8.1fc、%-8.1fc 和%08.1f,并用 list 命令列出了 birth 和这五个变量在前五行的值。从最后的输出结果,读者可以看到不同显示格式之间的差异。

二、字符变量的显示格式

字符变量的显示格式比较简单,它只有一种类型,其表达式为:%#s。其中,%是显示格式的提示符;#是一个正整数,表示用多大的宽度来显示字符;s是字符型显示格式的后缀。需要注意的是,在设置字符变量显示格式的时候,显示宽度最好要大于字符变量的取值长度,否则会出现显示不完整的情况。此外,和数值型变量相同,在默认情况下,Stata 采用右对齐的方式显示字符,如果要采用左对齐,可以在#前加一个"-"。

举例来说,我们可以使用 format 命令查看一下本章第三节生成的 inc_y3 这个字符型变量的显示格式:

```
. format inc_y3

variable name   display format
inc_y3          %9s
```

结果显示,inc_y3 的显示格式为%9s,即显示宽度为 9,右对齐。我们可以通过 list 命令看一下当前的显示效果:

```
. list inc_y3 in 1/5

     inc_y3
  1. ￥12000
  2. ￥25000
  3.  ￥8000
  4.  ￥9000
  5. ￥10000
```

现在,我们尝试将 inc_y3 的显示格式改为%-15s,并比较显示效果的变化:

```
. format inc_y3 %-15s

. list inc_y3 in 1/5

     +---------+
     | inc_y3  |
     |---------|
  1. | ¥12000  |
  2. | ¥25000  |
  3. | ¥8000   |
  4. | ¥9000   |
  5. | ¥10000  |
     +---------+
```

可以发现,在将 inc_y3 的显示格式改为%-15s 之后,变量的显示宽度没有变化,但对齐方式从右对齐变成了左对齐。

◆ 练习

打开 cfps2010_adult.dta 数据,该数据共有八个变量,其中:

pid 为个人编码;

fid 为家庭编码;

cid 为社区编码;

gender 为性别:0 表示女,1 表示男;

qa1y 是出生年;

qa2 是当前户口性质:1 表示农业户口,3 表示非农户口,5 表示没有户口;

qe605y_best 是初婚年;

qe606y_best 是初婚配偶的出生年。

请根据要求完成以下操作:

(1) 为变量重命名。将 qa1y 重命名为 birth,qa2 重命名为 hukou,qe605y_best 重命名为 marryyear,qe606y_best 重命名为 sbirth。

(2) 为所有变量添加变量标签和值标签(如果有必要的话)。

(3) 该数据定义了三类缺失值:-8 表示不适用,-2 表示不知道,-1 表示拒绝回答。将这三种缺失值编码为系统缺失值,编码方案是:-8 编码为".a",-2 编码为".b",-1 编码为".c"。

(4) 将 pid 由数值变量转换为字符变量,转换时不生成新变量。

（5）查看变量 gender 的存储类型。你认为以何种类型存储 gender 最合适？如果当前存储类型不是最优类型，将 gender 的存储类型改为你认为的最优类型。

（6）将数据中所有变量的存储类型改为最优类型。

（7）查看 marryyear 的显示格式，将该变量的显示格式改为固定格式，宽度为 8，保留 2 位小数，左对齐；查看修改后 marryyear 的显示效果。

（8）将当前数据另存为一个文件名为 cfps2010_adult_chapter3 的 Stata 格式数据。

第四章

变量运算

本章重点和教学目标：

1. 能使用 generate 命令生成新变量，能使用 replace 命令修改原变量的值；
2. 能熟练使用 Stata 的运算符和自带的函数，能书写各种复杂的表达式；
3. 能使用 recode 命令和函数为变量重编码，会生成虚拟变量；
4. 能熟练使用 egen 命令完成相对复杂的变量运算；
5. 掌握"_n""_N""_b"和"_se"等系统变量的使用方法。

第一节 变量赋值

数据管理的一个重要工作就是生成统计分析所需的变量。这些变量中只有很少一部分可以直接从原始数据中得到，而绝大多数需要基于原始数据通过适当的运算获得。本节将介绍给变量赋值的方法。变量赋值是将新的取值赋予变量的过程，这个新的变量值通常是基于数据中的原有变量通过某种计算得到的。变量赋值分两种类型：一是生成新变量并给新变量赋值，二是将新的变量值直接赋予数据中已有的变量。

一、生成新变量

在 Stata 中,生成新变量并赋值的常用命令是 generate,它的用法如下:

$$\text{generate [type] newvarname = exp}$$

其中,type 是变量的存储类型,即 byte、int、long、float、double 和 str#中的一种,newvarname 是新生成的变量名,"="是赋值符号,exp 是表达式。将各部分连起来,该命令的作用是生成一个存储类型为 type、名称为 newvarname 的新变量,并将表达式 exp 的值赋予该变量。

在使用 generate 生成新变量的时候有时会省略 type。如果省略 type,Stata 默认将生成一个 float 型的数值变量。在第三章我们曾介绍过,float 型的数值变量既可存储整数,也可存储小数,其存储精度为 7 位。通常来说,这种存储类型已能满足绝大多数数值变量的存储要求,所以,如果我们生成的是数值变量,可以省略 type。但是,如果要生成的是一个字符变量,type 则不能省略,这一点用户一定要当心!

此外,在使用 generate 命令的时候,还有以下几个注意事项。

第一,生成的新变量 newvarname 不能与数据中已有的变量同名,否则软件会报错。

第二,newvarname 后只能接一个等号,不能接两个。在 Stata 中,一个等号表示赋值,两个等号表示判断数值是否相等,初学者一定要将之区分开。

第三,表达式 exp 如果产生了无意义的结果(如对 0 取对数),Stata 将赋予缺失值。此外,如果表达式中包含其他变量,且这些变量有缺失值,Stata 也会赋予缺失值。

第四,generate 命令通常会与 if 连用,表示给满足特定条件的个案赋值,在这个时候,对于那些不符合条件的个案(if 判断为假的个案),Stata 将赋予缺失值。

第五,使用 generate 命令之后,一定要仔细检查生成的变量是否与设想的一样,这样才能及时发现隐藏的错误,以免这些错误对后续分析产生影响。

现在,我们将通过cgss2005raw数据来演示generate命令的用法。[①] 该数据中,变量birth保存的是受访者的出生年,我们可基于该变量生成受访者的年龄。此外,考虑到年龄与很多变量(如收入)的关系不是线性的,因此有必要生成其平方项。具体如下:

```
. gen age = 2005-birth
. gen age2 = age^2
```

执行上述命令之后,数据中将生成两个新变量:age和age2。其中,age通过2005减birth得到,而age2是age的平方(^是乘方运算符)。为了检查age和age2是否与设想一致,可以使用以下命令列出age、age2和birth在数据中的部分取值:

```
. list birth age age2 in 1/5
```

	birth	age	age2
1.	1960	45	2025
2.	1962	43	1849
3.	1955	50	2500
4.	1953	52	2704
5.	1939	66	4356

结果显示,新生成的age和age2均符合定义,因此,它们是正确的。不过,目前这两个变量都没有标签,为了方便后续使用,我们要及时给它们添加变量标签:

```
. label var age "年龄"
. label var age2 "年龄平方"
```

除了年龄之外,我们还可计算受访者的工龄,它可以通过调查年份减去工作起始年份得到。与年龄类似,工龄与很多变量的关系也是非线性的,我们可以生成工龄的平方来分析这种非线性关系。命令如下:

```
. gen senior = 2005-workyear
```
(686 missing values generated)

[①] 本章演示的命令均以上一章对cgss2005raw数据的操作为基础。

```
. gen senior2 = senior^2
```
(686 missing values generated)

在执行上述命令之后,数据中将生成 senior 和 senior2 这两个新变量。与之前生成 age 和 age2 不同,在生成这两个变量的时候,Stata 产生了 686 个缺失值。因为我们在上述命令中并未设置 if,所以这里的缺失值完全是在计算过程中产生的,具体来说,是受访者的工作起始年份有缺失导致的。这时候最好检查一下 workyear 这个原始变量,看看该变量的缺失值是如何产生的。

我们知道,如果一个人从未参加工作,那么他就无法回答开始工作的年份,这必然会导致 workyear 缺失,那么这种缺失值有多少呢?我们可以通过以下命令来查看:

```
. count if employ == 8 & workyear == .
  678
```

结果显示,从未工作(employ == 8)且工作起始年份有缺失(workyear == .)的个案总共有 678 个,除去这 678 人以后,workyear 只在八个个案上有缺失。由此可见,该变量的缺失值主要是因为问题不适用产生的,我们不必过分担心。

检查完缺失值之后,需要进一步检查新生成的 senior 和 senior2 这两个变量是否符合要求,可以通过以下 list 命令实现:

```
. list workyear senior senior2 in 1/5
```

	workyear	senior	senior2
1.	1979	26	676
2.	1980	25	625
3.	1974	31	961
4.	1970	35	1225
5.	1954	51	2601

结果显示,senior 和 senior2 这两个变量与我们的设想完全一致,因此,这两个变量是正确的。最后,我们需要为这两个变量添加变量标签:

```
. label var senior "工龄"
. label var senior2 "工龄平方"
```

第四章 变量运算

二、替换原变量的值

使用 generate 命令可以生成一个数据中没有的新变量并赋值，如果我们想要对数据中已有的变量赋值，则需使用 replace 命令，该命令的使用方法是：

```
replace oldvarname = exp
```

其中，oldvarname 必须是数据中已有的变量，否则 Stata 会报错。

使用 replace 命令对变量赋值之后，该变量的原始值将丢失。因此，我们不建议对数据中的原始变量直接使用 replace。一个更好的办法是，先用 generate 命令生成一个新变量，使之等于要赋值的原始变量，然后再用 replace 命令替换该变量的值。

下面，我们将继续使用 cgss2005raw 数据来做演示。该数据共包含两个与收入相关的变量，即 inc_m 和 inc_y，前者是月收入，后者是年收入。我们可以综合这两个变量来计算受访者的收入，具体方案是：如果受访者回答了年收入，则以年收入作为其收入的测量；如果年收入缺失，但回答了月收入，则用月收入乘以 12 作为其年收入的替代值。

为了实现上述目标，我们首先使用 generate 命令生成一个名为 income 的变量，并使之等于数据中的 inc_y：

```
. gen income = inc_y
(518 missing values generated)
```

执行结果显示，新生成的 income 中有 518 个缺失值，这意味着有 518 名受访者没有汇报年收入。现在，我们用受访者的月收入乘以 12 来替代这 518 个人的年收入：

```
. replace income = inc_m * 12 if income == .
(195 real changes made)
```

结果显示，上述命令改变了 income 变量中的 195 个值。考虑到该命令只有在 income 为缺失值的条件下才执行，这意味着它将 income 中的 195 个缺失值变成了非缺失值。最后，我们还需为 income 添加一个变量标签，这样对该变量的操作就可宣告结束了：

```
. label var income "收入"
```

在上述例子中,我们在使用 replace 命令之前,先用 generate 命令生成了一个与 inc_y 一模一样的新变量 income,这一步看似多余,但我们建议读者按照这种方法去操作。其原因在于,一旦我们直接对 inc_y 使用 replace 命令,这个原始变量就会发生变化,后续的操作就无法使用该变量的原始值了。而使用 generate 命令生成新变量之后,我们可以使数据的原始变量不变,这就为后续操作提供了灵活性。

此外还需注意的是,上述 replace 命令中的"if income==."这个条件必不可少。如果不设置这个条件,Stata 会将所有个案(包括那些回答了年收入的个案)的 income 值替换为 inc_m*12,而这显然违背了我们的初衷。因此,在使用 replace 命令的时候,一定要明确赋值的条件,并通过 if 将这个条件表达出来。

第二节 书写表达式

使用 generate 和 replace 命令给变量赋值需要用到表达式。此外,在用 if 条件句设置命令执行条件的时候,也需要使用表达式。这一节将着重介绍表达式的书写方法,包括如何在表达式中使用运算符和函数。

一、运算符

表达式的主要功能是进行数据运算,而这些运算是通过运算符实现的。Stata 可以进行三种运算:算数运算、关系运算和逻辑运算。每种运算都包含多种运算符。

(一)算数运算符

Stata 中的算数运算符共有五个:"+""-""*""/"和"^"。它们分别代表五种算数运算,即加、减、乘、除和乘方。下面给出了几个使用算数运算符的例子:

第四章 变量运算

- 5+2
- 3*7
- 5^2
- 5^(1/2)
- (-b+(b^2-4*a*c)^(1/2))/(2*a)
- "this"+"that"
- "this"*3

上述例子中的前三个比较好理解，它们分别表示：5 加 2、3 乘以 7、5 的平方。5 的平方也可表示为"5*5"，不过在计算高次方的时候，乘方运算符明显更加方便。

第四个例子需要注意，它表示的是 5 的 1/2 次方，即 5 的平方根。在 Stata 中，开根运算可通过乘方运算符来实现。按照类似的方法，我们还可求解三次根、四次根等。

第五个例子比较复杂，它表示的是一元二次方程（$ax^2+bx+c=0$）的一个解的求解公式：$(-b+\sqrt{b^2-4ac})/2a$。这个公式涉及多个算数运算符。在 Stata 中，一个表达式如果同时使用多个算数运算符，各运算符之间的优先顺序是：乘方、乘与除、加与减。如果要改变这种默认的优先顺序，可以通过加括号的方法来实现①。在我们这个例子中，按照求解公式，应当先算"b^2-4ac"，然后对之求平方根，再用"-b"加上开根结果，最后再用前一步的结果除以"2a"。为了实现这一目标，我们使用了多个括号将局部的运算优先级提前。读者可以想一想，如果将该表达式中的括号全都去掉，Stata 将会如何计算。

最后，第六和第七个例子比较特殊，这两个例子中进行加法和乘法运算的不是数值，而是字符。Stata 中的字符可以做加法和乘法，两个字符相加表示将它们首尾拼接起来，而字符乘以数值"#"表示将该字符复制"#"遍。因此"this"+"that"的计算结果是"thisthat"；而"this"*3 的计算结果是"thisthisthis"。

（二）关系运算符

Stata 中判断数量关系的运算符有六个，"=="" ~="" >"" <"" >="" <="，

---

① 需要注意的是，在 Stata 中，无论括号有多少层，都只能使用小括号"()"，Stata 可以自动识别内层括号和外层括号。当表达式中有多层括号的时候，一定要保证括号完整。

它们分别表示等于、不等于、大于、小于、大于等于、小于等于。其中，等于运算必须使用两个等号，不等于也可用"！="表示。下面给出了几个使用关系运算符的例子：

- urban==1
- income>100000
- income<.
- age<=50
- race~=1

结合 cgss2005raw 数据，这几个例子依次表示：居住在城市（数据中 urban 取值为 1 对应的是城市样本）、年收入超过 100000 元（注意 income 的缺失值也包含在内）、年收入不是缺失值（Stata 中所有非缺失值都小于缺失值）、年龄小于等于 50 岁、少数民族（数据中 race 取值为 1 对应的是汉族，因此不等于 1 对应的就是少数民族）。

关系运算有两种可能的返回结果：一是正确，即数量关系与表达式一致；二是错误，即数量关系与表达式不一致。因此，这种运算被广泛应用于 if 引导的条件句，我们在之前的章节已经给出过很多应用案例，这里不再重复。

需要特别注意的是，Stata 对于运算结果正确的关系运算将赋予数值"1"，而对于运算结果错误的关系运算将赋予数值"0"。这种"0-1 编码"可以用来生成虚拟变量（一种取值仅有 0 和 1 的变量），我们将在本章第三节给出具体的例子。

（三）逻辑运算符

关系运算一次只能比较一种数量关系，如果要同时比较多种数量关系，就需要使用逻辑运算符。Stata 提供了三种逻辑运算符，"&""|""~"，它们分别表示与、或、非。

逻辑运算符通常与关系运算符连用，其返回值也只有正确（赋值为 1）和错误（赋值为 0）两种。具体来说，"&"可以连接两个关系运算，且只有当这两个关系运算同时正确的情况下才返回正确值；"|"也可连接两个关系运算，但只要这两个关系运算中有一个正确就返回正确值；最后，"~"只能连接一个关系

第四章 变量运算

运算,表示对该关系运算结果的否定。

下面我们给出了几个例子:

- urban==1 & gender==1
- income>100000 & income<.
- province==31 | province==32 | province==33
- (province==31 | province==32 | province==33) & urban==1
- ~(race==1)

结合 cgss2005raw 数据,上述第一个例子表示居住在城市的男性样本,即同时满足居住在城市(urban==1)和性别为男(gender==1)这两个条件的样本。

第二个例子表示收入超过 100000 元的非缺失样本。考虑到 Stata 将缺失值视为无穷大(因此必然大于 100000),这里增加"income<."这个条件且使用"&"可以避免缺失值对 income>100000 这个关系运算的干扰。

第三个例子表示居住在"江浙沪"的样本。只要样本居住在上海(province==31)、江苏(province==32)和浙江(province==33)这三个省份之一就满足"江浙沪"的定义,因此我们使用了两个"|"将这三个关系运算连接起来。

第四个例子表示居住在"江浙沪"的城市样本。在写表达式的时候,"province==31 | province==32 | province==33"两端的括号必不可少。Stata 规定,"&"的运算优先级高于"|",所以如果不加括号,Stata 将先计算"province==33 & urban==1",然后再进行"|"运算。很显然,这样无法得到我们期望的结果。

最后一个例子表示非汉族,即少数民族。在 cgss2005raw 数据中,race 取值为 1 代表汉族,因此在"race==1"前面加上一个否定符号"~"即代表样本是少数民族。需要注意的是,该表达式中"race==1"两端的括号必不可少。因为 Stata 规定,"~"具有最高运算优先级,所以如果不加括号,软件将先进行"~race"这个运算,然后再判断其结果是否等于 1,这明显与我们的设想不符。

(四)混合使用多种运算符

通过三种运算符,Stata 能构造出各种复杂的表达式,但混合使用三种运算符时需特别注意它们的运算优先级。Stata 规定:

- 三种运算符的运算优先级由高到低为算数运算符、关系运算符、逻辑运算符,但否定符号"~"的优先级高于其他所有运算符;
- 在算数运算符内部,优先级为乘方、乘除、加减;
- 在逻辑运算符内部,优先级为"&""|";
- 关系运算符内部无优先级之分。

此外,用户可通过小括号提高各部分运算的优先级。加括号可以使表达式各部分的运算顺序变得更加清晰,即便有些括号是多余的,加上它也不会产生错误。因此,我们建议用户在拿不准的时候多用括号,特别是在书写复杂表达式的时候。

(五) 使用 display 命令显示表达式的计算结果

用户可以使用 display 命令显示表达式的计算结果。使用时,只需在 display 之后列出表达式即可。这个命令常被当作计算器来使用,下面我们给出了几个具体的例子:

```
. display 97+98
195

. display 100^0.5
10

. display 100^(1/3)
4.6415888

. display (2+(2^2+4*1*3)^0.5)/(2*1)
3

. display 1<2 & 3>=2 | 4<2 & 6>9
1

. display 1<2 & (3>=2|4<2) & 6>9
0
```

上述前三个命令比较简单。第一个命令要求 Stata 显示"97+98"的计算结果,执行之后,Stata 将在结果窗口显示 195。第二个命令要显示的是 100 的平方根,Stata 的计算结果是 10。第三个命令要显示的是 100 的三次根,Stata 的计算结果是 4.6415888。

第四个命令要计算的表达式比较复杂。细心的读者可能已经发现,它实际上是一元二次方程 $x^2-2x-3=0$ 的一个解,即表达式 $(-b+\sqrt{b^2-4ac})/2a$ 中 $a=1$、$b=-2$ 且 $c=-3$ 的特殊情形。Stata 给出的计算结果是 3,读者可以尝试自己口算一下。

第五个命令要显示的是一个复杂的逻辑判断结果。因为"&"的优先级高于"|",所以 Stata 会先计算"1<2 & 3>=2"和"4<2 & 6>9",然后再对二者进行"|"运算。考虑到"1<2 & 3>=2"的计算结果为真,而"4<2 & 6>9"的计算结果为假,二者再进行"|"运算的结果将为真,因此,Stata 最终给出的结果是 1,表示上述表达式结果为真。

与之相比,在最后一个命令中,我们使用小括号提升了"3>=2 | 4<2"这个部分的运算优先级,因此,Stata 将会先对这个部分进行计算,其结果为真。接下来,Stata 会分别计算"1<2"和"6>9"这两个部分,前一个部分为真,而后一个部分为假。最后,Stata 会对三个部分进行"&"运算,因为这三个部分中有一个部分的结果为假,所以最终结果为假。对于逻辑判断为假的结果,Stata 将在结果窗口显示 0。

二、函数

除了使用运算符,Stata 中的表达式还可调用函数。通俗来讲,函数就是软件自带的功能包,调用这些功能包可以实现普通运算符无法完成的复杂运算。

Stata 自带九类函数,它们分别是:数学函数、字符函数、概率分布与密度函数、随机数字函数、时间函数、时间序列函数、矩阵运算函数、三角函数和用于程序编写的函数。用户可在命令窗口键入 help functions 查看这些函数的具体内容。

(一) 常用数学函数

表 4.1 列出了 Stata 中常用的数学函数。下面,我们将结合 cgss2005raw 数据来做演示。

表 4.1　Stata 中的常用数学函数

函数名称	说明
abs( )	取绝对值
exp( )	取自然指数
int( )	取整数
ln( )／log( )	取自然对数
log10( )	取 10 为底的对数
logit( )	logit(x) = ln(x／(1-x))
max(x1, x2, …, xn)	取 x1, x2, …, xn 中的最大值
min(x1, x2, …, xn)	取 x1, x2, …, xn 中的最小值
round( )	四舍五入到整数
round(x, y)	对 x 四舍五入到 y 的单位
sqrt( )	取平方根
mod(x,y)	取 x／y 的余数

在 cgss2005raw 数据中,变量 income 存储的是收入的原始值,但在很多时候,研究者会使用收入的对数值进行模型分析。为了获得收入的对数值,可使用函数 ln( ),这个函数的功能是对括号中的数值取自然对数,具体如下:

. `gen lninc = ln(income)`
(773 missing values generated)

. `label var lninc "收入对数"`

上述命令在取收入对数的时候产生了 773 个缺失值。这里面一部分是因为 income 本身就有缺失,还有一部分是因为有些个案的 income 为 0,而 0 无法取对数,因此,在取自然对数之后,这些收入为 0 的个案也会变成缺失值。[①]

执行上述命令之后,数据中将增加一个新变量 lninc。这个变量是取对数

[①] 有些学者为了将收入为 0 的个案纳入分析,会在取对数的时候对收入变量做调整,如给每个人加 1 元钱。给每个人增加 1 元钱收入不会产生实质性影响,但是可以将收入中的 0 变成 1,而变成 1 以后,就可以正常取对数了。读者可以自己尝试一下。

第四章　变量运算

得到的,因而它必然包含小数。如果我们想要对其进行四舍五入,可使用以下命令:

. **gen lninc1 = round(lninc)**
(773 missing values generated)

该命令使用了函数 round( ),它的功能是对括号中的数值四舍五入到整数位。如果我们希望四舍五入到小数点后两位,则需使用函数 round(x,y),具体如下:

. **gen lninc2 = round(lninc, 0.01)**
(773 missing values generated)

round(x,y)函数的功能是对数值 x 四舍五入到 y 的单位。在上述例子中,我们希望 Stata 对 lninc 四舍五入到 0.01 位,即小数点后两位。

现在,我们可以使用 list 命令列出 lninc、lninc1 和 lninc2 的值。结合输出结果,用户可以对之前各命令中的函数功能有更加直观的理解:

. **list lninc lninc1 lninc2 in 1/5**

	lninc	lninc1	lninc2
1.	9.392662	9	9.39
2.	10.12663	10	10.13
3.	8.987197	9	8.99
4.	9.10498	9	9.1
5.	9.21034	9	9.21

(二) 常用字符函数

表 4.2 列出了 Stata 中的常用字符函数。下面,我们将使用 cgss2005raw 数据来做演示。

表 4.2　Stata 中的常用字符函数

函数名称	说明
real(s)	将字符串 s 转换为数字
string(n)	将数字 n 转换为字符串

（续表）

函数名称	说明
strlen(s)	计算字符串 s 的长度
strlower(s)	大写转小写
strupper(s)	小写转大写
stritrim(s)	将字符串 s 中连续多个空格压缩为 1 个
strltrim(s)	去掉字符串 s 中位于开头的所有空格
strrtrim(s)	去掉字符串 s 中位于结尾的所有空格
strtrim(s)	去掉字符串 s 中位于开头和结尾的所有空格
substr(s,n1,n2)	从第 n1 位开始截取字符串 s 的 n2 个字符
word(s,n)	字符串 s 中的第 n 个单词

在 cgss2005raw 数据中，收入变量 income 是一个数值变量。现在，我们想要将它转变成字符变量，且希望：(1)在每个字符之前添加人民币符号"￥"；(2)每隔千位添加一个逗号(千分撇)。举例来说，如果 income 的值是 1000，我们希望显示"￥1,000"。

要实现这个目标，可以按以下步骤操作：

首先，将 income 转变成字符变量。这可以通过 string( ) 函数实现，该函数的功能是将数值转换为字符，具体如下[1]：

. gen income_s=string(income) if income<.
(323 missing values generated)

其次，对于 income 小于 1000 的个案，直接在字符"income_s"前添加"￥"：

. gen income_s3="￥"+income_s if income<1000
(9,356 missing values generated)

接下来，对于 income 大于等于 1000 但小于 1000000 的个案，要先把字符"income_s"截为两段：后三位为第一段，剩下的为第二段。然后，在两段之间添加一个逗号，并在开头添加"￥"。具体命令如下：

---

[1] 也可通过第三章介绍的 tostring 命令实现，读者可自行尝试。

第四章 变量运算

```
. gen income_s1 = substr(income_s,-3,3) if income >= 1000 & income < 1000000
(1,399 missing values generated)

. gen income_s2 = string(int(income/1000)) if income >= 1000 & income < 1000000
(1,399 missing values generated)

. replace income_s3 = "¥" + income_s2 + "," + income_s1 if income >= 1000 &
income < 1000000
variable income_s3 was str6 now str10
(9,033 real changes made)
```

上述第一行命令使用了函数 substr(s,n1,n2)，这个函数的功能是从第 n1 位开始截取字符串 s 的 n2 个字符。在这行命令中，我们使用 substr(income_s, -3,3) 表示，从字符变量 income_s 的倒数第三位开始截取三个字符，即截取 income_s 的最后三个字符。然后将截取下来的结果保存到一个新变量 income_s1 中。

上述第二行命令使用了两个函数：string() 和 int()。string() 函数在之前已经用过，它的功能是将括号中的数值转换为字符。不过在这里，待转换的数值是通过函数 int() 得到的。int() 的功能是取整，即将一个数值中的小数部分去掉，只保留整数部分。在上述命令中，我们要求 Stata 先计算 income/1000；然后用 int() 函数取这个商的整数部分，即取 income 中千位以后的数值；最后，用 string() 函数将这个数值转换成字符，这个字符就是 income_s 中除后三位以外的部分，我们将之保存到一个新变量 income_s2 中。

现在，我们已经成功把 income_s 截为两段：income_s1 和 income_s2。最后要做的就是将"¥""income_s2"","""income_s1"依次拼接起来。我们使用 replace 命令将最终拼接好的结果保存到 income_s3 中。

最后，因为 income 变量的最大值没有超过 1000000，所以到这一步，我们的操作就可以宣告结束。[①] 为了查看结果是否正确，可以使用 list 命令查看一下 income_s3 的值：

---

① 如果 income 的最大值大于等于 1000000，可按照类似方法继续操作，直到将其最大值也转换过来。

```
. list income income_s3 in 1/5
```

	income	income~3
1.	12000	￥12,000
2.	25000	￥25,000
3.	8000	￥8,000
4.	9000	￥9,000
5.	10000	￥10,000

可以发现,income_s3 的值与我们的目标完全一致。

(三) 常用概率分布与密度函数

表 4.3 列出了 Stata 中的常用概率分布与密度函数。这些函数在数据处理过程中的用处不大,但学会它们对我们掌握统计学有很大帮助。

表 4.3 Stata 中的常用概率分布与密度函数

函数名称	说明
chi2(df,x)	自由度为 df 的 χ^2 分布的累积分布函数
chi2tail(df,x)	chi2tail(df,x) = 1−chi2(df,x)
invchi2(df,p)	chi2(df,x) 的反函数
invchi2tail(df,p)	chi2tail(df,x) 的反函数
F(df1,df2,f)	自由度为 df1 和 df2 的 F 分布的累积分布函数
Ftail(df1,df2,f)	Ftail(df1,df2,f) = 1−F(df1,df2,f)
invF(df1,df2,p)	F(df1,df2,f) 的反函数
invFtail(df1,df2,f)	Ftail(df1,df2,f) 的反函数
normal(z)	标准正态分布的累积分布函数
invnormal(p)	normal(z) 的反函数
t(df,t)	自由度为 df 的 t 分布的累积分布函数
ttail(df,t)	ttail(df,t) = 1− t(df,t)
invt(df,p)	t(df,t) 的反函数
invttail(df,p)	ttail(df,t) 的反函数

第四章 变量运算

举例来说,统计检验的一个关键步骤是查找显著性水平在抽样分布中对应的临界值,这个工作可以通过 Stata 自带的概率分布与密度函数完成。

假如我们正在进行的是显著性水平为 0.05 的双尾 Z 检验,即抽样分布为标准正态分布的双尾检验,其临界值可通过以下命令得到:

```
. dis invnormal(0.975)
1.959964
```

这里,函数 invnormal(p) 的功能是计算概率 p 在标准正态分布的累积分布函数中对应的 Z 值。因为显著性水平为 0.05,且为双尾检验,所以这里的 p 应设为 0.975。结果显示,该 p 值对应的 Z 值约为 1.96。换句话说,我们想要求得的临界值约为 1.96。

类似地,我们还可计算显著性水平为 0.05 的双尾 t 检验对应的临界值。只不过在计算的时候,需要根据实际情况设定 t 分布的自由度,下面我们给出了几个具体案例:

```
. dis invttail(3,0.025)
3.1824463

. dis invttail(300,0.025)
1.967903

. dis invttail(30000,0.025)
1.9600431
```

可以发现,当自由度为 3 的时候,显著性水平为 0.05 的双尾 t 检验对应的临界值约为 3.18;自由度为 300 时,临界值约为 1.97;自由度为 30000 时,临界值约为 1.96。细心的读者可能已经发现,随着 t 分布自由度的增加,它的临界值将越来越趋近于标准正态分布的临界值。当自由度很大(如这里的 300000)时,t 分布的临界值将与标准正态分布的临界值没有明显差别,这时候的 t 检验已经等价于 Z 检验。

我们还可使用 Stata 计算 F 检验的临界值。下面,我们给出了分子自由度为 1、分母自由度为 3 的 F 分布在显著性水平为 0.05 时的计算结果:

```
. dis invFtail(1,3,0.05)
10.127964

. dis invttail(3,0.025)^2
10.127964
```

可以发现,该临界值约为 10.13,其大小恰好等于 invttail(3,0.025) 的平方,即自由度为 3 的 t 分布在相同显著性水平下临界值的平方。统计学知识告诉我们,t 分布与 F 分布之间存在对应关系,即分子自由度为 1、分母自由度为 n 的 F 分布等价于自由度为 n 的 t 分布的平方。上面这个例子可以帮助我们理解这一点。

最后,我们还可使用 Stata 计算 χ^2 检验的临界值。下面,我们给出了自由度为 1 的 χ^2 分布在显著性水平为 0.05 时的计算结果:

```
. dis invchi2tail(1,0.05)
3.8414588

. dis invnormal(0.975)^2
3.8414588
```

可以发现,该临界值约为 3.84,其大小恰好等于 invnormal(0.975) 的平方。这个例子可以反映一个统计学规律,即自由度为 1 的 χ^2 分布等价于标准正态分布的平方。

(四) 其他常用函数

最后,表 4.4 列出了 Stata 中的其他常用函数。其中,autocode( )、recode( ) 和 group( ) 这三个函数的功能都是对连续变量分组,我们将在下一节介绍它们的用途。在这里,我们将重点介绍 uniform( ) 函数的用法。

uniform( ) 是一个随机数字函数,它的功能是生成一个取值在 [0,1) 的服从均匀分布的随机数字。我们知道,概率恰好是一个介于 0 和 1 之间的数,所以,借助这个函数生成的随机数[1],我们可以模拟出各种概率分布。

---

[1] 准确地讲,这里生成的是一个伪随机数。伪随机数是通过确定的算法计算出来的,因而它并非真正的随机数。但伪随机数具有类似于随机数的统计特征,因而可近似地当作随机数使用。

第四章 变量运算

表 4.4 Stata 中的其他常用函数

函数名称	说明
uniform( )	生成数值在[0,1)的均匀分布的随机数字
autocode(x, n, x0, x1)	将变量 x 从 x0 至 x1 自动分为等间距的 n 组
recode(x, x1, x2, …, xn)	对变量 x 以 x1, x2, …, xn 为分割点分组
group(n)	将排序变量分为规模相等的 n 组

举例来说,我们可以使用以下命令在 cgss2005raw 数据中生成一个服从标准正态分布的随机变量 z:

. gen z = invnormal(uniform())

该命令使用了两个函数:invnormal( )和 uniform( )。Stata 会首先基于 uniform( )函数生成一个介于 0 和 1 之间的随机数,然后这个数将被视作概率,并通过 invnormal( )函数转换为一个服从标准正态分布的随机变量。

我们可以使用 hist 命令绘制变量 z 的直方图:

. hist z, norm
(bin = 40,start = -3.5609962,width = .1853589)

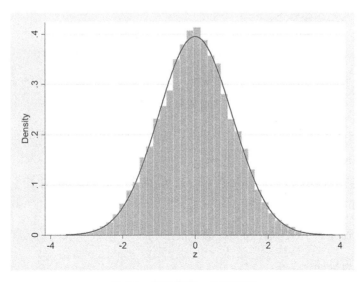

图 4.1 随机变量 z 的直方图

从图 4.1 可以发现,该变量的分布确实与钟形的正态分布曲线非常吻合。因此,它确实服从正态分布。

除了正态分布之外,我们还可以按照类似的方法模拟其他分布。例如,使用以下命令可以生成一个随机变量 chi1,它服从自由度为 1 的 χ^2 分布:

. gen chi1 = invchi2(1,uniform())

我们可以绘制该变量的直方图:

. hist chi1, norm
(bin = 40, start = 1.259e-07, width = .35958501)

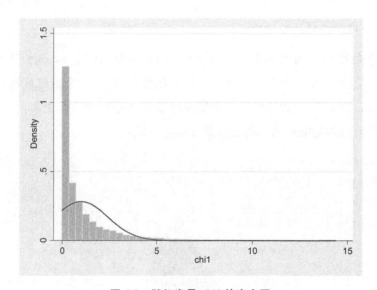

图 4.2 随机变量 chi1 的直方图

从图 4.2 可以发现,chi1 的分布呈明显的右偏态,这与对称的正态分布相差很远。

按照类似的方法,我们还可生成一个随机变量 chi10000,并使它服从自由度为 10000 的 χ^2 分布:

. gen chi10000 = invchi2(10000,uniform())

. hist chi10000, norm
(bin = 40, start = 9455.8059, width = 28.642998)

第四章　变量运算

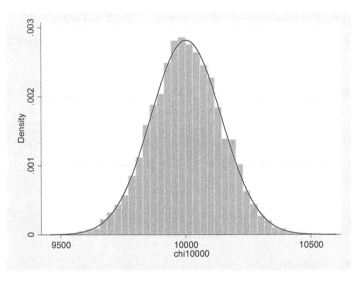

图 4.3　随机变量 chi10000 的直方图

从该变量的直方图（图 4.3）可以发现，当自由度增加到 10000 以后，χ^2 分布已非常接近正态分布。这也验证了一个统计学规律，即当 χ^2 分布的自由度趋于无穷大的时候，χ^2 分布将近似于正态分布。

第三节　变量重编码

在数据管理过程中，用户经常需要改变变量的原始编码系统，使其满足研究的需要。例如，将一些意义不大且频数较少的类别合并、将连续取值的变量重编码为分类变量、生成虚拟变量等。本节将介绍对变量重编码的方法。

一、使用 recode 命令

对变量重编码的一个常用命令是 recode，它的使用方法如下：

```
recode varname rule, generate(newvarname)
```

其中，varname 是重编码的目标变量，rule 是重编码的规则。选项 generate(newvarname) 表示，将重编码后的结果保存到一个新变量 newvarname 之中。如果不加该选项，Stata 将用重编码后的值替换原变量 varname 的值。我们建议用户使用generate(newvarname)选项,这样可以在重编码的同时保留原变量。

举例来说,我们可以使用以下命令将cgss2005raw数据中的年龄变量age重编码为一个分组变量agegroup:

```
. recode age min /29=1 30 /39=2 40 /49=3 50 /59=4 60 /max=5, gen(agegroup)
(10372 differences between age and agegroup)
```

上述命令表示,对age重编码,重编码的规则是:29岁及以下编码为1,30—39岁编码为2,40—49岁编码为3,50—59岁编码为4,60岁及以上编码为5。该命令使用了选项gen(agegroup),因此,执行之后数据中将生成一个新变量agegroup,用来保存重编码后的结果。我们可以使用tabulate命令描述一下该变量,结果如下:

```
. tabulate agegroup
```

RECODE of age (年龄)	Freq.	Percent	Cum.
1	1,708	16.47	16.47
2	2,468	23.79	40.26
3	2,382	22.97	63.23
4	1,960	18.90	82.12
5	1,854	17.88	100.00
Total	10,372	100.00	

可以发现,Stata自动给agegroup添加了变量标签RECODE of age(年龄),表示该变量是通过age重编码得到的。重编码之后产生了五个类别,取值分别为1、2、3、4、5,但是因为没有值标签,这五个类别的含义需要对照之前recode命令中设定的重编码规则才能知道,这在使用的时候很不方便。因此,我们需要及时为该变量添加值标签:

```
. label def agegroup 1 "29岁及以下" 2 "30-39" 3 "40-49" 4 "50-59" 5 "60岁及以上"
. label val agegroup agegroup
```

现在,agegroup这个变量就定义完整了。读者可再次执行上面的tabulate命令,检查一下变量的值标签是否显示正确。

通过上述例子可以发现,recode命令使用起来并不复杂,其要点在于写对

第四章 变量运算

重编码的规则。在写编码规则的时候,有几点需要注意:

第一,在使用 recode 命令之前,必须首先明确原变量的编码系统,以免在重编码时将原变量的某个编码遗漏。如果在编码规则中忽略了原变量的某个值,Stata 会将之原封不动地复制到新变量中。举例来说,如果我们将上面这个例子中的编码规则"min/29 = 1"改为"20/29 = 1",Stata 就不会对 age 取值小于 20 的数值重编码,这些数值会被直接复制到新变量 agegroup 中。读者可尝试改变一下编码规则,并对比执行结果。

第二,编码规则一定要互斥,否则软件会报错。举例来说,如果我们将上面这个例子中的编码规则"min/29 = 1"改为"min/30 = 1",软件就会出错。因为根据这条规则,年龄为 30 岁的样本将被重编码为 1,而根据另一条规则"30/39 = 2",30 岁的样本将被重编码为 2,这就出现了一个自相矛盾的地方,软件会拒绝执行该命令。

第三,编码规则中可以使用特殊符号。例如:上面这个例子中的 min 和 max 分别代表 age 变量中的最小值和最大值。除此之外,还有三个特殊符号:missing、nonmissing 和 else。missing 表示缺失值,nonmissing 表示非缺失值,而 else 表示除编码规则中已写出来的值以外的其他值。举例来说,我们可以使用以下命令对变量 age 重编码:

. recode age min/29=1 30/39=2 40/49=3 50/59=4 else=5, gen(agegroup)

其编码规则是:29 岁及以下编码为 1,30—39 岁编码为 2,40—49 岁编码为 3,50—59 岁编码为 4,其他编码为 5。因为该命令已经对 59 岁及以下的样本都设定了明确的编码规则,所以这里的 else 就是指 60 岁及以上的人。因此,执行这条命令将产生与之前一样的结果,读者可以自己尝试一下。

第四,如何设定编码规则要综合考虑理论和数据两个方面。在上述例子中,我们按照 10 岁一组的方法对年龄变量重编码,这种编码是否合理取决于具体的理论和数据。如果理论认为,10 岁一组的编码过于粗糙,那么就有必要细化年龄分组;但细化可能导致每个组的样本量不足。因此,究竟如何编码,有时要权衡取舍。但无论如何,研究者都倾向将那些理论意义相差不大的类别合并;且从数据的角度说,倾向将样本量比较小的类别合并。下面我们将继续用 cgss2005raw 数据来做演示。

在 cgss2005raw 数据中,表示婚姻状况的变量 marry 有七个类别,具体如下:

`. tabulate marry`

婚姻状况	Freq.	Percent	Cum.
未婚	976	9.41	9.41
已婚	8,702	83.90	93.31
离婚未再婚	145	1.40	94.71
离婚后再婚	36	0.35	95.05
丧偶未再婚	478	4.61	99.66
丧偶后再婚	33	0.32	99.98
拒绝回答	2	0.02	100.00
Total	10,372	100.00	

这七个类别中有部分类别的样本很少,分析价值不大,因此考虑合并。具体来说,"离婚后再婚"和"丧偶后再婚"都是处于婚姻中的样本,因此可以和"已婚"合并,而"拒绝回答"的样本婚姻状况不明确,可以编码为缺失值。命令如下:

`. recode marry 1=1 2=2 3=3 4=2 5=4 6=2 7=.,gen(marrynew)`
`(549 differences between marry and marrynew)`

执行该命令之后,数据中将生成一个新变量 marrynew,它只有四个类别,为了方便以后使用,我们需要为其添加值标签:

`. label def marrynew 1 "未婚" 2 "在婚" 3 "离婚" 4 "丧偶"`
`. label val marrynew marrynew`

除了 marry 之外,edu 这个变量的取值类别也很多,使用起来很不方便。因此,我们考虑对它重编码:

`. tabulate edu`

教育程度	Freq.	Percent	Cum.
未上学	1,164	11.22	11.22
自学	37	0.36	11.58
小学一年级	160	1.54	13.12
小学二年级	212	2.04	15.17
小学三年级	298	2.87	18.04
小学四年级	295	2.84	20.89
小学五年级	625	6.03	26.91
小学六年级	1,062	10.24	37.15

```
初 中 一 年 级          237        2.29       39.44
初 中 二 年 级          277        2.67       42.11
初 中 三 年 级        2,577       24.85       66.96
高 中 一 年 级           48        0.46       67.42
高 中 二 年 级          186        1.79       69.21
高 中 三 年 级        1,379       13.30       82.51
职 高 、 技 校          177        1.71       84.22
        中 专          588        5.67       89.89
大 专 非 全 日 制      260        2.51       92.39
  大 专 全 日 制        414        3.99       96.38
本 科 非 全 日 制       85        0.82       97.20
  本 科 全 日 制        258        2.49       99.69
  国 内 研 究 生         18        0.17       99.87
  国 外 研 究 生          4        0.04       99.90
        其 他           10        0.10      100.00
       Total       10,371      100.00
```

结合以往研究,可以通过两种途径对教育程度重编码。一是将教育程度合并为少数几个大类,这可以通过以下命令实现:

. recode edu 1=1 2/8=2 9/11=3 12/16=4 17/22=5 23=.,gen(educ)
(9170 differences between edu and educ)

执行该命令之后,我们将原变量 edu 合并成了五个类别:文盲、小学、初中、高中/职高/技校/中专、大专及以上。这五个类别是基于我国现行的教育制度确定的,因而理论意义都很明确。为了方便后续研究,我们需要为新生成的变量 educ 添加值标签:

. label def educ 1 "文盲" 2 "小学" 3 "初中" 4 "高中/职高/技校/中专" 5 "大专及以上"
. label val educ educ

除了合并类别之外,以往研究中经常采用的另一种途径是,根据学制将教育程度转换为教育年限这个定距变量,具体如下:

. recode edu 1=0 2=3 3=1 4=2 5=3 6=4 7=5 8=6 9=7 10=8 11=9 12=10 13=11 14=12 15/16=12 17=14 18=15 19=15 20=16 21=19 22=20 23=.,gen(eduy)
(10371 differences between edu and eduy)

执行上述命令之后,数据中将生成一个新变量 eduy,它存储的就是重编码后的教育年限。因为该变量的取值本身有明确含义,所以不用添加值标签。

二、使用函数

从原理上讲,使用 recode 命令可以实现各种形式的重编码,但在有些情况下,使用函数更加方便。这一小节将重点介绍三个函数:recode( )、autocode( ) 和 group( )。这三个函数都可以将一个连续变量重编码为分类变量,但重编码的方式有所不同。

(一) recode( ) 函数

recode( ) 函数的完整形式是:recode(x, n1, n2, n3, …)。其中,x 是一个变量,n1、n2、n3 等为分割点。该函数的功能是,以 n1、n2、n3 等为分割点,将变量 x 分为多个组。

在上一节,我们曾使用 recode 命令将 cgss2005raw 数据中的变量 age 重编码为一个有五个类别的分组变量,这个任务也可通过 recode( ) 函数实现,具体如下:

```
. gen agegroup1=recode(age, 29, 39, 49, 59, 120)
```

在上述命令中,recode( ) 函数的作用是以 29、39、49、59 和 120 为分割点,将 age 分为五个组。具体来说,第一组是 29 岁及以下的人,第二组是 30—39 岁的人,第三组是 40—49 岁的人,第四组是 50—59 岁的人,第五组是 60—120 的人。因为数据中所有人的年龄都在 120 岁以下,第五组实际上就是 60 岁及以上的人。

我们可以用 tabulate 命令描述一下新生成的分组变量 agegroup1。可以发现,该变量共有五个类别,每个类别的取值就是我们之前设置的分割点。对比该变量和之前使用 recode 命令生成的 agegroup 可以发现,二者的频数分布完全一致。因此,这里使用的 recode( ) 函数与之前使用的 recode 命令在功能上是等价的。但相比之下,recode( ) 函数使用起来更加方便,我们只需将分割点告诉 Stata 就可实现变量分组。

```
. tabulate agegroup1

  agegroup1 |      Freq.     Percent        Cum.
------------+-----------------------------------
         29 |      1,708       16.47       16.47
         39 |      2,468       23.79       40.26
         49 |      2,382       22.97       63.23
         59 |      1,960       18.90       82.12
        120 |      1,854       17.88      100.00
------------+-----------------------------------
      Total |     10,372      100.00
```

（二）autocode( )函数

如前所述，recode( )函数的功能是根据用户设置的分割点对变量分组，如果这些分割点是等间距的，那么可以通过 autocode( )函数让 Stata 自动计算出分割点。

autocode( )函数的完整形式是 autocode(x,n,x0,x1)，它包含四个参数。其中 x 是待分组的变量，n 表示要分 n 组，x0 是计算分组间距的起始点，x1 是计算分组间距的终止点。用户设置好 n、x0 和 x1 以后，Stata 会首先计算出分组间距 d=(x1-x0)/n，然后就可得到 n 个分割点。具体来说，第 1 个分割点为 x0+d，第 2 个分割点为 x0+2d，以此类推。最后，Stata 会基于这 n 个分割点将变量 x 分成 n 个组。

在使用 autocode( )函数的时候，通常会将 x0 设置为 x 的最小值，而 x1 设置为 x 的最大值。这样就可自动将变量 x 分为等间距的 n 个组。如果 x0 不是 x 的最小值，Stata 会将 x 中小于 x0 的值归入第 1 组。类似地，如果 x1 不是 x 的最大值，Stata 会将 x 中大于 x1 的值归入最后一组。下面，我们将继续用 cgss2005raw 数据来做演示。

之前我们演示了如何使用 recode 命令和 recode( )函数将变量 age 分成五个组。细心的读者可能已经发现，这五个组恰好都间隔 10 岁，因此，我们也可以通过 autocode( )函数实现同样的目标，具体命令如下：

```
. gen agegroup2 = autocode(age, 5, 19, 69)
```

执行该命令的时候，Stata 会首先计算出分组间距(69-19)/5=10；然后就可确定出五个分割点，即 29、39、49、59、69。依据这五个分割点，可以将年龄分为五个组：19—29 岁为第 1 组，30—39 岁为第 2 组、40—49 岁为第 3 组、50—59

岁为第 4 组、60—69 岁为第 5 组。对于年龄小于 19 岁和大于 69 岁的人,根据 Stata 的默认设置,将分别归入第 1 组和第 5 组。这样,最终的分组结果是:29 岁及以下、30—39 岁、40—49 岁、50—59 岁、60 岁及以上。这与之前使用的 recode 命令和 recode( ) 函数完全一致。

我们可以使用 tabulate 命令描述一下新生成的 agegroup2:

```
. tabulate agegroup2
```

agegroup2	Freq.	Percent	Cum.
29	1,708	16.47	16.47
39	2,468	23.79	40.26
49	2,382	22.97	63.23
59	1,960	18.90	82.12
69	1,854	17.88	100.00
Total	10,372	100.00	

可以发现,该变量共有五个类别,每个类别的取值就是 Stata 自动计算的分割点。对比该变量和之前使用 recode 命令生成的 agegroup 及使用 recode( ) 函数生成的 agegroup1 可以发现,三者的频数分布完全一致。因此,这里的 autocode( ) 函数与之前的命令在功能上是完全等价的。

(三) group( ) 函数

autocode( ) 函数可以将变量分为等间距的 n 个组,如果我们想要将变量分成等规模的 n 个组,就需要使用 group( ) 函数。

group( ) 函数的完整形式是 group(n),它只有 1 个参数 n。这里的 n 表示要将变量分为 n 个组,而待分组的变量在这之前一定要先排好序。Stata 会根据排序结果,将排在最前面的 1/n 个个案归入第 1 组,接下来的 1/n 个个案归入第 2 组,以此类推,直到将排在最后的 1/n 个个案归入第 n 组。这样,就可得到组规模同为 1/n 的 n 个组。

接下来,我们将演示如何使用 group( ) 函数对 cgss2005raw 数据中的年龄变量 age 分组。在使用这个函数之前,我们首先要用 sort 命令对 age 排序:

```
. sort age
```

然后,就可使用 group( ) 函数将 age 分为五个组:

```
. gen agegroup3=group(5)
```

最后,可以使用 tabulate 命令描述一下新生成的 agegroup3:

```
. tabulate agegroup3
```

agegroup3	Freq.	Percent	Cum.
1	2,075	20.01	20.01
2	2,074	20.00	40.00
3	2,074	20.00	60.00
4	2,074	20.00	79.99
5	2,075	20.01	100.00
Total	10,372	100.00	

可以发现,这个变量共有五个类别,且每个类别的人数几乎相同,都约占总样本的 20%。这与之前生成的年龄分组变量有明显不同。

三、生成虚拟变量

变量重编码的一个重要应用就是生成虚拟变量。虚拟变量也称标识变量、哑变量,它指的是取值仅有 0 和 1 的变量。虚拟变量在统计分析中有非常广泛的用途,例如在回归分析时,多类别自变量必须转换成虚拟变量才可纳入模型。

Stata 可通过多种方法生成虚拟变量,下面将介绍常见的四种方法。

(一)使用 generate 和 replace 命令

结合 generate 和 replace 两个命令可以生成虚拟变量。举例来说,cgss2005raw 数据中的 hukou 变量包含四个类别,具体如下:

```
. tab hukou
```

户口性质	Freq.	Percent	Cum.
城镇常驻	5,422	52.28	52.28
其他城镇	361	3.48	55.76
农村户口	4,560	43.96	99.72
其他户口	29	0.28	100.00
Total	10,372	100.00	

我们想基于该变量生成一个虚拟变量,并希望这个虚拟变量取值为 1 表示城镇户口,取值为 0 表示农村户口。这可以通过以下两行命令实现:

```
. gen hkurban = 1 if hukou == 1 | hukou == 2
(4,589 missing values generated)

. replace hkurban = 0 if hukou == 3
(4,560 real changes made)
```

上述 generate 命令的功能是生成一个名为 hkurban 的新变量,且当受访者户口类型为城镇常驻(hukou == 1)或其他城镇(hukou == 2)的时候,该变量赋值为 1。第二行 replace 命令的功能是如果受访者的户口类型为农村户口(hukou == 3),则将 hkurban 的值替换为 0。需要注意的是,上述命令对 hukou 变量取值为 4(其他户口)的样本没有赋值,这些样本在 hkurban 变量中将变成缺失值。

在执行上述两行命令之后,可以使用 tabulate 命令描述一下 hkurban 变量:

```
. tabulate hkurban, missing

 hkurban |      Freq.     Percent        Cum.
---------+-----------------------------------
       0 |      4,560       43.96       43.96
       1 |      5,783       55.76       99.72
       . |         29        0.28      100.00
---------+-----------------------------------
   Total |     10,372      100.00
```

可以发现,该变量在 4560 个个案上取值为 0(对应 4560 个农村户口样本),在 5783 个个案上取值为 1(对应 5422 个城镇常驻和 361 个其他城镇样本之和),另外还有 29 个缺失值(对应 29 个其他户口样本)。由此可见,hkurban 这个变量的取值与我们的设想完全吻合。现在,可以为其添加变量标签和值标签:

```
. label var hkurban "是否城镇户口"
. label define yesorno 0 "否" 1 "是"
. label val hkurban yesorno
```

（二）使用 recode 命令

用户也可使用 recode 命令生成虚拟变量。举例来说，对于 hkurban 这个虚拟变量，我们也可通过以下命令生成：

`. recode hukou 1/2=1 3=0 4=., gen(hkurban)`

该命令的功能是将 hukou 变量中的 1 和 2 这两个取值重编码为 1，3 重编码为 0，4 重编码为缺失值，并将重编码后的结果保存到一个名为 hkurban 的新变量中。很明显，这行命令与之前使用的 generate 和 replace 命令在功能上是等价的，但 recode 命令使用起来更加方便，因此，我们更推荐用户使用该命令生成虚拟变量。

再举一个例子，在 cgss2005raw 数据中，变量 ownership 测量的是受访者当前工作单位的所有制类型，它有十个类别，其中前四类是国有部门，而后六类是非国有部门：

`. tab ownership`

单位所 有制	Freq.	Percent	Cum.
党政机关	267	4.36	4.36
国有企业	2,089	34.08	38.44
国有事业	741	12.09	50.53
集体企事业	736	12.01	62.54
个体经营	1,376	22.45	84.99
私企民企	698	11.39	96.38
三资企业	133	2.17	98.55
其他1	13	0.21	98.76
其他2	50	0.82	99.58
其他3	26	0.42	100.00
Total	6,129	100.00	

对于该变量，我们可通过 recode 命令生成一个虚拟变量，用来表示受访者是否在国有部门工作，具体如下：

`. recode ownership 1/4=1 5/10=0, gen(state)`
`(5862 differences between ownership and state)`

执行该命令之后，需要及时为它添加变量标签和值标签，具体如下：

```
. label var state "是否国有部门"
. label val state yesorno
```

需要注意的是,上述命令在给 state 变量添加值标签的时候,没有定义标签,而是直接使用了之前定义好的标签 yesorno。这样做的原因在于,所有虚拟变量都只有 0 和 1 两个取值,且取值为 1 都代表"是",而取值为 0 都代表"否",因此,我们只需定义一个标签(如这里的 yesorno),然后每次遇到虚拟变量的时候统一使用这个标签即可。

(三) 针对多分类变量使用 tabulate, gen( )

在前面的例子中,无论是使用 generate 和 replace 命令,还是使用 recode 命令,一次都只能生成一个虚拟变量。但有的时候,用户想要对多分类变量中的每个类别都生成一个虚拟变量,这时如果再使用之前介绍的方法就会显得非常烦琐。在这一部分,我们将介绍多分类变量一次性生成多个虚拟变量的方法。

我们先来看一个例子。在 cgss2005raw 这个数据中,变量 educ 测量的是受访者的教育程度,它包含五个类别:文盲、小学、初中、高中/职高/技校/中专、大专及以上。现在,我们想针对这五个类别生成五个虚拟变量,分别表示受访者的教育程度是否为文盲、小学、初中、高中/职高/技校/中专、大专及以上。

当然,这个任务可以通过重复使用五次 generate 和 replace 命令,或者重复使用五次 recode 命令完成,但这样做非常烦琐。一个简便方法是使用以下命令:

```
. tab educ, gen(edu)
```

RECODE of edu (教育程度)	Freq.	Percent	Cum.
文盲	1,164	11.23	11.23
小学	2,689	25.95	37.19
初中	3,091	29.83	67.02
高中/职高/技校/中专	2,378	22.95	89.97
大专及以上	1,039	10.03	100.00
Total	10,361	100.00	

上述 tabulate 命令使用了选项 gen(edu)。使用该选项之后,Stata 将在描

述 educ 变量的基础上针对该变量的每个类别生成虚拟变量。因为 educ 有五个类别，执行之后数据中将生成五个虚拟变量，这五个变量的名字都以 edu 开始：edu1、edu2、edu3、edu4、edu5。我们可以使用 tab1 命令描述一下这五个变量：

. **tab1 edu1-edu5**

-> **tabulation of edu1**

educ==文盲	Freq.	Percent	Cum.
0	9,197	88.77	88.77
1	1,164	11.23	100.00
Total	10,361	100.00	

-> **tabulation of edu2**

educ==小学	Freq.	Percent	Cum.
0	7,672	74.05	74.05
1	2,689	25.95	100.00
Total	10,361	100.00	

-> **tabulation of edu3**

educ==初中	Freq.	Percent	Cum.
0	7,270	70.17	70.17
1	3,091	29.83	100.00
Total	10,361	100.00	

-> **tabulation of edu4**

educ==高中/职高/技校/中专	Freq.	Percent	Cum.
0	7,983	77.05	77.05
1	2,378	22.95	100.00
Total	10,361	100.00	

```
-> tabulation of edu5

  educ==大
  专及以
      上        Freq.      Percent        Cum.

        0       9,322       89.97        89.97
        1       1,039       10.03       100.00

    Total      10,361      100.00
```

可以发现，这五个变量的取值都只有 0 和 1 两个类别，因此，它们都是虚拟变量。而且这五个变量都已经自动添加好了变量标签，从这些标签不难发现，它们分别表示受访者的教育程度是否为文盲、小学、初中、高中/职高/技校/中专、大专及以上。取值为 1 表示"是"，取值为 0 表示"否"。我们可以通过以下命令查看一下这几个变量的值：

```
. list educ edu1-edu5 in 1/5

              educ        edu1    edu2    edu3    edu4    edu5
  1.  高中/职高/技校/中专    0       0       0       1       0
  2.           小学         0       1       0       0       0
  3.        大专及以上      0       0       0       0       1
  4.           初中         0       0       1       0       0
  5.  高中/职高/技校/中专    0       0       0       1       0
```

可以发现，数据中第一个和第五个个案的教育程度均为高中/职高/技校/中专，他们仅在 edu4 上取值为 1，而在其余四个虚拟变量上取值为 0。第二个个案的教育程度为小学，他仅在 edu2 上的取值为 1。第三个个案的教育程度是大专及以上，他仅在 edu5 上的取值为 1。第四个个案的教育程度为初中，相对应地，他仅在 edu3 上的取值为 1。由此可见，这五个虚拟变量的取值与我们的设想完全一致。

（四）巧用逻辑表达式

我们在本章第二节曾经提到，逻辑表达式有两个返回值：表达式判断为真返回 1，表达式判断为假返回 0。而虚拟变量恰好是取值为 0 和 1 的变量，因此，我们可以利用逻辑表达式返回值的特点来生成虚拟变量。

第四章 变量运算

举例来说,我们可使用以下命令生成受访者是否为男性的虚拟变量:

. gen male=(gender==1) if gender<.

在上述命令中,"gender==1"是一个逻辑表达式,如果该表达式判断为真,即变量 gender 的取值为1,Stata 将返回一个数值1,并将这个1赋给新变量 male;如果该表达式判断为假,即 gender 的值不为1,Stata 将返回一个数值0,并将这个0赋给 male。需要当心的是,如果 gender 为缺失值,Stata 也会返回0,因为缺失值不等于1,所以"if gender<."这个条件一定要加上,以防 gender 中的缺失值对判断结果产生干扰。

执行该命令之后,可以使用 list 命令查看一下新生成的 male 取值是否正确,具体如下:

. list male gender in 1/5

	male	gender
1.	0	女
2.	0	女
3.	1	男
4.	0	女
5.	0	女

可以发现,变量 male 对男性的取值为1,而对女性的取值为0,因而,该变量的取值是完全正确的。

按照类似的方法,我们还可在 cgss2005raw 数据中生成受访者是否为共产党员、是否为汉族、是否居住在城市、是否为流动人口这四个虚拟变量,具体命令如下:

. gen ccp=(party==1) if party<.
. gen han=(race==1) if race<.
. gen city=(urban==1) if urban<.
. gen migrant=(regular==2 | regular==3 | regular==4) if regular<.

最后,我们需要为所有变量添加变量标签和值标签:

. label var male "是否男性"
. label var ccp "是否共产党员"

```
. label var han "是否汉族"
. label var city "是否城市样本"
. label var migrant "是否流动人口"
. label val male ccp han city migrant yesorno
```

在最后一行命令中，我们一次性为多个虚拟变量贴上了 yesorno 这个值标签。当同时给多个变量使用同一个值标签的时候，可以采用这种简便写法。

第四节 使用 egen 命令

在 Stata 中，生成新变量并给变量赋值的常用命令是 generate。除此之外，还有一个使用相对较少但在有些情况下非常有用的命令 egen。简单来说，egen 是对 generate 的拓展，即 extensions to generate，这个命令的使用方法是：

$$egen\ newvarname = fcn(arguments)$$

其中，newvarname 是新生成的变量名，"="是赋值符号，fcn(arguments) 是 egen 自带的函数。这些函数只能用于 egen 命令，而不能用在其他命令之中。

使用 egen 命令的关键在于学会运用该命令自带的函数。用户可通过 egen 命令的帮助文件查看这些函数的使用方法，表 4.5 列出了几个常用函数。

表 4.5 egen 自带的常用函数

针对所有个案使用		
函数名	说明	是否能与 by varlist 连用
count(exp)	表达式 exp 中的非缺失值	是
rank(exp)	对表达式 exp 中的值排序	是
max(exp)	表达式 exp 中的最大值	是
min(exp)	表达式 exp 中的最小值	是
mean(exp)	表达式 exp 的均值	是
median(exp)	表达式 exp 的中位值	是
sd(exp)	表达式 exp 的标准差	是
std(exp)	对表达式 exp 标准化	否

（续表）

	针对一个观察个案的多个变量使用	
函数名	说明	是否能与 by varlist 连用
rowmax(varlist)	变量 varlist 中的最大值	否
rowmin(varlist)	变量 varlist 中的最小值	否
rowmean(varlist)	变量 varlist 的均值	否
rowmedian(varlist)	变量 varlist 的中位值	否
rowsd(varlist)	变量 varlist 的标准差	否
rowtotal(varlist)	变量 varlist 之和	否
diff(varlist)	变量 varlist 中的值是否相等	否

关于表中的这些函数，有两点需要特别注意。第一，这些函数中有些是针对所有个案使用的，有些是针对一个观察个案的多个变量使用的，用户需要将二者区分开。第二，这些函数中有一些可以与前缀 by varlist 连用，从而实现分组计算的功能。能够与前缀 by varlist 连用的函数在其帮助文件中均有明确说明。

接下来，我们将用 cgss2005raw 数据来演示 egen 命令的使用方法。

一、针对多个变量使用 egen

在 cgss2005raw 数据中，有两个与收入相关的变量，即 inc_m 和 inc_y，前者测量的是月收入，后者是年收入。通常来说，年收入应等于月收入乘以 12。因此，我们可基于二者是否符合这一数量关系来检验数据中的两种收入测量是否一致。

具体来说，我们可生成一个虚拟变量，如果年收入确实等于月收入乘以 12，该变量取值为 0；如果年收入不等于月收入乘以 12，该变量取值为 1。这可以通过以下命令实现：

```
. gen inc1=inc_m*12
(441 missing values generated)

. gen inc2=inc_y
(518 missing values generated)
```

```
. egen incdiff=diff(inc1 inc2)
```

在上述命令中,我们首先使用 generate 命令生成了两个变量:inc1 和 inc2。前者等于月收入乘以 12,而后者等于受访者自报的年收入。接下来,我们使用 egen 命令生成了一个变量 incdiff,这个变量等于函数 diff(inc1 inc2)的计算结果。diff( )是判断多个变量的值是否相等的函数。在这里,我们要比较的是 inc1 和 inc2 这两个变量:如果这两个变量的值相等,diff( )将返回 0;如果不相等,则返回 1。

执行上述命令之后,可以使用 list 命令列出 inc1、inc2 和 incdiff 在部分个案上的值,具体如下:

```
. list inc1 inc2 incdiff in 1/5
```

	inc1	inc2	incdiff
1.	3600	3600	0
2.	2400	1000	1
3.	.	.	0
4.	3600	3000	1
5.	.	.	0

结果显示,数据中第一个个案的 inc1 和 inc2 都为 3600,二者相等,所以 incdiff 等于 0。第二个个案的 inc1 为 2400,inc2 为 1000,二者不相等,所以 incdiff 等于 1。同理,第四个个案的 inc1 与 inc2 也不相等,所以 incdiff 也等于 1。对于第三个和第五个个案,他们的 inc1 和 inc2 都为缺失值,二者相等,所以他们的 incdiff 都等于 0。由此可见,incdiff 这个变量可以很好地反映 inc1 和 inc2 的值是否相等。

接下来,我们可以使用 tabulate 命令描述一下 incdiff 这个变量,看看数据中有多少个案的 inc1 和 inc2 不相等:

```
. tab incdiff
```

diff inc1 inc2	Freq.	Percent	Cum.
0	2,720	26.22	26.22
1	7,652	73.78	100.00
Total	10,372	100.00	

结果显示,inc1 和 inc2 完全相等的百分比仅为 26.2%,因此,大多数个案汇报的月收入和年收入并不一致。面对这种情况,我们需要权衡一下基于月收入计算的年收入和受访者自报的年收入哪个更可信。

我们知道,年收入除了包含按月获得的收入之外,可能还包含年终奖等一次性获得的报酬。而且,有些个案可能没有干满 12 个月,这也会导致年收入与月收入乘以 12 不相等。基于这些判断,我们认为受访者自报的年收入可能更准,因此,应当使用这个变量作为收入的测量,只有当它缺失的时候,才用月收入乘以 12 代替。读者可能还记得,我们在本章第一节生成的变量 income 就是这么计算得到的。

不过,简单认为 inc2 比 inc1 更准也有些武断。我们知道,收入涉及个人隐私,因而受访者可能有低报收入的倾向,如果真是如此,那么我们应该取 inc1 和 inc2 中较大的那个值作为收入的测量。这可以通过以下命令实现:

```
. egen incmax = rowmax(inc1 inc2)
(323 missing values generated)
```

在这行 egen 命令中,我们使用了 rowmax( ) 函数,这个函数的功能是求一组变量中取值最大的那个值,在这里就是 inc1 和 inc2 中的最大值。

执行该命令之后,可以使用 list 命令查看一下新生成的 incmax 变量:

```
. list inc1 inc2 incmax in 1/5
```

	inc1	inc2	incmax
1.	3600	3600	3600
2.	2400	1000	2400
3.	.	.	.
4.	3600	3000	3600
5.	.	.	.

可以发现,该变量确实等于 inc1 和 inc2 中取值更大的那一个,所以上述命令的执行结果是正确的。

二、针对所有个案使用 egen

上面演示的函数都是针对同一个案的多个变量使用的,除此之外,还有一些函数是针对样本中的所有个案使用的。例如,我们可以通过以下命令生成两个新变量,即 mean_inc 和 sd_inc,并用这两个变量分别保存 income 的均值和标准差:

. **egen mean_inc = mean(income)**
. **egen sd_inc = sd(income)**

这两行 egen 命令使用了两个函数:mean()和 sd()。其中,函数 mean()的功能是计算样本均值,而函数 sd()的功能是计算样本标准差。因为 income 的样本均值和样本标准差都是常数,因此,mean_inc 和 sd_inc 在各行的值都相同,具体如下:

. **list mean_inc sd_inc in 1/5**

	mean_inc	sd_inc
1.	8737.142	12844.34
2.	8737.142	12844.34
3.	8737.142	12844.34
4.	8737.142	12844.34
5.	8737.142	12844.34

在得到 income 的样本均值和标准差之后,我们就可以对其标准化。对变量标准化的方法是:(观测值-均值)/标准差。因此,我们可通过以下命令生成标准化后的收入:

. **gen std_inc = (income-mean_inc)/sd_inc**
(323 missing values generated)

上面我们演示了如何通过两步法得到标准化后的收入变量,这其实也可以通过以下命令一步得到:

. **egen std_inc1 = std(income)**
(323 missing values generated)

在这行命令中,我们使用了函数 std(),这个函数的功能就是对变量标准化。从 list 命令的输出结果可以发现,除了四舍五入导致的细微差别之外,通过两步法得到的标准化收入和通过一步法得到的标准化收入是等价的:

第四章 变量运算

```
. list std_inc std_inc1 in 1/5
```

	std_inc	std_inc1
1.	-.3999538	-.3999538
2.	-.6023776	-.6023776
3.	.	.
4.	-.446667	-.446667
5.	.	.

三、结合前缀 by varlist 使用 egen

egen 命令中的某些函数可以与前缀 by varlist 连用,实现分组计算的功能。举例来说,我们可通过以下命令计算各省份收入的有效值数量和每个人在省内的收入排名:

```
. bysort province : egen count_inc = count(income)
. bysort province : egen rank_inc = rank(income), field
(323 missing values generated)
```

上述第一个 egen 命令使用了函数 count( ),该函数的功能是计算变量中非缺失值的数量。在这里,我们使用该函数来统计每个省份在 income 变量上的非缺失值数。第二个 egen 命令使用了函数 rank( ),这个函数的功能是排序,它默认是从小到大排序,如果使用选项 field,则可以实现从大到小排序。在这里,我们希望 Stata 计算每个人的收入在省内的排名,收入最多的排序为 1,收入第二高的排序为 2,以此类推。因此,我们使用了选项 field。在使用该选项之后,如果两个人的收入相同,则排序值并列。

我们可以使用 list 命令看一下这两个变量的结果:

```
. list income rank_inc count_inc province in 1/5
```

	income	rank_inc	count_~c	province
1.	9000	298	401	北京
2.	11000	244	401	北京
3.	10000	255	401	北京
4.	30000	50	401	北京
5.	23000	91	401	北京

结果显示,样本中的前五个个案都是北京人。北京总共有401人报告了有效收入,其中第一个个案的年收入为9000元,在所有401个北京样本中排第298名;第二个个案的年收入为11000元,在所有401个北京样本中排第244名。按照同样的方法,读者可以自己尝试解读一下其他输出结果的含义。

除了分省份排序之外,我们还可计算每个省份的收入均值和标准差,命令如下:

```
. bysort province : egen mean_inc_p=mean(income)
. bysort province : egensd_inc_p=sd(income)
```

基于上述结果,我们就可计算得到各省份的标准化收入。

```
. gen std_inc_p=(income-mean_inc_p)/sd_inc_p
(323 missing values generated)
```

需要注意的是,因为函数 std() 无法与前缀 by varlist 连用,因此,我们只能使用两步法得到分省份的标准化收入,而无法通过一步法得到。

第五节 巧用系统变量

Stata 中除了用户自己定义的变量之外,还有一些变量是系统自带的,这些变量会在软件运行过程中不断生成和更新。Stata 中的系统变量都以下划线开头,所以也被称作"下划线变量",这些变量包括:

_n:当前观察个案对应的行号。

_N:当前观察个案总数。

_pi:数值 π。

_b:最近估计的模型系数。其使用方法为[eqno]_b[varname]。其中 eqno 对应模型中的方程序号,若只有一个方程,可省略;varname 是系数对应的变量名。

_se:最近估计的模型系数的标准误。其使用方法为[eqno]_se[varname]。其中 eqno 对应模型中的方程序号,若只有一个方程,可省略;varname 是系数对应的变量名。

_cons:值为1的常数。常与"_b"或"_se"结合使用,如_b[_cons]表示最近估计的模型截距,_se[_cons]表示截距对应的标准误。

_rc:最近一个capture命令的返回值,通常仅在编程时使用。

这些系统变量都可直接用于变量运算,下面我们将通过案例来说明。

一、个案编号和样本量

个案编号是区分观察个案的标识,它在数据分析中有重要用途。通常来说,数据都会自带个案编号,如cgss2005raw数据中的id。如果数据中没有个案编号,用户需要手动生成,一个简单方法就是使用系统变量"_n"。

"_n"是当前个案对应的行号,因为这个行号在每一行都不同,所以它可被用作区分个案的标识。举例来说,我们可在cgss2005raw数据中生成一个新变量,令其等于"_n":

. gen idnew=_n

使用list命令输出结果:

. list idnew in 1/5

	idnew
1.	1
2.	2
3.	3
4.	4
5.	5

结果显示,idnew是一个从1开始编号的正整数,取值为1表示个案位于数据中的第一行,取值为2表示个案位于数据中的第二行,以此类推。细心的读者可能已经发现,每次使用list命令,其输出结果的最左边总是会显示了一列数,这列数实际上就是个案的行号"_n"。在当前这个例子中,这列数的值与idnew完全相同,因为idnew这个变量就是基于个案的行号生成的。

如果我们在使用"_n"生成个案编号之前先按照某个变量排序,那么这个个案编号就兼具标识个案和排序两个功能。举例来说,我们可以先按照收入对cgss2005raw数据排序,然后再生成一个新的标识变量:

```
. sort income
. gen idnew1 = _n
```

用 list 命令输出结果：

```
. list idnew idnew1 in 1/5
```

	idnew	idnew1
1.	1943	1
2.	6305	2
3.	3934	3
4.	8895	4
5.	6542	5

结果显示，对收入排序之后，新生成的个案编号 idnew1 与排序前的 idnew 相比发生了明显变化。这个例子也充分说明，系统变量"_n"的值并不像数据中的其他变量那样与每个个案绑定，而是会随着数据形态的变化发生改变。

除了"_n"之外，Stata 中还有一个与之相似的系统变量"_N"，它记录的是当前数据中的个案数，即样本容量。举例来说，我们可通过以下命令获取 cgss2005raw 数据的样本容量：

```
. gen samplesize = _N
```

用 list 命令输出结果：

```
. list samplesize in 1/5
```

	sample~e
1.	10372
2.	10372
3.	10372
4.	10372
5.	10372

可以发现，cgss2005raw 数据的样本容量为 10372。因为样本容量是一个常数，所以它在各行的值都相同。

在实践中，我们常使用前缀 bysort varlist，计算不同类别的样本容量。举例来说，我们可计算 cgss2005raw 数据中每个省份的样本容量：

```
. bysort province : gen provincesize = _N
```

用 list 命令输出结果：

```
. list province provincesize samplesize in 1/5
```

	province	provi~ze	sample~e
1.	北京	407	10372
2.	北京	407	10372
3.	北京	407	10372
4.	北京	407	10372
5.	北京	407	10372

可以发现，cgss2005raw 数据中的前五个个案都来自北京，数据中的北京样本有 407 人，而不分省份的全国总样本容量为 10372 人。

二、使用变量下标

_n 和 _N 的另一个重要用途是作为变量的下标。Stata 中变量的完整表示方式是：

$$varname[\#]$$

其中，varname 是变量名，[ ] 中的 # 就是下标。如果 # 等于 "_n"，即使用当前行的变量值进行计算，我们可以省略下标；但是，如果想要使用其他行的变量值，就必须使用下标。

举例来说，我们可通过以下命令生成两个变量：

```
. gen inc_lag = income[_n-1]
(324 missing values generated)

. gen inc_lead = income[_n+1]
(324 missing values generated)
```

其中，第一个变量 inc_lag 等于 income 在前一行的值，而第二个变量 inc_lead 等于 income 在后一行的值。

执行上述命令之后，可使用 list 命令查看一下这两个变量：

```
. list income inc_lag inc_lead in 1/5

     income   inc_lag   inc_lead
  1.  20000         .      22000
  2.  22000     20000      12000
  3.  12000     22000       9600
  4.   9600     12000      12000
  5.  12000      9600       4080
```

结果显示，inc_lag 在第二行的值等于 income 在第一行的值，在第三行的值等于 income 在第二行的值，以此类推。对于 inc_lead 这个变量，其第一行的值等于 income 在第二行的值，第二行的值等于 income 在第三行的值，以此类推。需要注意的是，inc_lag 在第一行为缺失值，其原因在于在这之前已经没有数据行。同理，inc_lead 在最后一行也必然是缺失值。

获取变量在不同数据行的值在分析时间序列数据（time-series data）和面板数据（panel data）时有非常广泛的用途。以时间序列数据为例，如果数据已按照时间排序，那么通过 varname[_n-1] 就可获得 varname 的一阶滞后，通过 varname[_n-2] 就可获得二阶滞后，以此类推。此外，通过 varname[_N] 可获得变量 varname 在最后一期的观测值，通过 varname[1] 可获得 varname 在第 1 期的观测值。总之，灵活使用变量下标，用户可根据研究需要获取研究变量在任意期的值。①

三、获取模型系数与标准误

系统变量的另一个用途是获取模型的系数和标准误。举例来说，我们可对 cgss2005raw 数据进行回归分析。模型的因变量是收入对数，自变量包括教育年限、性别、婚姻状况以及性别与婚姻状况的交互项，具体命令和输出结果如下：

---

① Stata 对于时间序列数据和面板数据设计了专门的运算符，通过这些运算符也可实现类似功能。如通过在变量前使用"L#."运算符可获取#阶滞后，使用"LD#."运算符可计算#阶差分。

```
. reg lninc eduy i.male##i.marrynew
```

Source	SS	df	MS
Model	3860.02459	8	482.503073
Residual	8048.60848	9,577	.840410199
Total	11908.6331	9,585	1.2424239

Number of obs	= 9,586
$F(8, 9577)$	= 574.13
Prob > F	= 0.0000
R-squared	= 0.3241
Adj R-squared	= 0.3236
Root MSE	= .91674

lninc	Coef.	Std. Err.	t	P>|t|	[95% Conf. Interval]	
eduy	.1381337	.0022182	62.27	0.000	.1337855	.1424819
male						
是	.0900339	.064497	1.40	0.163	-.0363939	.2164618
marrynew						
在婚	.0460948	.0533541	0.86	0.388	-.0584906	.1506802
离婚	.3909081	.1325622	2.95	0.003	.1310581	.6507581
丧偶	.2005517	.0753876	2.66	0.008	.052776	.3483275
male#marrynew						
是#在婚	.1795408	.0677808	2.65	0.008	.0466761	.3124055
是#离婚	-.2592259	.172629	-1.50	0.133	-.5976154	.0791635
是#丧偶	-.1591439	.1115123	-1.43	0.154	-.3777316	.0594438
_cons	7.270762	.0568054	127.99	0.000	7.159411	7.382112

Stata 在回归分析的时候可以非常方便地纳入多分类变量和交互项。具体来说,在变量前使用"i."表示该变量是分类变量,Stata 会自动将之转换为虚拟变量纳入模型。此外,通过##将变量相连,Stata 可以同时将变量的主效应和交互效应纳入模型。在上述 regress 命令中,我们使用了"i.male##i.marrynew",表示 male 和 marrynew 都是分类变量,且模型分析时不仅要纳入它们的主效应,还要纳入二者的交互效应。

执行上述命令之后,我们可以使用_b[varname]和_se[varname]来引用输出结果中各变量的回归系数和标准误。不过,不同变量 varname 的指定方式有所不同。

首先,对于直接纳入模型的自变量,直接使用变量名即可。举例来说,上述回归分析中的 eduy 这个自变量,我们可通过以下命令显示它的回归系数和标准误:

```
. dis _b[eduy]
.1381337

. dis _se[eduy]
.00221822
```

其次,对于以分类变量形式纳入模型的自变量,需要在变量名前加"#.",其中#是某个类别在分类变量中的取值。举例来说,对于上述回归模型,如果我们要显示"在婚"的系数与标准误,需使用如下命令:

```
. dis _b[2.marrynew]
.04609481

. dis _se[2.marrynew]
.05335412
```

这里的"2.marrynew"表示 marrynew 变量取值为 2 的类别,即在婚。读者可以自己尝试用 Stata 显示离婚和丧偶这两个类别的回归系数。

再次,对于交互项,需用#将两个变量名相连,如果其中有分类变量,还需在变量前使用"#."。举例来说,在上述回归分析中,我们可通过"1.male#2.marrynew"表示男性(male 取值为 1)与在婚(marrynew 取值为 2)的交互项,具体如下:

```
. dis _b[1.male#2.marrynew]
.1795408

. dis _se[1.male#2.marrynew]
.06778077
```

最后,常数项用"_cons"表示。例如,可使用以下命令显示上述模型截距和标准误:

```
. dis _b[_cons]
7.2707618

. dis _se[_cons]
.05680538
```

除了通过 display 命令显示计算结果之外,我们还可用_b[varname]和_se[varname]来生成新变量。例如,可以通过以下命令生成模型的拟合值:

```
. gen yhat =_b[eduy]*eduy+_b[1.male]*1.male+_b[2.marrynew]*2.marrynew+
_b[3.marrynew]*3.marrynew+_b[4.marrynew]*4.marrynew+_b[1.male#2.marrynew]*
1.male*2.marrynew+_b[1.male#3.marrynew]*1.male*3.marrynew+_b[1.male
#4.marrynew]*1.male*4.marrynew+_b[_cons]
(13 missing values generated)
```

对于线性回归而言,模型拟合值也可通过 predict 命令直接预测得到:

```
. predict yhat1
(option xb assumed; fitted values)
(13 missing values generated)
```

用 list 命令输出结果:

```
. list yhat yhat1 in 1/5
```

	yhat	yhat1
1.	8.829635	8.829635
2.	9.244036	9.244036
3.	9.181141	9.181141
4.	8.145658	8.145658
5.	8.974461	8.974461

可以发现,我们手动计算的拟合值与 Stata 预测出来的拟合值是完全一致的。

◆ 练习

打开 cfps2010_adult_chatper3.dta 数据,完成以下操作:

(1) 提取 pid 的前两个字符,并将之存储到一个叫 province 的变量中(举例来说,如果 pid 的取值为 110001101,province 的取值应为 11)。为 province 添加变量标签"省份"和值标签,中国的省份代码和标签的对应关系如下(举例来说,如果 province 取值为 11,值标签应为北京市):

11 北京市	43 湖南省
12 天津市	44 广东省
13 河北省	45 广西壮族自治区
14 山西省	46 海南省
15 内蒙古自治区	50 重庆市
21 辽宁省	51 四川省
22 吉林省	52 贵州省
23 黑龙江省	53 云南省
31 上海市	54 西藏自治区
32 江苏省	61 陕西省
33 浙江省	62 甘肃省
34 安徽省	63 青海省
35 福建省	64 宁夏回族自治区
36 江西省	65 新疆维吾尔自治区
37 山东省	71 台湾省
41 河南省	81 香港特别行政区
42 湖北省	82 澳门特别行政区

(2) 生成一个新变量 region, 该变量包括东部地区、中部地区和西部地区三个类别。东部地区包括:北京、天津、河北、辽宁、上海、江苏、浙江、福建、山东、广东、海南。中部地区包括:黑龙江、吉林、山西、安徽、江西、河南、湖北、湖南。西部地区包括:内蒙古、广西、重庆、四川、贵州、云南、西藏、陕西、甘肃、青海、宁夏、新疆。为 region 添加变量标签"地区"和值标签。

(3) 计算受访者调查时点(2010 年)的年龄(age)、初婚年龄(marryage)以及初婚配偶的初婚年龄(marryage_s)。计算婚龄差(agegap),婚龄差定义为丈夫的初婚年龄减去妻子的初婚年龄。

(4) 将婚龄差(agegap)分三组:男大女小为第一组,男女一样大为第二组,女大男小为第三组。分组结果存储到 gapgroup 中,并添加变量标签和值标签。依据 gapgroup 生成三个虚拟变量(gap1、gap2、gap3),分别对应 gapgroup 的三个组别。

第四章　变量运算

（5）生成两个虚拟变量 male 和 hkurban，令 male 取值为 1 表示男性，hkurban 取值为 1 表示城镇户口。为这两个变量添加变量标签和值标签。

（6）根据受访者的年龄大小将样本分为五个规模相等的组，并将分组结果保存到一个新变量 age5 中。

（7）分省份计算婚龄差（agegap）的平均值（mean_agegap）和标准差（sd_agegap），并据此计算每个省份的标准化婚龄差（std_gegap）。

（8）生成一个新变量 agegap_lag2，令它等于 agegap 在前两行的值；同时生成一个新变量 agegap_lead2，令它等于 agegap 在后两行的值。

（9）拟合线性回归模型，模型因变量是 agegap，自变量包括 male、age、hkurban、region 以及 hkurban 和 region 的交互项。手动生成模型残差（残差等于观测值减模型拟合值），并将之与 predict 命令自动生成的结果（使用选项 residual）做比较。

（10）保存当前数据，数据名为 cfps2010_adult_chatper4.dta。

第五章

数据变换

本章重点和教学目标：
1. 掌握横向合并数据和纵向合并数据的概念与方法；
2. 了解长格式数据和宽格式数据的异同，能实现长宽格式数据间的相互转换；
3. 能根据需求对数据中的样本和变量进行排序和筛选；
4. 掌握数据延展和在数据中随机取样的方法；
5. 能使用 collapse 和 contract 命令提取数据中的描述性统计指标。

第一节 纵向合并数据

有时候，分析所需使用的数据被存储在多个数据文件中，在进行数据处理之前，需要先将这些数据合并到一起。数据合并分两种类型：一是纵向合并，二是横向合并。本节主要介绍使用 Stata 纵向合并数据的方法，横向合并的方法将在下一节介绍。

一、纵向合并数据及其准备工作

纵向合并数据指的是将多个数据的样本纵向拼接在一起，合并之后，数据的样本量等于各子数据之和,但变量数目通常保持不变。

例如,在跨国比较研究中,不同国家和地区的数据通常会存储在不同的数据文件中,如果这些数据文件中包含的变量完全相同,就可以将它们纵向合并到一起进行综合分析。除此之外,有些调查项目(如 CGSS)在不同年份独立抽取了多个全国性的样本,如果将这些样本中共同的变量保存下来,就可通过纵向合并的方法将数据拼接到一起,从而研究同一社会现象随时间的变动趋势。

综上所述,纵向合并数据在实际研究中的用途非常广泛。因此,熟练掌握这种方法是数据分析的一项基本功。需要特别注意的是,在使用 Stata 纵向合并数据之前,需要做一些准备工作,具体包括:

第一,不同数据文件中同一个变量的变量名要保持一致,否则 Stata 会将之视作两个不同的变量来处理。举例来说,性别这个变量,在数据 1 中命名为 gender,在数据 2 中也必须命名为 gender,否则合并时会出错。

第二,不同数据文件中相同变量的变量类型也必须一致,否则也无法合并到一起。举例来说,如果数据 1 中标识个案编号的变量 id 是数值型变量,而数据 2 中的 id 是字符型变量,Stata 在纵向合并数据的时候也会出错。

第三,标识个案编号的变量在不同数据中的取值最好不要重复,否则合并之后无法区分样本来自哪个数据。举例来说,如果数据 1 中的 id 是从 1 至 n 来编号,数据 2 也按照同样的方法编号,那么合并以后就会出现两个 id 为 1、2、…的个案,且无法区分出哪个来自数据 1,哪个来自数据 2。一个解决途径是在数据合并之前(或同时)生成一个新变量来标识数据来源,下面我们将通过具体的例子来说明。

二、使用 append 命令

在 Stata 中,当我们做好纵向合并数据的前期准备工作之后,就可使用 append 命令来合并数据。该命令的使用方法如下:

```
append using filename [filename ...] [, options]
```

在使用 append 命令之前,用户需要先将一个数据读入内存,然后再用该命令将其他数据合并过来。待合并的数据文件写在 using 之后的 filename 之中,这里的 filename 需要同时指定数据文件的存储地址和文件名（如果数据文件存储在工作目录，可以只写文件名）。需要注意的是，Stata 允许一次性合并多个数据，即在 using 之后可以一次列出多个 filename，但我们强烈建议用户一次只合并一个数据，因为同时合并多个数据很容易出错。如果需要合并多个数据，可以多次使用 append 命令，每次合并一个数据。

append 命令有五个选项。一是 generate(newvarname)，该选项可以在合并数据的同时生成一个名为 newvarname 的虚拟变量，该变量可以标识合并后的数据中哪些是先读入内存的样本（取值为 0），哪些是合并过来的样本（取值为 1）。二是 keep(varlist)，该选项的功能是只将待合并数据中的部分变量合并过来，这些变量需列在 varlist 之中。相比使用该选项，我们更推荐用户在使用 append 命令之前就将数据准备好，即在合并前将待合并数据中的无关变量删除或只把需要合并的变量保存下来。三是 force，使用该选项可以将同名但存储类型不同的变量（如一个是字符型，另一个是数值型）强制合并在一起。但我们不建议用户使用这个选项，因为强制合并的后果是产生大量缺失值，更好的办法是在合并之前先将不同数据中的同名变量转换成相同的存储类型。最后两个选项是 nolabel 和 nonotes，这两个选项的功能是只合并数据，不保留待合并数据中的标签和注释，这两个选项只有在一些特殊场合才会用到。

下面我们将通过一个例子来说明 append 命令的使用方法。首先，使用 use 命令打开 cgss2005_rural 数据，再用 tab 对 urban 进行描述：

. use "C:\Users\XuQi\Desktop\cgss2005_rural.dta", clear

. tab urban

城乡	Freq.	Percent	Cum.
农村	4,274	100.00	100.00
Total	4,274	100.00	

可以发现，数据中存储的 4274 个个案全部来自农村。

接下来，使用同样的方法打开 cgss2005_urban 数据，从对该数据中 urban 变量的描述性统计可以发现，该数据中存储的 6098 个个案全部来自城市：

第五章 数据变换

```
. use "C:\Users\XuQi\Desktop\cgss2005_urban.dta", clear

. tab urban
```

城乡	Freq.	Percent	Cum.
城市	6,098	100.00	100.00
Total	6,098	100.00	

现在,我们想要将这两个数据合并成一个数据。在合并之前,需使用 describe 命令描述一下这两个数据(结果略,读者可自行尝试),检查一下这两个数据中的变量数量、变量名以及同名变量是否使用了相同的存储类型。从检查结果可以发现,这两个数据在上述三个方面都是完全一致的,因而符合数据纵向合并的前提条件。而且,通过这两个数据中自带的 urban 变量,我们可以区分出合并后的数据是来自农村还是城市。因此,现在我们已经可以使用 append 命令来合并数据了,具体命令如下:

```
. use "C:\Users\XuQi\Desktop\cgss2005_rural.dta",clear

. append using "C:\Users\XuQi\Desktop\cgss2005_urban.dta"
```

在上述两行命令中,use 命令的功能是读入 cgss2005_rural 数据,而 append 命令的功能是将 cgss2005_urban 数据纵向合并过来。用户也可以先读入 cgss2005_urban 数据,再将 cgss2005_rural 数据纵向合并过来,这两种方法的效果是一样的。合并以后,我们可以再次使用 tabulate 命令描述一下 urban 变量:

```
. tab urban
```

城乡	Freq.	Percent	Cum.
城市	6,098	58.79	58.79
农村	4,274	41.21	100.00
Total	10,372	100.00	

可以发现,合并之后,数据的样本量为 10372 人,其中 6098 人来自城市,4274 人来自农村,这从一个侧面说明数据合并成功了。

数据合并完成之后,用户还需仔细检查合并后的数据中变量名、变量值和标签等是否存在异常。例如,使用 describe 命令查看一下合并后的数据中的所有变量,使用 browse 命令打开数据浏览窗口,检查一下变量的取值是否正常(如是否存在大量缺失值),以及值标签是否显示正确。这些命令的使用方法我们在之前各章都已介绍过,此处不再重复。

在上面的例子中,我们在使用 append 命令之前已经做好了所有准备工作,因而合并非常顺利。接下来,我们将演示如果准备工作没有做好会出现什么后果。

首先使用 use 命令读入 cgss2005_rural 数据,接下来,我们将 cgss2005_rural 数据中的变量 gender 重命名为 sex,具体如下:

```
. use "C:\Users\XuQi\Desktop\cgss2005_rural.dta", clear

. rename gender sex
```

重命名之后,性别变量在农村数据中的名称为 sex,而在城市数据中依然为 gender,现在我们使用 append 命令将 cgss2005_urban 数据合并过来,命令如下:

```
. append using "C:\Users\XuQi\Desktop\cgss2005_urban.dta"
```

可以发现,Stata 依然可以进行数据合并,但合并后的数据中同时存在 gender 和 sex 这两个变量。打开数据浏览窗口检查这两个变量的取值可以发现,gender 在所有农村样本中都为缺失值,而 sex 在所有城市样本中都为缺失值。出现这一结果的原因在于,gender 和 sex 在 Stata 看来是两个不同的变量(因为变量名不同),在数据合并的时候,Stata 发现 gender 变量只存在于城市数据中,因此农村样本在该变量上的取值都为缺失值;同理,城市样本在 sex 变量上的取值也都成了缺失值。为了避免缺失值对数据分析的干扰,一种处理办法是在数据合并之后用 sex 变量上的值替代 gender 的缺失值,同时删除 sex 变量,具体如下:

```
. replace gender=sex if gender==.
(4,274 real changes made)

. drop sex
```

但更好的处理方案是,在数据合并之前就对 sex 和 gender 这两个变量的变量名进行统一,这样 Stata 就可以直接将二者的取值合并到一起。

第五章　数据变换

　　上面这个例子充分说明,Stata 只能将同名变量合并。但变量名相同只是数据合并的必要非充分条件,因为同名变量在不同数据中还必须采用相同的存储类型。如果一个变量是数值型,另一个是字符型,即便二者变量名相同也无法合并。我们来看一个具体的例子。
　　首先使用 use 命令读入 cgss2005_rural 数据,接下来,我们使用 tostring 命令将该数据中的变量 id 由数值型改为字符型,具体如下:

```
. use "C:\Users\XuQi\Desktop\cgss2005_rural.dta", clear

. tostring id, replace
id was int now str5
```

　　现在,我们尝试使用 append 命令将 cgss2005_urban 数据纵向合并过来,结果 Stata 显示了一条错误提示,具体如下:

```
. append using "C:\Users\XuQi\Desktop\cgss2005_urban.dta"
variable id is str5 in master but int in using data
    You could specify append's force option to ignore this string/numeric
mismatch. The using variable would then be treated as if it contained "".
r(106);
```

　　该错误提示的含义是,id 变量在已读入内存的数据中是字符型变量,但是在待合并数据中是数值型变量,因为二者变量类型不同,Stata 拒绝将二者合并。与此同时,Stata 还给出了一个解决该问题的方案,即使用 force 选项强制将二者合并。但使用该选项真的能解决这个问题吗？我们可以增加 force 选项再次执行 append 命令,具体如下:

```
. append using "C:\Users\XuQi\Desktop\cgss2005_urban.dta", force
```

　　可以发现,使用 force 选项之后,Stata 看似完成了数据的纵向合并。但打开数据浏览窗口仔细查看 id 变量的取值可以发现,在合并后的数据中,所有城市样本在 id 变量上都为缺失值。由此可见,在上述合并过程中,Stata 把所有城市样本的 id 都弄丢了,这是无法接受的一个合并结果。因此,我们不建议用户使用 force 选项。如果数据合并过程中出现同名变量存储类型不一致的情况,我们建议首先将存储类型改为一致(使用 tostring 命令将数值型改成字符型或使用 destring 命令将字符型改成数值型),然后再合并数据。

最后,我们再通过一个例子了解一下 append 命令中 generate(newvarname) 这个选项的用法。如前所述,该选项的功能是生成一个名为 newvarname 的虚拟变量,并以之区分哪些是先读入内存的样本(取值为 0),哪些是合并过来的样本(取值为 1)。我们可以通过以下两行命令来演示该选项的功能:

. use "C:\Users\XuQi\Desktop\cgss2005_rural.dta", clear

. append using "C:\Users\XuQi\Desktop\cgss2005_urban.dta", generate(append)

可以发现,使用该选项之后,Stata 在进行数据合并的同时生成了一个名为 append 的二分变量。该变量取值为 0 表示先读入内存的样本,即农村样本;取值为 1 表示合并过来的样本,即城市样本。因为数据中原本就有一个 urban 变量来标识城乡,所以,这个新生成的标识变量与 urban 的取值完全一致,通过对二者做二维列联表可以验证这一点:

. tab append

append	Freq.	Percent	Cum.
0	4,274	41.21	41.21
1	6,098	58.79	100.00
Total	10,372	100.00	

. tab append urban

append	城乡		Total
	城市	农村	
0	0	4,274	4,274
1	6,098	0	6,098
Total	6,098	4,274	10,372

综上所述,append 命令使用 generate(newvarname) 选项的目的是生成一个区分数据来源的标识变量。如果数据中原先就已存在这样一个变量,可以不使用该选项;如果数据中没有这样的标识变量,我们建议用户在使用 append 命令的时候使用该选项。

第二节　横向合并数据

第一节介绍的数据纵向合并指的是将多个数据中的样本纵向拼接起来，合并以后，数据的样本量等于多个数据之和，而变量数量通常维持不变。这一节介绍的横向合并数据则是指将多个数据中的样本按照一定方式横向匹配，合并之后，数据中的变量数量会有明显增加，但样本量通常不会发生变化。

与纵向合并相同，数据的横向合并在实际研究中也有非常广泛的应用。举例来说，一个学校中的学生数据通常会保存在多个部门，如入学信息保存在招生办公室、课程和学习成绩信息保存在教务处、社团参与信息保存在团委、奖惩信息保存在学工处、就业信息保存在就业指导中心。如果我们想要对学生的表现进行综合分析，就必须将各部门的学生数据合并起来。在这一合并过程中，数据的样本量不会发生变化（因为学生的总数是给定的），但变量数会在数据的合并过程中不断增加。换句话说，在横向合并过程中，数据表的长度保持不变，但宽度有明显增加，这是横向合并区别于纵向合并的一个显著特征。

数据的横向合并在分析追踪调查数据时也有非常广泛的应用。追踪调查指的是对同一批调查对象在多个时点进行连续调查的调查方法。在应用这种调查方法时，我们会获取一个随机样本在多个时点的数据，每个时点的数据会保存在独立的数据文件中。要对追踪调查数据进行历时性分析，就必须把多个时点的数据横向合并，只有这样，才能分析同一个观察个案的特征随时间变动的趋势。

综上所述，数据的横向合并是我们对复杂数据进行有效管理的一项基本功，因此必须熟练掌握。根据横向合并的方式，我们可将之分为四种不同的类型，即一对一合并、一对多合并、多对多合并和交叉合并。下面将逐一介绍这四种横向合并的方法。

一、一对一合并

一对一合并指的是将两个数据中的数据行逐一匹配起来的合并方法。在匹配之前，首先需要确定匹配变量，这个变量必须在两个数据中都有，且取值唯一。举例来说，我们在将各部门的学生数据横向合并成一个综合数据的时候，就是在进行一对一合并。这一合并过程实际上是基于学生的学号进行的，也就是说，将各部门数据中学号相同的数据合并在一起。因此，在这个例子中，学号是匹配变量，这个变量必须同时出现在所有部门的数据中，且保证在所有数据中的取值唯一，否则整个合并过程就会失败。

在 Stata 中，我们可使用 merge 命令实现一对一合并。该命令的使用方法如下：

merge 1:1 varlist using filename [, options]

该命令中，merge 之后的 1:1 表示进行一对一合并，varlist 就是数据合并所基于的匹配变量。通常来说，varlist 只包含一个变量，但在有些情况下也可包含多个（如同时根据姓名和出生年进行匹配，这样可以在一定程度上避免姓名相同的问题）。无论 varlist 中包含一个变量还是多个变量，都必须满足以下两个条件：

第一，varlist 必须在所有待合并的数据中都有；
第二，varlist 中的取值（或取值组合）在所有待合并数据中都没有重复。

如果数据满足这两个要求，就可以基于 varlist 将它们合并在一起。在具体操作的时候，用户需要首先读入一个数据，然后再通过 merge 命令将另一个数据横向合并过来，这个待合并的数据需写在 using 之后的 filename 之中，这里的 filename 需同时指定数据文件的存储地址和文件名（如果数据文件存储在工作目录，可只写文件名）。使用 merge 命令一次只能合并一个数据，如果有多个数据需要合并，需要重复使用该命令。

在使用 merge 命令的时候有几个注意事项。首先，使用 merge 合并数据之后，Stata 会自动生成一个名为"_merge"的标识变量，该变量有三个取值，取值为 3 表示匹配成功，取值为 1 和 2 表示匹配失败。匹配失败有两个原因：一是

第五章　数据变换

先读入内存的数据中有一些个案在待合并的数据中没有找到相应的匹配对象（此时"_merge"取值为1），二是待合并的数据中有一些个案在先读入内存的数据中没有相应的匹配对象（此时"_merge"取值为2）。Stata在执行merge命令之后，默认会报告"_merge"的描述性统计结果，如果不想报告该结果，可使用noreport选项。此外，Stata默认将匹配结果保存到一个名为"_merge"的变量中，如果用户想自己定义该变量的名称，可使用generate(newvarname)选项。使用该选项后，Stata会将匹配结果保存到用户自定义的newvarname之中。如果用户不想保存匹配结果，也可使用nogenerate选项，这样Stata就不会生成任何标识变量。我们强烈建议用户在使用merge命令的时候保留标识变量，同时显示该变量的描述性统计结果！

其次，在横向合并数据的时候，同一个变量有时会同时出现在多个数据中。当我们将妻子的数据和丈夫的数据合并起来进行分析的时候就会出现这种情况。例如，妻子的数据中有一个变量记录的是妻子回答的丈夫每天的家务劳动时间，其变量名为housework；在丈夫数据中也存在一个名为housework的变量，它记录的是丈夫自己回答的家务劳动时间。在将这两个数据横向合并的过程中，用户有三种选择：一是以先读入内存的数据为准，合并过来的数据中如果有同名变量则直接忽视，这是Stata默认的做法。举例来说，如果先读入的是妻子数据，Stata默认只保留妻子回答的housework的值，而丈夫数据中的housework的值则不予采纳。二是以先读入内存的数据为主，如果该取值为缺失值，则用合并过来的同名变量替换该缺失值。如果用户想要采用该方案，则需使用选项update。同样是上面这个例子，如果采用这个方法，Stata会以先读入的妻子数据为主，只有当该数据缺失的情况下才会使用丈夫的数据替代。最后一种选择是用合并过来的数据替代先读入内存的数据，使用该方案时需同时使用选项update和replace。在上面这个例子中，采用这种方案时，Stata会用丈夫数据中的housework的值替换掉妻子数据中的housework的值。这三种方案中具体采用哪种，取决于实际分析的数据中哪个来源的数据取值更加准确，我们建议以较准确的数据取值为主，不太准确的取值为辅。

有时，不同来源数据中同一变量取值的差异本身也是一个很有趣的研究问题（例如，丈夫自我感觉的家务劳动贡献可能与妻子的感觉不一致，这种不一致可能会影响夫妻关系的稳定和婚姻的幸福感）。为了方便用户研究这一问题，Stata可以对数据取值不一致的个案进行标记。如果用户要使用这一功能，必须在merge命令中使用update选项，使用该选项之后，标识变量"_merge"的取值将从三个拓展到五个，取值1、2和3的意义与之前相同，新增加的取值4表示两个数据中同名变量的值不一致，其中一个是缺失值，另一个不是缺失值；取值5表示两个数据中同名变量的值不一致，且两个都不是缺失值。用户可根据该变量大致了解数据合并过程中同名变量取值不一致的情况。

最后，merge命令还有几个选项需要注意。在默认情况下，Stata会将待合并数据中的所有变量都合并过来，但有时候，用户只想将其中部分变量合并过来，这时就可使用keepusing(varlist)选项指定要保留的变量。而且，在默认情况下，Stata会同时拷贝待合并数据中的变量值、值标签和注释，但是如果不想拷贝值标签，可使用nolabel选项；如果不想拷贝注释，可使用nonotes选项。此外，Stata允许用户根据匹配结果有选择地保留部分个案进行分析。上文提到，Stata会自动生成一个标识变量"_merge"保存合并结果，在默认情况下，Stata会将该变量所有取值的个案都保留下来，但用户也可使用keep(results)选项仅保留部分取值的个案进行分析。这里的results就是"_merge"对应的取值。例如，使用keep(3)表示仅保留两个数据中匹配成功的个案进行分析。

下面，我们将通过具体的例子来演示merge命令的使用方法。首先，我们使用use命令打开cfps2010数据，并使用describe命令查看一下该数据：

```
. use "C:\Users\XuQi\Desktop\cfps2010.dta", clear

. describe
Contains data from  C:\Users\XuQi\Desktop\cfps2010.dta
  obs:        33,600
  vars:            5                              6 Jun 2020 10:31
  size:    1,344,000
              storage   display    value
variable name   type    format     label      variable label
pid           double    %12.0g     pid        个人id
fid           double    %12.0g     fid        家庭样本代码
gender        double    %12.0g     gender     性别
birth         double    %12.0g     qa1y       出生年
marry2010     double    %12.0g     qe1        婚姻状况2010

Sorted by:  pid
```

第五章　数据变换

可以发现,该数据共包含五个变量,分别是受访者的个人id、家庭样本代码、性别、出生年和2010年的婚姻状况。我们知道,CFPS是一个追踪调查项目,它在2010年进行了初次访问,并在2012年对2010年的初访样本进行了追踪。在2012年的追踪调查中,CFPS再次询问了受访者的性别、出生年和婚姻状况,这些信息保存在cfps2012数据中。我们可以使用use命令打开该数据,并使用describe命令查看一下该数据中的变量:

```
. use "C:\Users\XuQi\Desktop\cfps2012.dta", clear

. describe

Contains data from  C:\Users\XuQi\Desktop\cfps2012.dta
  obs:            35,719
  vars:                4                              4 Jun 2020 09:35
  size:          285,752
─────────────────────────────────────────────────────────────────────
              storage   display    value
variable name   type    format     label      variable label
─────────────────────────────────────────────────────────────────────
pid             long    %12.0g     pid        个人id
marry2012       byte    %21.0g     qe104      婚姻状况2012
gender          byte    %12.0g     gender     受访者性别-修正
birth           int     %12.0g     birth      受访者出生年-修正
─────────────────────────────────────────────────────────────────────
Sorted by:
```

现在,我们想要将这两个数据横向合并,以分析同一个受访者的婚姻状况从2010年到2012年的变化。具体来说,我们可使用pid(受访者的个人id)作为匹配变量,将这两个数据横向合并。因为我们进行的是一对一合并,因此在使用merge命令之前最好先使用duplicates命令检查一下cfps2010和cfps2012这两个数据中的pid的取值是否有重复,具体如下:

```
. use "C:\Users\XuQi\Desktop\cfps2010.dta", clear

. duplicates report pid

Duplicates in terms of pid
```

copies	observations	surplus
1	33600	0

```
. use "C:\Users\XuQi\Desktop\cfps2012.dta", clear

. duplicates report pid
```

Duplicates in terms of **pid**

copies	observations	surplus
1	35719	0

从输出结果看,pid 的取值在 cfps2010 和 cfps2012 这两个数据中都没有重复,因此满足一对一合并的条件。① 现在,我们可以使用 merge 命令将二者合并了:

```
. use "C:\Users\XuQi\Desktop\cfps2010.dta", clear

. merge 1:1 pid using "C:\Users\XuQi\Desktop\cfps2012.dta"
(label pid already defined)
(label gender already defined)

    Result                           # of obs.

    not matched                         16,533
        from master                      7,207  (_merge==1)
        from using                       9,326  (_merge==2)

    matched                             26,393  (_merge==3)
```

在执行上述 merge 命令之后,原先读入内存的 cfps2010 数据中将新增两个变量:一个是 marry2012,这是受访者 2012 年的婚姻状况,它是通过 merge 命令从 cfps2012 数据中合并过来的;在合并过程中还会自动生成一个标识变量"_merge",它记录的是合并结果。从结果窗口中看该变量的统计描述可以发现,有 26393 个个案合并成功了("_merge"取值为 3),即这些个案在 2010 年和 2012 年都接受了调查。但与此同时,也有 16533 个个案没有找到匹配对象。其中,有 7207 个个案出现在了 2010 年样本中,但没有出现在 2012 年的样本中("_merge"等于 1),出现这一情况的原因有很多,如去世、失联、拒绝配合等都

---

① 如果发现取值有重复,必须找出原因,删除重复值,否则在使用 merge 进行一对一合并的时候会出错!

第五章　数据变换

会导致样本在追踪调查过程中丢失。此外,我们还可以发现,有9326个个案没有出现在2010年的样本中,但在2012年接受了调查,这主要是CFPS的设计所致。首先,CFPS根据受访者的年龄是否超过16周岁决定样本是回答成人问卷还是少儿问卷。随着时间的推移,一些在2010年未满16周岁的个案到2012年超过了16周岁,因而会自动进入2012年的成人样本库中。其次,因为结婚,一些个案在2010年至2012年之间进入了受访家庭,根据CFPS的设计,这些新进家庭成员也需要接受调查。最后,一些在2010年不愿接受调查的家庭成员在2012年可能改变了想法,这也会导致2012年的样本有所增加。总之,通过对"_merge"变量的统计描述,用户可以更加清楚地了解数据的合并过程。因此,我们强烈建议用户在使用merge命令的时候保留该变量并显示它的描述性统计结果。

在上述横向合并过程中还有一点需要注意。细心的读者可能已经发现,在先读入内存的cfps2010数据中,存在gender和birth这两个变量;在待合并的cfps2012数据中,也存在这两个变量。但在合并数据的过程中,merge命令默认以先读入内存的数据为准,对待合并数据中的同名变量不予考虑,这导致我们仅能将cfps2012数据中的marry2012合并过来,而gender和birth的值则完全丢失了。如果相较于cfps2012数据中的gender和birth,cfps2010中的值更加准确,这样处理是合适的。但真实情况却与此完全相反。在2010年的CFPS调查中,受访者的性别和出生年中有一部分是由家人代答的,而在2012年的调查中,则要求受访者本人确认2010年数据中的性别和出生年是否正确,如果不正确则予以纠正。从这个角度说,2012年数据中的性别和出生年更加准确,因此,软件默认以2010年数据中的取值为基准的做法是不合适的。为了能在数据合并时用cfps2012中的gender和birth纠正cfps2010中的错误值,我们可以在merge命令中使用选项update和replace。使用这两个选项之后,Stata就可在出现数据取值不一致的情况下,用待合并数据中的值替代先读入内存中的值。具体命令如下:

```
. use "C:\Users\XuQi\Desktop\cfps2010.dta", clear
. merge 1:1 pid using "C:\Users\XuQi\Desktop\cfps2012.dta", update replace
(label pid already defined)
(label gender already defined)

    Result                              # of obs.
    not matched                            16,533
        from master                         7,207    (_merge==1)
        from using                          9,326    (_merge==2)
    matched                                26,393
        not updated                        26,222    (_merge==3)
        missing updated                         0    (_merge==4)
        nonmissing conflict                   171    (_merge==5)
```

从输出结果可以发现，使用 update 和 replace 这两个选项之后，Stata 对 171 个个案的值进行了替代（"_merge"取值为 5）。

最后，在默认情况下，merge 命令会将所有匹配成功和匹配失败的个案都保留在数据中，如果用户仅想保留某种类型的个案，可以使用 keep(results) 选项。例如，在上述命令的基础上增加选项 keep(3) 可以仅保留匹配成功且 2010 年和 2012 年在 gender 和 birth 这两个变量上取值完全一致的 26222 个个案，使用选项 keep(3 4 5) 可以将所有匹配成功的 26393 个个案都保留下来，用户可自己尝试增加这两个选项后的数据合并结果。

二、一对多合并

除了一对一合并之外，实际应用中另一种比较常见的横向合并方式是一对多合并。顾名思义，一对多合并指的是将一个数据中的一行同时与另一个数据中的多行进行合并。这类合并通常出现在多层次数据的分析之中。所谓多层次数据，指的是具有"嵌套"性质的数据结构，如学生嵌套于班级、班级嵌套于学校，这就是一个三层次数据的例子。如果我们在分析时需要同时使用学生、班级和学校层次的变量，而这些变量又分别保存在三个数据文件中，就要使用一对多合并。具体来说，这可以分两步进行。首先，我们可以将班级数据与学生数据合并，即将每个班的数据合并到隶属于这个班的所有学生数据中。接下来，我们还需要使用同样的方式再将学校数据合并进来，即将每一个

第五章　数据变换

学校的信息合并到隶属于这个学校的班级和学生数据中。

因为多层次数据在实际研究中非常普遍,所以,掌握一对多合并数据的方法对提高数据分析技能非常重要。与一对一合并时相同,Stata 进行一对多合并的命令也是 merge。它的用法如下：

```
merge 1:m varlist using filename [, options]
merge m:1 varlist using filename [, options]
```

这两行命令与本章第一节介绍的一对一合并的命令非常相似,其用法也近乎相同。二者的唯一区别在于,在进行一对多合并时,merge 之后需写 1:m 或 m:1(这里的 m 是 many 的意思,即表示"多")。具体使用时是写 1:m 还是 m:1,则取决于先读入内存的数据是属于一对多合并中"一"的那一方还是"多"的那一方。举例来说,当我们试图将学生数据和班级数据合并的时候,如果先读入的是学生数据,那么就应当使用 m:1,因为在这个合并中,学生是"多"的那一方,而班级是"一"的那一方(因为"一"个班级对应"多"名学生,而不是相反)。如果先读入内存的是班级数据,那么就需要使用 1:m 了。

接下来,我们将通过一个具体的例子来演示一对多合并的方法。首先,我们使用 use 命令打开 cfps2010_family 数据,用 describe 命令输出结果：

```
. use "C:\Users\XuQi\Desktop\cfps2010_family.dta", clear

. describe

Contains data from  C:\Users\XuQi\Desktop\cfps2010_family.dta
  obs:           14,798
 vars:                2                          6 Jun 2020 10:29
 size:          236,768
              storage   display    value
variable name   type    format     label      variable label
fid            double   %12.0g     fid        家庭样本代码
faminc         double   %12.0g     faminc     调整后的家庭总收入

Sorted by:
```

可以发现,该数据包含 fid 和 faminc 这两个变量,它们分别代表家庭样本代码和调整后的家庭总收入。现在,我们尝试将该数据与 cfps2010 数据合并。

Stata 数据管理教程

我们在本章第一节提到，cfps2010 是个体层次的数据，它保存的是 2010 年 CFPS 调查的成人样本信息，而我们现在打开的 cfps2010_family 则是家庭层次的数据。根据 CFPS 的抽样设计，家庭中的每个成人都要接受调查，因此，那些有多个成人的家庭就会有多行成人样本数据（即在 cfps2010 数据中，多个个案会拥有相同的 fid）。所以，我们进行的是一对多合并，且在这个合并过程中，家庭数据是"一"的一方，个体数据是"多"的一方。fid 是这一合并得以实现的关键匹配变量，即我们需要根据该变量的取值将这两个数据中有相同 fid 的数据行合并到一起。

因为当前先读入内存的是 cfps2010_family 数据，即该合并中"一"的那一方，所以在书写 merge 命令时应使用 1:m。不过在使用该命令之前，最好先检查一下 cfps2010_family 数据中 fid 的取值是否唯一，因为如果"一"的那一方数据中匹配变量的取值不唯一，Stata 会报错（在"多"的那一方，匹配变量的取值可以不唯一，所以不用检验 cfps2010 数据中 fid 的取值）。用 duplicates 命令输出结果：

```
. duplicates report fid

Duplicates in terms of fid
```

copies	observations	surplus
1	14798	0

可见，cfps2010_family 数据中 fid 的取值没有重复，因此具备进行一对多合并的条件。现在，我们可以使用 merge 命令合并数据了，结果如下：

```
. merge 1:m fid using "C:\Users\XuQi\Desktop\cfps2010.dta"
(label fid already defined)

    Result                      # of obs.

    not matched                      369
        from master                  253  (_merge==1)
        from using                   116  (_merge==2)

    matched                       33,484  (_merge==3)
```

执行该命令之后，cfps2010 数据中的 pid、gender、birth 和 marry2010 这几个变量被成功合并了进来。除此之外，Stata 还自动生成了一个标识匹配结果的标识变量，即"_merge"。从该变量的描述性统计结果可以发现，有 33484 行数据匹配成功了("_merge"取值为 3)，但也有 369 行数据没有实现匹配。在没有实现匹配的数据中，有 253 行出现在家庭数据中，但没有对应的成人样本("_merge"取值为 1)，这可能是因为这些家庭中的成人没有填答成人问卷。另外还有 116 行数据出现在成人数据中，但找不到与之对应的家庭数据("_merge"取值为 2)，这可能是因为这些家庭没有回答家庭问卷，但有部分家庭成员回答了成人问卷。Stata 默认将所有个案(包括匹配成功和失败的个案)都保留在合并后的数据中，用户可使用 keep(3)选项仅保留匹配成功的个案，感兴趣的读者可自己尝试一下。

最后，还需说明的一点是，在上面的例子中，我们先读入的是家庭数据，然后将个体数据合并进来，因此我们在书写 merge 命令时使用的是 1:m，如果先读入内存的是个体层次的数据，那么就应当使用 m:1，感兴趣的读者可以自己尝试一下。

三、多对多合并

除了一对一合并和一对多合并之外，Stata 还可进行多对多合并。不过，这种合并在实际的数据分析过程中应用相对较少。所谓多对多合并，指的是将一个数据中的多行与另一个数据中的多行进行交叉合并的一种数据合并方式。与一对一合并和一对多合并相比，多对多合并的过程较为复杂，下面我们将通过一个具体的例子来说明。

Stata 官网提供了一个多对多合并的案例。这个案例中共涉及两个数据：一个是小孩数据(名为 child)，另一个是家长数据(名为 parent)。我们可以使用 webuse 命令打开这两个数据，并使用 list 命令列出这两个数据的值：

```
. webuse child, clear
(Data on Children)
```

```
. list, sep(0)

     family~d   child_id   x1   x2
  1.    1025        3      11   320
  2.    1025        1      12   300
  3.    1025        4      10   275
  4.    1026        2      13   280
  5.    1027        5      15   210

. webuse parent, clear
(Data on Parents)

. list, sep(0)

     family~d   parent~d   x1   x3
  1.    1030       10      39   600
  2.    1025       11      20   643
  3.    1025       12      27   721
  4.    1026       13      30   760
  5.    1026       14      26   668
  6.    1030       15      32   684
```

从输出结果可以发现，child 数据包含来自编号为 1025、1026 和 1027 这三个家庭的五名小孩样本，而 family 数据包含来自编号为 1025、1026 和 1030 这三个家庭的六名家长样本。这两个数据中共有的变量是 family_id，我们的目标是根据这个变量，将同一个家庭中的小孩与家长匹配起来。由于同一个家庭可能有多个小孩，也可能有多个家长，因此 family_id 的值在这两个数据中都不唯一，所以需要做多对多合并。

我们可以以 1025 号家庭为例来演示这一合并过程。在数据中，1025 号家庭共包含三个小孩样本（编号为 3、1 和 4）和两个家长样本（编号为 11 和 12）。在横向合并时，我们希望形成一个以亲子配对为分析单位的数据，即最终的数据中每一行为一个小孩与一个家长的组合。按照这一思路，1025 号家庭最终会形成六个亲子配对：

◆ 3 号小孩配 11 号家长；

◆ 3 号小孩配 12 号家长；

◆ 1 号小孩配 11 号家长；

第五章　数据变换

◆ 1 号小孩配 12 号家长；

◆ 4 号小孩配 11 号家长；

◆ 4 号小孩配 12 号家长。

在理解了多对多合并的含义之后，接下来的一个问题是：我们应该如何在 Stata 中实现这一过程呢？沿着之前一对一合并和一对多合并的思路，读者可能会产生一个自然而然的想法，即使用 merge 命令。诚然，merge 命令提供了一个 m:m 的数据合并方法，但读者需要注意的是，该命令无法实现刚刚讲解的多对多合并。① 而要实现这一合并，我们需要学习一个新的命令，即 joinby，该命令的使用方法如下：

joinby [varlist] using filename [, options]

使用该命令时，我们需要先将一个数据读入内存，然后再将另一个数据合并过来。该命令中的 varlist 即为合并时所需要的匹配变量（如上文例子中的 family_id），待合并的数据需写在 using 之后的 filename 中，这里的 filename 需要同时指定数据文件的存储地址和文件名（如果数据文件存储在工作目录，可以只写文件名）。

在使用 joinby 合并数据的时候，Stata 默认只保留匹配成功的个案（这与 merge 的默认情况有所不同），如果想要将部分或全部匹配失败的个案也保留下来，则需使用选项 unmatched()，该选项可包含四种取值：none 表示不保留匹配失败的个案，这是 Stata 默认的情况；master 表示先读入内存的数据中匹配失败的个案需要保留，而待合并数据中的则不保留；using 表示待合并数据中匹配失败的个案需要保留，而先读入内存的数据则不保留；最后，both 表示无论匹配失败的个案来自哪个数据，都保留在最终的数据中。

此外，与 merge 不同的是，在使用 joinby 合并数据的时候，Stata 不会自动生成标识匹配结果的变量，如果用户想要生成该变量，需要使用选项"_merge

---

① merge m:m 针对的情况比较复杂，且用处不大，因此本书不予介绍。感兴趣的读者可以参考 Stata 的用户手册对该命令的讲解。实际上，手册中毫不避讳地指出，这一合并方式针对的情况过于特殊，以至于几乎没有任何用途（原文为：it is difficult to imagine an example of when it would be useful）。

(varname)",并在选项中指定该变量的名字。最后,在使用 joinby 的时候,如果两个数据中有同名变量,Stata 默认只保留先读入内存的数据的值,如果用户想用待合并数据中的值去更新或替换先读入内存的数据,则需使用选项 update 和 replace,它们的用法与 merge 相同。

现在,我们来演示 joinby 的使用方法。我们可通过以下两行命令将之前介绍的 child 和 family 这两个数据合并到一起:

```
. webuse parent, clear
(Data on Parents)

. joinby family_id using http://www.stata-press.com/data/r14/child
```

合并之后,我们可使用 list 命令列出该数据的值,以检查合并结果:

```
. list, sepby(family_id)①
```

	family~d	parent~d	x1	x3	child_id	x2
1.	1025	11	20	643	1	300
2.	1025	11	20	643	4	275
3.	1025	11	20	643	3	320
4.	1025	12	27	721	1	300
5.	1025	12	27	721	4	275
6.	1025	12	27	721	3	320
7.	1026	13	30	760	2	280
8.	1026	14	26	668	2	280

可以发现,合并后的数据总共有八行,其中前六行来自 1025 号家庭,后两行来自 1026 号家庭,而 1027 号家庭和 1030 号家庭的数据或者因为没有小孩或者因为没有家长,被 Stata 丢弃了。如果用户想要将这些没有匹配成功的数据也保留下来,那么需要使用选项 unmatched(both);除此之外,为了方便标记匹配结果,可以使用选项"_merge(match)"生成一个标识变量 match,具体命令如下:

```
. webuse parent, clear
(Data on Parents)
```

---

① sepby(family_id)表示将同一个 family_id 的个案排在一起,且不同 family_id 之间用横线隔开。

```
. joinby family_id using http://www.stata-press.com/data/r14/child,
unmatched(both) _merge(match)
```

现在,我们再次使用 list 命令描述一下合并后的数据:

```
. list, sep(0)

     family~d parent~d  x1   x3                            match child_id  x2
 1.   1030      10      39  600       only in master data     .      .
 2.   1025      11      20  643  both in master and using data  3    320
 3.   1025      11      20  643  both in master and using data  4    275
 4.   1025      11      20  643  both in master and using data  1    300
 5.   1025      12      27  721  both in master and using data  4    275
 6.   1025      12      27  721  both in master and using data  3    320
 7.   1025      12      27  721  both in master and using data  1    300
 8.   1026      13      30  760  both in master and using data  2    280
 9.   1026      14      26  668  both in master and using data  2    280
10.   1030      15      32  684       only in master data     .      .
11.   1027       .       .    .       only in using data       5    210
```

可以发现,现在数据中共包含 11 行,其中 8 行是匹配成功的,3 行是匹配失败的,且数据中新生成了一个新变量 match,通过该变量可以清楚地区分不同数据行的状况。

最后,我们再演示一下 update 和 replace 这两个选项的用法。在 parent 和 child 这两个数据中有一个同名变量 x1,在默认情况下,使用 joinby 命令合并数据的时候,Stata 会以先读入内存的数据(family)中 x1 的取值为准,而待合并的数据(child)中的 x1 则完全不予考虑。但这种处理方式有时并不恰当。一种替代方法是用待合并数据中的值去更新先读入内存数据中的缺失值,其对应的选项是 update:

```
. webuse parent, clear
(Data on Parents)

. joinby family_id using http://www.stata-press.com/data/r14/child,
unmatched(both) _merge(match) update
```

```
. list, sep(0)
```

	family~d	parent~d	x1	x3	match	child_id	x2
1.	1030	10	39	600	only in master data	.	.
2.	1025	11	20	643	in both, master agrees with using data	4	275
3.	1025	11	20	643	in both, master agrees with using data	3	320
4.	1025	11	20	643	in both, master agrees with using data	1	300
5.	1025	12	27	721	in both, master agrees with using data	3	320
6.	1025	12	27	721	in both, master agrees with using data	1	300
7.	1025	12	27	721	in both, master agrees with using data	4	275
8.	1026	13	30	760	in both, master agrees with using data	2	280
9.	1026	14	26	668	in both, master agrees with using data	2	280
10.	1030	15	32	684	only in master data	.	.
11.	1027	.	15	.	only in using data	5	210

对比这里 list 命令的输出结果与之前的结果可以发现，在使用 update 之后，数据中第 11 行的 x1 的值从之前的缺失值变成了 15，其原因在于我们用 child 数据中的非缺失值更新 family 数据中的缺失值。如果对于 family 数据中的非缺失值也进行替换，则需同时使用 update 和 replace 两个选项，具体如下：

```
. webuse parent, clear
(Data on Parents)

. joinby family_id using http://www.stata-press.com/data/r14/child,
unmatched(both) _merge(match) update replace

. list, sep(0)
```

	family~d	parent~d	x1	x3	match	child_id	x2
1.	1030	10	39	600	only in master data	.	.
2.	1025	11	11	643	in both, master agrees with using data	3	320
3.	1025	11	10	643	in both, master agrees with using data	4	275
4.	1025	11	12	643	in both, master agrees with using data	1	300
5.	1025	12	10	721	in both, master agrees with using data	4	275
6.	1025	12	12	721	in both, master agrees with using data	1	300
7.	1025	12	11	721	in both, master agrees with using data	3	320
8.	1026	13	13	760	in both, master agrees with using data	2	280
9.	1026	14	13	668	in both, master agrees with using data	2	280
10.	1030	15	32	684	only in master data	.	.
11.	1027	.	15	.	only in using data	5	210

可以发现,在同时使用 update 和 replace 之后,x1 的值在多行发生了变化,这主要是由我们用 child 数据中的值替换 family 数据中的值导致的。

四、交叉合并

最后一种横向数据合并是交叉合并。所谓交叉合并,指的是将两个数据中的每一行逐一交叉,再合并起来。如果一个数据中有 n_1 行,另一个数据有 n_2 行,可以想象,最终合并后的数据将包含 $n_1 \times n_2$ 行。

在一些特殊场合,用户会使用到交叉合并。例如,在婚姻研究中,研究者可能会将未婚男性和未婚女性的数据进行交叉合并,以分析具有何种特征的男女更可能结为夫妇;在研究市场交易时,研究者也可能将买方数据和卖方数据进行交叉合并,以分析在何种组合下交易更可能达成。

在 Stata 中,进行交叉合并的命令是 cross,该命令的使用方法如下:

```
cross using filename
```

使用时,用户只要将待合并的数据及其存储地址写在 using 之后的 filename 之中(如果数据保存在当前工作目录,可省略存储地址),就可将两个数据交叉合并在一起。

下面,我们将通过一个例子来演示 cross 命令的使用方法。

首先,使用 use 命令打开数据 male.dta,该数据存储的是五名未婚男性的教育程度和城乡居住地,我们可使用 list 命令列出该数据的内容,具体如下:

```
. use "C:\Users\XuQi\Desktop\male.dta", clear

. list
```

	mid	meduc	murban
1.	1	初中	农村
2.	2	初中	城市
3.	3	高中/职高/技校	城市
4.	4	大专及以上	城市
5.	5	小学	农村

接下来,我们再次使用 use 命令打开数据 female.dta。该数据存储的是四名未婚女性的教育程度和城乡居住地。同样,我们可使用 list 命令列出该数据的内容:

```
. use "C:\Users\XuQi\Desktop\female.dta", clear
. list
```

	fid	feduc	furban
1.	1	初中	城市
2.	2	高中/职高/技校	城市
3.	3	小学	农村
4.	4	大专及以上	城市

现在,我们将使用cross命令将这两个数据交叉合并起来,具体如下:

```
. use "C:\Users\XuQi\Desktop\male.dta"

. cross using "C:\Users\XuQi\Desktop\female.dta"
```

执行上述cross命令之后,我们可以使用list命令列出数据的内容。在使用list命令之前,我们先使用sort命令根据mid和fid这两个变量对数据排序:

```
. sort mid fid

. list, sepby(mid)
```

	mid	meduc	murban	fid	feduc	furban
1.	1	初中	农村	1	初中	城市
2.	1	初中	农村	2	高中/职高/技校	城市
3.	1	初中	农村	3	小学	农村
4.	1	初中	农村	4	大专及以上	城市
5.	2	初中	城市	1	初中	城市
6.	2	初中	城市	2	高中/职高/技校	城市
7.	2	初中	城市	3	小学	农村
8.	2	初中	城市	4	大专及以上	城市
9.	3	高中/职高/技校	城市	1	初中	城市
10.	3	高中/职高/技校	城市	2	高中/职高/技校	城市
11.	3	高中/职高/技校	城市	3	小学	农村
12.	3	高中/职高/技校	城市	4	大专及以上	城市
13.	4	大专及以上	城市	1	初中	城市
14.	4	大专及以上	城市	2	高中/职高/技校	城市
15.	4	大专及以上	城市	3	小学	农村
16.	4	大专及以上	城市	4	大专及以上	城市
17.	5	小学	农村	1	初中	城市
18.	5	小学	农村	2	高中/职高/技校	城市
19.	5	小学	农村	3	小学	农村
20.	5	小学	农村	4	大专及以上	城市

从list命令的输出结果可以发现,最终合并成的数据共包含20行,每一行

都代表一对男女组合。

在使用 cross 命令合并数据的时候有一个注意事项,即待合并的数据中最好不要有同名变量;如果有的话,Stata 默认将以先读入内存的变量取值为准,待合并数据中的同名变量将被忽略。举例来说,在上文演示的这个交叉合并中,我们用不同的变量名来指代男女的教育程度和城乡居住地。如果男女教育程度都为 educ,城乡居住地都为 urban,最终合并后的数据将无法得到正确的结果。

第三节 长宽格式互转

对于横截面数据(cross-sectional data)和时间序列数据,通过二维表的方式来存储和呈现是比较简单和直接的。但是,对于一些结构比较复杂的数据,如面板数据,二维表在存储和呈现的时候就不那么直接了。Stata 可以通过两种格式来存储面板数据:一种是宽格式(wide form),另一种是长格式(long form)。这两种格式不仅对应不同的数据存储效率,而且更重要的是,也服务于不同的统计分析需求。因此,熟练掌握长格式和宽格式及二者之间相互转换的方法,在分析面板数据时显得尤为重要。

一、长格式和宽格式

面板数据是对同一批观察个案在不同时点进行跟踪调查产生的数据。在面板数据中,通常会涉及两类变量:一类变量的取值只随观察个案的变化而变化,但不会随时间的变化发生变化,这类变量我们称为非时变变量(time-constant variable),具体的例子包括受访者的性别、出生年等。另一类变量的取值既会随观察个案的变化而变化,也会随时间的变化发生变化,这类变量我们称为时变变量(time-varying variable),具体的例子包括受访者的收入、就业状况、婚姻状况、生育子女数等。

允许变量的值随时间发生变化是面板数据区别于横截面数据的一个重要特征,因此,要正确使用面板数据,就必须处理好时变变量。在具体分析时,用户面临的首要问题就是如何在数据中存储和呈现时变变量。对此,Stata 提供了两种不同的格式。

一种是宽格式。宽格式指的是将同一观察个案的数据存储在同一行,对于时变变量,其在不同时点的值可通过多个变量来存储。这种存储方式的一个显著特征就是,数据的行数固定不变,但列数会随着观察时点的增加不断增加(变得越来越宽)。

另一种是长格式。所谓长格式,指的是将同一个观察个案在不同时点上的数据存储在不同的行。与宽格式不同,长格式在存储时变变量的时候,数据的列数通常固定不变,而行数会随着观察时点的增加不断增加(变得越来越长)。

表5.1给出了一个用宽格式存储面板数据的例子。这个例子共包含三行数据,其中每一行都代表一个观察个案,不同个案之间可以通过id区分。除了id之外,数据中还包括七个变量。其中,sex表示受访者的性别,它有两个取值:取值为0表示女性,取值为1表示男性。因为sex是一个非时变变量,所以我们只需用一个变量就可以存储它的值。

表5.1 用宽格式存储面板数据

id	sex	employ90	employ91	employ92	salary90	salary91	salary92
1	1	1	1	0	8000	6500	0
2	0	0	0	1	0	0	7000
3	1	0	1	1	0	6800	8000

与性别不同,受访者的就业状况(employ)和收入(salary)则会随时间的变化发生变化,因此,这两个变量都是时变变量。在宽格式中,我们通过增加变量的方式来存储时变变量。具体来说,我们通过 employ90、employ91 和 employ92 这三个变量存储受访者在1990年、1991年和1992年这三个时点上的就业状况,并通过 salary90、salary91 和 salary92 这三个变量存储受访者在1990年、1991年和1992年这三个时点上的收入。

除了用宽格式之外,我们也可以通过长格式来存储上述数据,具体如表5.2所示。从该表可以发现,改用长格式来存储上述数据以后,每个观测个案都要占据三个数据行,每一行对应一个具体的调查年份,不同年份之间可以通过year区分开。因为每个观察个案在不同调查年份的数据用不同的行来存储,employ 和 salary 这两个时变变量的值都可以非常方便地存储在各自对应的行中。而 sex 的值因为不随时间发生变化,它在同一个观察个案的不同调查年份中始终维持不变。

表 5.2 用长格式存储面板数据

id	year	sex	employ	salary
1	90	1	1	8000
1	91	1	1	6500
1	92	1	0	0
2	90	0	0	0
2	91	0	0	0
2	92	0	1	7000
3	90	1	0	0
3	91	1	1	6800
3	92	1	1	8000

对比表 5.1 和表 5.2 可以发现,宽格式将时变变量的值存储在多列,因而从形态上看,数据显得比较宽,这也是它被称作宽格式的原因。而长格式则是将时变变量的值存储在多行,因而从形态上看会显得比较长,这也是长格式这个名称的来源。

虽然长格式和宽格式在数据形态上有所差别,但不难发现,二者记录的信息量是一样多的。在实际使用过程中,用户是使用长格式还是宽格式应当考虑两个因素:一是数据的存储效率,二是统计分析的需求。

第一,从存储效率的角度说,长格式和宽格式各有千秋。在上例中,宽格式总共存储了 3×8=24 个数值,而长格式则存储了 9×5=45 个数值。所以在这个例子中,宽格式更有效率。产生这一结果的原因在于,宽格式在存储非时变变量(如 id 和 sex)时只存储了一次,而长格式则重复存储了多次。因此,通常来说,一个面板数据中的非时变变量越多,宽格式效率越高。不过在有些情况下,长格式的存储效率可能会超过宽格式。例如,当面板数据非常不平衡的时候(很多观察个案在某些调查时点上的数据全部缺失),用宽格式来存储会产生大量无用的缺失值,而长格式可以避免这种情况。因此,究竟哪一种格式的存储效率高,需要根据数据的实际情况来判断。

第二,从统计分析的角度看,长格式和宽格式也是各有各的用途。例如,当统计模型不涉及时变变量的时候,应当使用宽格式;而在一些包含时变变量的复杂模型中,就需要使用长格式。对用户来讲,要能灵活应对各种统计分析的需要,最好的办法就是能够随时根据需要在长格式和宽格式之间进行转换。在 Stata 中,用户可通过 reshape 命令实现长宽格式之间的相互转换,下面我们介绍该命令的使用方法。

二、使用 reshape 命令

在 Stata 中,长格式和宽格式之间的转换需要使用 reshape 命令。该命令的使用方法如下:

```
reshape long stubnames, i(varlist) [options]
reshape wide stubnames, i(varlist) [options]
```

reshape 命令包含 reshape long 和 reshape wide 两个子命令。如果用户想要将宽格式转换成长格式,需要用 reshape long;如果要将长格式转换成宽格式,需要用 reshape wide。在确定好具体的子命令之后,接下来还要通过 stubnames 设定待转换的变量。在设定的时候,有两点需要注意:

第一,stubnames 只包含时变变量,不包含非时变变量。因为在格式转换过程中,只有时变变量的变量名需要转换,非时变变量无须转换。

第二,在长转宽的时候,stubnames 中只需直接列出原数据中的时变变量即可;但在宽转长的时候,这种设定就比较复杂,因为在宽格式中,时变变量是以变量组的形式出现在数据中的。为了方便宽格式转换成长格式,Stata 要求在宽格式中,所有时变变量都必须采用"主干+后缀"的命名方式,且对主干和后缀做出了两点明确要求:

(1)相同时变变量的主干必须相同。举例来说,employ90、employ91 和 employ92 这三个变量拥有相同的主干 employ,因此在转换时,Stata 会将它们视作同一组变量。同理,salary90、salary91 和 salary92 也会被视作一组变量。在

第五章 数据变换

使用 reshape 命令将宽格式转长格式的时候，用户需要在 stubnames 中依次列出时变变量的主干，以帮助 Stata 对变量分组。

（2）不同时变变量的后缀必须相同。在上例中，employ90、employ91 和 employ92 这三个变量的后缀分别是 90、91 和 92，salary90、salary91 和 salary92 这三个变量的后缀也是 90、91 和 92，这是符合要求的。但如果我们将 salary90、salary91 和 salary92 重命名为 salary1990、salary1991 和 salary1992，就不可以了，因为这时候两组变量的后缀不统一，Stata 无法进行正确的转换。

在使用 reshape 命令的时候，用户还要掌握三个选项：一是 i(varlist)，该选项是必选项，它的功能是指定样本编号，即将数据中存储样本编号的变量写在"i( )"的括号中。二是 j(varlist)，它的功能是指定存储时间的变量。在长转宽时，varlist 就是数据中已有的用来存储调查时间的变量名；在宽转长时，varlist 是转换后长格式中存储时间的变量名，它将被用来存储宽格式中各时变变量的后缀。三是 string，这个选项只有当时间变量的取值为字符型的时候才需用到。通常来说，时间变量都是数值型的，但在有些场合，也会用字符型来存储，我们会在下面通过具体的例子来说明。

Stata 用户手册中用五个例子讲解了 reshape 命令的使用方法，这五个例子基本涵盖了用户可能遇到的所有情况。因此，我们接下来也将用这五个例子来演示。

案例 1：常规情形

首先，我们使用 webuse 命令打开 Stata 官网自带的数据 reshape1，并使用 list 命令查看一下该数据：

```
. webuse reshape1, clear

. list
```

	id	sex	inc80	inc81	inc82	ue80	ue81	ue82
1.	1	0	5000	5500	6000	0	1	0
2.	2	1	2000	2200	3300	1	0	0
3.	3	0	3000	2000	1000	0	0	1

从 list 命令的输出结果可以发现，该数据是通过宽格式来存储的。数据中

共包含八个变量。其中,id 是样本编号,sex 是一个非时变变量,inc80、inc81 和 inc82 是一组时变变量,ue80、ue81 和 ue82 是另一组时变变量。

现在,我们尝试使用 reshape 命令将上述宽格式数据转换成长格式。在转换之前,用户要先检查一下数据中各时变变量的变量名是否符合要求。可以发现,数据中的两组时变变量的主干和后缀都符合我们之前讲述的要求,因此可以直接转换。具体命令如下:

```
. reshape long inc ue, i(id) j(year)
(note: j = 80 81 82)

Data                              wide   ->   long

Number of obs.                       3   ->      9
Number of variables                  8   ->      5
j variable (3 values)                    ->   year
xij variables:
                      inc80 inc81 inc82  ->   inc
                      ue80 ue81 ue82     ->   ue
```

上述转换是宽格式转长格式,因此,我们要使用 reshape long。在待转换的宽格式数据中,有两组时变变量,它们的主干分别是 inc 和 ue,因此,我们将这两个主干依次列在命令名之后。数据中表示样本编号的变量是 id,因此,我们需使用选项 i(id)。在转换后的长格式数据中,需要有一个新变量来存储时变变量名中的后缀,我们将这个新变量命名为 year,并使用选项 j(year) 进行设定。

转换完成之后,我们可以再次使用 list 命令查看一下数据结果:

```
. list, sepby(id)
```

	id	year	sex	inc	ue
1.	1	80	0	5000	0
2.	1	81	0	5500	1
3.	1	82	0	6000	0
4.	2	80	1	2000	1
5.	2	81	1	2200	0
6.	2	82	1	3300	0
7.	3	80	0	3000	0
8.	3	81	0	2000	0
9.	3	82	0	1000	1

第五章　数据变换

可以发现,现在内存中的数据已经是一个九行五列的长格式数据了,对照之前的宽格式数据可以发现,数据转换结果是完全正确的。

需要注意的是,长宽格式之间的转换是可逆的。因此,我们可再次使用 reshape 命令将刚刚转换过来的长格式数据转换成宽格式。要实现这一转换,我们只需将之前命令中的 reshape long 换成 reshape wide 即可,再用 list 命令输出结果:

```
. reshape wide inc ue, i(id) j(year)
(note: j = 80 81 82)

Data                               long    ->   wide
-----------------------------------------------------------------------------
Number of obs.                        9    ->      3
Number of variables                   5    ->      8
j variable (3 values)              year    ->   (dropped)
xij variables:
                                    inc    ->   inc80 inc81 inc82
                                     ue    ->   ue80 ue81 ue82
-----------------------------------------------------------------------------

. list

     +---------------------------------------------------------------+
     | id    inc80    ue80    inc81    ue81    inc82    ue82    sex |
     |---------------------------------------------------------------|
  1. |  1     5000       0     5500       1     6000       0      0 |
  2. |  2     2000       1     2200       0     3300       0      1 |
  3. |  3     3000       0     2000       0     1000       1      0 |
     +---------------------------------------------------------------+
```

可以发现,再次转换之后,数据又回到了之前的宽格式状态。

案例 2：宽转长时样本编号必须唯一

在使用 reshape long 命令将宽格式数据转换成长格式数据的时候,样本编号的取值在各行必须唯一,否则 Stata 会出错。我们可通过下面这个例子来演示这种情况。

首先,使用 webuse 命令打开数据 reshape2,并使用 list 命令查看一下该数据:

```
. webuse reshape2, clear
. list

     +-------------------------------------------+
     | id   sex   inc80   inc81   inc82 |
     |-------------------------------------------|
  1. |  1     0    5000    5500    6000 |
  2. |  2     1    2000    2200    3300 |
  3. |  3     0    3000    2000    1000 |
  4. |  2     0    2400    2500    2400 |
     +-------------------------------------------+
```

从输出结果可以发现，该数据当前是以宽格式存储的，数据中共有四行，但第二行和第四行的样本编号都是 2。如果我们想要将该数据转换成长格式，会出现什么结果呢？

```
. reshape long inc, i(id) j(year)
(note: j = 80 81 82)
variable id does not uniquely identify the observations
    Your data are currently wide. You are performing a reshape long.
    You specified i(id) and j(year). In the current wide form, variable
    id should uniquely identify the observations. Remember this picture:

          long                                      wide

        i   j   a   b                         i   a1  a2  b1  b2
       _____                   _____
        1   1   1   2      <--- reshape --->  1   1   3   2   4
        1   2   3   4                         2   5   7   6   8
        2   1   5   6
        2   2   7   8

    Type reshape error for a list of the problem observations.
r(9);
```

可以发现，在执行 reshape 命令的时候，Stata 出错了。出错的原因在于 id 变量的取值不唯一（variable id does not uniquely identify the observations）。

为了帮助用户了解 reshape 命令出错的原因，Stata 提供了一个专门的命令，即 reshape error。我们可以紧接着上述出错的命令之后使用该命令：

```
. reshape error
(note: j = 80 81 82)

i (id) indicates the top-level grouping such as subject id.

The data are currently in the wide form; there should be a single
observation per i.

2 of 4 observations have duplicate i values:

         id
       _____
    2.   2
    3.   2

(data now sorted by id)
```

从输出结果看，出错的原因被再次确认是 id 变量的取值不唯一。Stata 还

第五章 数据变换

告诉我们,四个观察个案中有两个观察个案的 id 值相同,都为 2,这就为我们接下来查找同名的 id 提供了方便。

案例 3:指定后缀位置

我们之前提到,使用 reshape 命令将宽格式转换成长格式的时候,时变变量的变量名必须采用"主干+后缀"的命名方式。通常来说,后缀位于主干之后,但这个要求不是强制的。实际上,Stata 允许后缀位于变量名的任意位置,只不过当后缀不是在主干之后时,需要用"@"告诉 Stata 后缀的具体位置。我们来看一个例子。

首先,使用 webuse 命令打开数据 reshape3,用 list 命令输出结果:

```
. webuse reshape3, clear

. list
```

	id	sex	inc80r	inc81r	inc82r	ue80	ue81	ue82
1.	1	0	5000	5500	6000	0	1	0
2.	2	1	2000	2200	3300	1	0	0
3.	3	0	3000	2000	1000	0	0	1

可以发现,该数据包含两组时变变量。ue80、ue81 和 ue82 这组变量采取了标准的主干之后接后缀的命名方式,因而可以按照软件默认的方式处理;但在 inc80r、inc81r 和 inc82r 这三个变量中,后缀 80、81 和 82 的位置不在主干之后,而是位于主干 incr 之间。这种情况依然可以直接使用 reshape 命令,只不过需要使用"inc@r"来标明后缀的位置,具体如下:

```
. reshape long inc@r ue, i(id) j(year)
(note: j = 80 81 82)

Data                               wide   ->   long
-----------------------------------------------------------------
Number of obs.                        3   ->      9
Number of variables                   8   ->      5
j variable (3 values)                      ->   year
xij variables:
                     inc80r inc81r inc82r  ->   incr
                           ue80 ue81 ue82  ->   ue
-----------------------------------------------------------------
```

```
. list, sepby(id)
```

	id	year	sex	incr	ue
1.	1	80	0	5000	0
2.	1	81	0	5500	1
3.	1	82	0	6000	0
4.	2	80	1	2000	1
5.	2	81	1	2200	0
6.	2	82	1	3300	0
7.	3	80	0	3000	0
8.	3	81	0	2000	0
9.	3	82	0	1000	1

可以发现，在使用"@"标注后缀位置之后，Stata 成功地将这个宽格式数据转换成了长格式。同理，在将长格式数据转换成宽格式的过程中，用户也可以通过"@"符号标注希望后缀出现的位置，具体如下：

```
. reshape wide inc@r u@e, i(id) j(year)
(note: j = 80 81 82)

Data                                    long    ->    wide

Number of obs.                             9    ->    3
Number of variables                        5    ->    8
j variable (3 values)                   year    ->    (dropped)
xij variables:
                                        incr    ->    inc80r inc81r inc82r
                                          ue    ->    u80e u81e u82e
```

```
. list
```

	id	inc80r	u80e	inc81r	u81e	inc82r	u82e	sex
1.	1	5000	0	5500	1	6000	0	0
2.	2	2000	1	2200	0	3300	0	1
3.	3	3000	0	2000	0	1000	1	0

可以发现，在设置"inc@r"和"u@e"之后，相应时变变量的后缀出现在了我们指定的位置上。

第五章 数据变换

案例 4：字符型后缀

在长宽格式相互转换的过程中，变量后缀可以是数值，也可以是字符。如果是字符，需要在转换时使用选项 string。我们来看一个例子。

首先，使用 webuse 命令打开数据 reshape4，用 list 命令输出结果：

```
. webuse reshape4, clear

. list
```

	id	kids	incm	incf
1.	1	0	5000	5500
2.	2	1	2000	2200
3.	3	2	3000	2000

这个数据并不是面板数据，但它具有类似面板数据的结构。该数据共包含四个变量：id 是家庭编号，kids 是子女数，incm 和 incf 分别是母亲和父亲的收入。我们可以将 incm 和 incf 视作时变变量，这两个变量拥有相同的主干 inc，其后缀分别是 m 和 f。当前这个数据是以家庭为分析单位的，每个家庭占据数据中的一行。我们可将之转换成以家长为分析单位的数据，即转换后，父亲和母亲各占一行。这一转换类似于面板数据中的宽格式转换成长格式，因此可以通过 reshape long 实现。

在使用 reshape 命令的时候，需要注意到在这个例子中，变量的后缀不是数字，而是字符，因此需要使用选项 string，具体命令如下：

```
. reshape long inc, i(id) j(sex) string
(note: j = f m)

Data                               wide   ->   long
-----------------------------------------------------------------
Number of obs.                        3   ->      6
Number of variables                   4   ->      4
j variable (2 values)                      ->    sex
xij variables:
                                incf incm  ->    inc
-----------------------------------------------------------------
```

```
. list, sepby(id)
```

	id	sex	kids	inc
1.	1	f	0	5500
2.	1	m	0	5000
3.	2	f	1	2200
4.	2	m	1	2000
5.	3	f	2	2000
6.	3	m	2	3000

可以发现，在执行上述命令之后，Stata 成功地将一个原本以家庭为分析单位的数据转换成了以家长为分析单位的数据。现在，用户可以使用 reshape wide 命令再将这个数据转换回去。感兴趣的读者可以自己尝试一下。

案例 5：多步 reshape

最后，我们来看一个复杂一点的例子。通常来说，长格式和宽格式之间的转换通过一步 reshape 就可实现，但有的时候则需要通过多步。Stata 官网自带的数据 reshape5 提供了这样一个案例。我们可以首先使用 webuse 命令打开这个数据，用 list 命令输出结果：

```
. webuse reshape5, clear
. list
```

	hid	sex	year	inc
1.	1	f	90	3200
2.	1	f	91	4700
3.	1	m	90	4500
4.	1	m	91	4600

该数据共包含四个变量：hid 是家庭编号，sex 是性别，year 是调查年份，inc 是收入。如果我们想要将这个数据转换成以家庭为分析单位的数据，那么可以想象，最终的数据将包含四个变量，分别表示丈夫和妻子在"90"和"91"两个调查时点上的收入，我们可以用 finc90、finc91、minc90 和 minc91 分别表示这四个收入变量。可以发现，这四个收入变量的主干是 inc，但后缀有两个：一个是表示性别的后缀（f 和 m），该后缀存储在原数据的 sex 变量中；另一个是表示时间的后缀（90 和 91），该后缀存储在原数据的 year 变量中。因为有两个后缀，我们通过两步 reshape 命令才能实现数据转换。

在第一步 reshape 中,我们可以先将性别后缀添加上去。要实现这步转换,需要注意三个事项。首先,性别后缀 f 和 m 是字符,所以必须使用选项 string。其次,我们希望将性别后缀放到主干 inc 之前,因此需要用"@inc"指定后缀位置。最后,存放性别后缀的变量 sex 只有在同时给定 hid 和 year 的情况下取值才唯一,因此,我们需要在 i( ) 选项中同时列出 hid 和 year 两个变量。具体命令如下:

```
. reshape wide @inc, i(hid year) j(sex) string
(note: j = f m)

Data                                long    ->    wide

Number of obs.                         4    ->       2
Number of variables                    4    ->       4
j variable (2 values)                sex    ->    (dropped)
xij variables:
                                     inc    ->    finc minc
```

```
. list

     hid    year    finc    minc
1.    1      90     3200    4500
2.    1      91     4700    4600
```

可以发现,在经过这步转换之后,数据从四行变成了两行。其中,第一行数据记录的是 1 号家庭在"90 年"的父亲收入和母亲收入;第二行数据记录的是 1 号家庭在"91 年"的父亲收入和母亲收入。现在,我们要进一步将该数据转换成一行,即将时间后缀添加到 finc 和 minc 之后,这一步转换相对比较简单,可以直接通过以下 reshape 命令实现:

```
. reshape wide finc minc, i(hid) j(year)
(note: j = 90 91)

Data                                long    ->    wide

Number of obs.                         2    ->       1
Number of variables                    4    ->       5
j variable (2 values)               year    ->    (dropped)
xij variables:
                                    finc    ->    finc90 finc91
                                    minc    ->    minc90 minc91
```

. list

	hid	finc90	minc90	finc91	minc91
1.	1	3200	4500	4700	4600

经过这步转换之后,我们成功得到了一个以家庭为分析单位的宽格式数据。用户可以自行尝试通过两步 reshape 命令再将这个数据转换成最初的长格式。

第四节 数据排序与筛选

在数据分析时,用户时常会根据需要重新排列观察个案或变量出现的顺序,或者筛选出部分符合要求的个案或变量,本节将介绍数据排序和筛选的方法。

一、数据排序

在 Stata 中,数据排序分两种:一种是对数据中的"行"排序,即按照某个或某几个变量的大小排列观察个案;另一种是对数据中的"列"排序,即根据用户需求,重新排列变量出现的先后顺序。

(一) 对数据中的"行"排序

在 Stata 中,对数据行排序最常用的命令是 sort,该命令的使用方法如下:

sort varlist

使用时,我们需要在 varlist 中指定排序所依据的变量,这个变量可以是一个,也可以是多个。如果 varlist 中只有一个变量,那么软件将根据这个变量的取值按照从小到大的顺序重新排列个案。如果 varlist 中有多个变量,那么软件将首先根据 varlist 中的第一个变量的取值按从小到大的顺序排列个案,当多个个案在第一个变量上的取值相同时,则根据第二个变量的取值按照从小到大的顺序排列个案,以此类推。

sort 是对数据行排序时最常用的命令,但这个命令有一个重大缺陷,即它只能根据 varlist 的取值按照从小到大的顺序排序,如果用户希望根据 varlist 的

第五章　数据变换

取值从大到小排序,或者更复杂一些,根据 varlist 中部分变量的取值从大到小排序,同时根据另一些变量的取值从小到大排序,sort 就无能为力了。这时候,用户就要使用 sort 命令的拓展版,即 gsort 命令。该命令的使用方法如下:

$$\text{gsort } [+|-] \text{ varname } [[+|-] \text{ varname} \ldots]$$

gsort 命令的用法与 sort 相似,二者的区别在于,用户在使用 gsrot 命令时可以在变量名前通过"+"和"-"来指定排序方式。如果变量名前是"+",表示从小到大排序;如果变量名前是"-",表示从大到小排序("+"可以省略,但"-"不能省)。用户也可针对不同变量交错使用"+"和"-"以实现混合排序。

下面,我们将用 cgss2005raw 这个数据来演示 sort 和 gsort 的使用方法。在之前各章,我们已经对该数据做过一些处理,现在我们将接着先前的操作继续使用该数据。

首先,用 use 命令打开之前处理过的 cgss2005raw 这个数据,执行以下 sort 命令可以将数据按照省份排序,再用 list 命令输出结果:

```
. use "C:\Users\XuQi\Desktop\cgss2005raw.dta", clear
. sort province
. list province income in 1/10, sep(0)
```

	province	income
1.	北京	6000
2.	北京	17200
3.	北京	7500
4.	北京	.
5.	北京	50000
6.	北京	0
7.	北京	36000
8.	北京	21600
9.	北京	36000
10.	北京	0

因为在中国的省份编码中,北京的编码最小(11),所以排完序之后,北京样本将被挪到所有样本的最前面。这一点可以从 list 命令的输出结果得到证明:排序之后,数据中的前 10 行都是北京样本。不过,上述排序只根据省份一个指标进行,因此,在同一个省份内部,数据的排列依然是没有规律的。例如,

在前 10 行北京样本中,受访者的收入就没有明显的顺序。

如果我们想要在省份排序的基础上进一步按照收入排序,可以使用以下 sort 命令:

. `sort province income`

该命令同时指定了省份和收入两个排序变量,其中省份在前,收入在后。因此,Stata 会先按照省份的取值从小到大排序,在同一个省份内部再按照收入高低从小到大排序。

用 list 命令输出结果:

. `list province income in 1/10, sep(0)`

	province	income
1.	北京	0
2.	北京	0
3.	北京	0
4.	北京	0
5.	北京	0
6.	北京	0
7.	北京	0
8.	北京	0
9.	北京	0
10.	北京	0

可以发现,软件确实按照我们的设定对数据进行了排序。与之前不同,北京市收入为 0 的样本(income 取值最小的样本)排在了最前面。

之前使用的 sort 命令只能实现从小到大排序,如果想要按照某些变量从大到小排序,就要使用 gsort 命令。例如,我们可以使用以下命令先将数据按照省份从小到大排序,而在同一个省份内部,再按照收入高低从大到小排序:

. `gsort province -income`

用 list 命令输出结果:

. `list province income in 1/10, sep(0)`

	province	income
1.	北京	160000
2.	北京	84000

第五章　数据变换

```
     3.    北京    80000
     4.    北京    60000
     5.    北京    60000
     6.    北京    60000
     7.    北京    60000
     8.    北京    60000
     9.    北京    54000
    10.    北京    50000
```

可以发现，执行上述 gsort 命令之后，北京样本依然排在其他省份样本的前面，但在北京内部，收入高的排在了前面，收入低的排在了后面，这与之前 sort 命令的排序结果有明显不同。

（二）对数据中的"列"排序

除了可以对数据中的"行"（个案）排序之外，用户还可以重新排列数据中的"列"（变量）。有时候，为了使用上的方便，我们会将常用变量挪到数据的最前面，或者将相关的变量放到一起，这都是对变量排序的具体应用。

在 Stata 中，对变量排序的常用命令是 order，该命令的使用方法如下：

```
order varlist [, options]
```

使用时，用户只需将要移动的变量按照希望的顺序写在 varlist 之中，Stata 就可将之挪到所有变量的最前面。

使用 order 命令的时候有两个注意事项。第一，Stata 在默认情况下会将 varlist 中的变量按照用户指定的顺序挪到所有变量之前，如果用户想要将之放到所有变量之后，需要使用 last 选项。此外，用户还可使用 before(varname) 和 after(varname) 选项将 varlist 挪到任意变量之前或之后。第二，order 命令还可将变量按照字母顺序排列，对应的选项是 alphabetic。使用该选项之后，Stata 将根据 varlist 中变量的字母顺序排列变量，然后将之挪动到用户指定的位置。

我们将继续使用 cgss2005raw 数据演示 order 命令的使用方法。在之前各章，我们生成了多个与教育相关的变量，如重编码后的教育程度（educ）、教育年限（eduy）、标识不同教育程度的多个虚拟变量（edu1、edu2、edu3、edu4、edu5），这些变量分散在数据中的不同位置，使用起来很不方便。因此，考虑将这些变量集中到一起。

我们可以使用以下 order 命令实现上述目标：

`. order educ eduy edu1-edu5`

可以发现，执行该命令之后，这些与教育相关的变量都被挪到了所有变量的最前面。

如果想要将这些变量挪到所有变量之后，可以使用以下命令：

`. order educ eduy edu1-edu5, last`

如果想要将这些变量挪到特定的位置，如原始数据中的教育程度变量（edu）之后，可以使用以下命令：

`. order educ eduy edu1-edu5, after(edu)`

最后，用户还可使用 order 命令将数据中的所有变量（_all）按照字母顺序排列，具体如下：

`. order _all, alphabetic`

总之，通过 order 命令，用户可以将变量排列成自己希望的任何顺序。

二、数据筛选

除了对个案或变量排序之外，用户还可根据需要筛选出符合分析需要的个案或变量。在 Stata 中，数据筛选可通过 keep 和 drop 两个命令实现。keep 的功能是保留符合条件的个案或变量，而 drop 的功能是将不想要的个案或变量删掉。

（一）保留或删除变量

keep 和 drop 命令的第一个功能是保留或删除变量，它们的用法如下：

```
keep varlist
drop varlist
```

如果用户想要保留变量，应当使用 keep，并将要保留的变量名列在 keep 之后。如果用户想要删除变量，应当使用 drop，并将要删除的变量名列在 drop 之

第五章 数据变换

后。keep 和 drop 在功能上是相反的,无论使用哪个都能完成变量筛选的工作。但在实际使用时,这两个命令的方便程度还是有所差别。如果需要保留的变量数量比较少,我们建议使用 keep,因为这个时候需要列出的 varlist 会比较短;同理,如果需要删除的变量数量比较少,我们建议使用 drop。

下面,我们将继续使用 cgss2005raw 数据来演示这两个命令的使用方法。我们在之前各章出于演示的目的,在该数据中生成了很多无关变量,现在我们可以使用 keep 命令将分析需要使用的变量保留下来,或者使用 drop 命令将不需要的变量删掉。

举例来说,我们可以通过以下 keep 命令将指定的变量保留下来。执行该命令之后,只有在 keep 之后列出的变量被保留了下来,而没有列出来的变量则都被删掉了:

```
. keep age age2 ccp city edu1 edu2 edu3 edu4 edu5 educ eduy employ han
hkurban id income industry lninc male marry migrant occ province senior
senior2 state workhours workyear
```

上述结果也可通过 drop 实现,我们只需将要删除的变量列在 drop 之后即可,具体如下:

```
. drop a agegroup agegroup1 agegroup2 agegroup3 birth_0f birth_e birth_f
birth_fc birth_fc1 chi1 chi10000 count_inc edu gender hukou idnew idnew1
inc1 inc2 inc_lag inc_lead inc_m inc_y inc_y1 inc_y2 inc_y3 inc_y4 incdiff
incmax income_s income_s1 income_s2 income_s3 lninc1 lninc2 marrynew
mean_inc mean_inc_p ownership party province1 province2 provincesize
race rank_inc regular samplesize sd_inc sd_inc_p std_inc std_inc1 std_inc_p
urban yhat yhat1 z
```

但对比之前的 keep 命令可以发现,drop 命令要删除的变量明显更多,因此,使用 keep 会更加方便一些。

(二)保留或删除个案

keep 和 drop 的第二个功能是保留或删除个案,其用法如下:

```
drop in range [if exp]
keep in range [if exp]
```

如果用户使用 keep，Stata 会将满足 in range 或 if 条件句的个案保留下来；如果用户使用 drop，Stata 会将满足 in range 或 if 条件句的个案删除。

我们将继续使用 cgss2005raw 数据做演示。我们可以使用以下 keep 命令将该数据中的城市样本保留下来：

. keep if city==1
(4,274 observations deleted)

执行该命令之后，有 4274 个农村样本被删除了，留下来的都是城市样本。这一结果可以从以下 tabulate 命令得到验证：

. tab city

是否城市样本	Freq.	Percent	Cum.
是	6,098	100.00	100.00
Total	6,098	100.00	

上述 keep 命令也可被以下 drop 命令替代，只不过在使用 drop 的时候，if 后面的条件句要变为"if city==0"，即将农村样本删除：

. drop if city==0

第五节 数据延展与抽取

在数据管理过程中，有时会根据分析需要增加或减少数据行，或者从已有数据中抽取部分样本或汇总信息进行分析。本节将介绍数据延展与抽取的方法。

一、数据延展

数据延展指的是复制原始数据中的样本并将复本添加到新数据中。可以想象，数据延展之后，新数据中将出现多条重复的样本。

在 Stata 中，进行数据延展的常用命令是 expand，它的使用方法如下：

expand [=]exp [if] [in]

第五章 数据变换

使用时,用户需在 expand 之后指定复制的数量,即 exp。这里的 exp 既可以是一个具体的数字,也可以是一个变量。通常来说,exp 是整数,如果 exp 是小数,Stata 会进行四舍五入,以确定复制的倍数。如果 exp 的值小于等于1,或者 exp 是缺失值,Stata 不会对数据进行任何修改。

下面,我们将通过具体的例子来演示 expand 命令的使用方法。我们可以紧接着第四节对 cgss2005raw 数据的操作使用以下 expand 命令,该命令的功能是将原数据中的每一行复制一次,并将复本添加到新数据中:

```
. expand 2
(6,098 observations created)
```

用 duplicates report 命令输出结果:

```
. duplicates report
```

Duplicates in terms of all variables

copies	observations	surplus
2	12196	6098

可以发现,在执行 expand 命令之后,原数据中的每一行确实都出现了一个复制品。

如果我们想要将这些复制品删除,可以使用 duplicates drop 命令:

```
. duplicates drop
```

Duplicates in terms of all variables

(6,098 observations deleted)

执行之后,数据又恢复到了 expand 之前的状态。由此可见,expand 命令和我们之前介绍过的 duplicates 命令在功能上是相反的,用户可根据需要灵活使用这两个命令。

expand 命令在处理事件史数据(event history data)时有非常重要的应用。下面,我们将通过一个例子来演示。

首先,使用 use 命令打开 Recid 数据:

```
. use "C:\Users\XuQi\Desktop\Recid.dta", clear
```

这个数据记录的是 432 名囚犯在刑满释放以后的 52 周之内是否再次被逮捕的信息。数据中最关键的两个变量是 week 和 arrest。week 是观察的周数；arrest 是标识在此期间囚犯是否再次被逮捕的二分变量，该变量取值为 0 表示没有被逮捕，取值为 1 表示被逮捕。除了 week 和 arrest 之外，数据中的其他变量记录的是囚犯的基本特征。艾利森曾在《用 SAS 进行生存分析实用指南》[①]这本书中使用过该数据，感兴趣的读者可以参考这本书以获取对该数据的更多介绍。

为了帮助读者更好地理解事件史数据，我们首先使用 list 命令列出 week 和 arrest 在前五行的值：

```
. list id week arrest in 1/5
```

	id	week	arrest
1.	1	20	1
2.	2	17	1
3.	3	25	1
4.	4	52	0
5.	5	52	0

从输出结果可以发现，第一名囚犯在第 20 周时被逮捕，第二名囚犯在第 17 周时被逮捕，第三名囚犯在第 25 周时被逮捕，而第四名和第五名囚犯在整个 52 周的观察期内都没有被逮捕。在分析这个数据时，如果我们仅仅关注 arrest（如通过二分类 logistic 回归模型分析是否被逮捕的影响因素），就会损失 week 的信息，因为释放后很快再次入狱和过了很长时间才再次入狱之间是有差别的。如果我们将焦点放在 week 上面（如通过线性回归模型分析影响再次入狱时间的因素）也有问题，因为事件史数据的特殊性在于，对于 arrest 取值为 1 的囚犯，week 表示从释放到再次被逮捕所经历的时间；但对于 arrest 取值为 0 的囚犯，week 表示从释放到最后一次观察所经历的时间。因此，对于第四名和第五名囚犯，我们并不知道他们准确的被逮捕时间（也有可能再也没有被逮捕）。

[①] Paul D. Allison, *Survival Analysis Using SAS: A Practical Guide*, 2nd ed., SAS Institute Inc., 2010.

第五章 数据变换

综上所述，常规的统计分析方法在处理事件史数据时是有限制的，因此，要分析这种数据，用户需要掌握专门的技术。详细介绍这些技术超出了本书的范围。我们在这里要强调的一点是，在使用这些专门的分析技术之前，用户首先需要将数据转换成这些技术可以应用的形态或结构。在使用事件史分析方法时，一个重要的步骤就是将以个体为分析单位的数据转换成人-期格式（person-period format），即每人每期在数据中占据一行，一个人经历了多少个观察期，就要在数据中占多少行。具体来说，在上面这个例子中，我们需要将原始数据转换成以"人-周"为分析单位的形态。

要实现这一目标，第一步就是用 expand 命令延展数据，具体如下：

```
. expand week
(19,377 observations created)
```

执行该命令之后，Stata 会将原始数据中的每一行复制 week 遍。具体来说，第一行数据将被复制 20 遍，第二行数据将被复制 17 遍，以此类推。复制之后，我们就获得了人-期格式数据的一个基本架构。

在执行 expand 命令之后，还需要根据样本编号对数据排序。排序的目的是将同一个案的数据集中到一起，以方便后续操作。排序之后，用户最好查看一下数据，看看每个个案在数据中所占的行数是否等于 week 的取值：

```
. sort id
```

用 list 命令输出结果：

```
. list id week arrest in 1/37, sepby(id)
```

	id	week	arrest
1.	1	20	1
2.	1	20	1
3.	1	20	1
4.	1	20	1
5.	1	20	1
6.	1	20	1
7.	1	20	1
8.	1	20	1
9.	1	20	1
10.	1	20	1
11.	1	20	1

12.	1	20	1
13.	1	20	1
14.	1	20	1
15.	1	20	1
16.	1	20	1
17.	1	20	1
18.	1	20	1
19.	1	20	1
20.	1	20	1
21.	2	17	1
22.	2	17	1
23.	2	17	1
24.	2	17	1
25.	2	17	1
26.	2	17	1
27.	2	17	1
28.	2	17	1
29.	2	17	1
30.	2	17	1
31.	2	17	1
32.	2	17	1
33.	2	17	1
34.	2	17	1
35.	2	17	1
36.	2	17	1
37.	2	17	1

可以发现，id 为 1 的个案在数据中占据了前 20 行，这个行数恰好等于该个案 week 的取值；id 为 2 的个案在数据中占据了接下来的 17 行，这个行数恰好也等于该个案 week 的取值。由此可见，之前执行的 expand 命令是非常成功的。

现在，我们已经得到了人-期数据的基本架构，但目前，同一个案的多行数据是完全重复的。要得到最终的人-期数据，我们还要做两步操作。第一步是生成一个时间变量，以标识个案的观察期，这可以通过以下命令实现：

. bysort id: gen time = _n

在这一步，我们巧妙地使用了系统变量"_n"。在第四章，我们曾介绍过，"_n"记录的是个案的样本编号，这个样本编号恰好可以拿来用作观察期的测量值。为了对每个个案计算各自的观察期，我们在生成 time 变量时，使用了 bysort id 这个前缀。

我们可以再次使用 list 命令观察一下 time 的取值：

```
. list id week arrest time in 1/37, sepby(id)
```

	id	week	arrest	time
1.	1	20	1	1
2.	1	20	1	2
3.	1	20	1	3
4.	1	20	1	4
5.	1	20	1	5
6.	1	20	1	6
7.	1	20	1	7
8.	1	20	1	8
9.	1	20	1	9
10.	1	20	1	10
11.	1	20	1	11
12.	1	20	1	12
13.	1	20	1	13
14.	1	20	1	14
15.	1	20	1	15
16.	1	20	1	16
17.	1	20	1	17
18.	1	20	1	18
19.	1	20	1	19
20.	1	20	1	20
21.	2	17	1	1
22.	2	17	1	2
23.	2	17	1	3
24.	2	17	1	4
25.	2	17	1	5
26.	2	17	1	6
27.	2	17	1	7
28.	2	17	1	8
29.	2	17	1	9
30.	2	17	1	10
31.	2	17	1	11
32.	2	17	1	12
33.	2	17	1	13
34.	2	17	1	14
35.	2	17	1	15
36.	2	17	1	16
37.	2	17	1	17

可以发现,该变量的值在每个个案内部依次按照 1,2,3…的顺序编号。time 取值为 1 表示个案在第一周的情况,取值为 2 表示个案在第二周的情况,以此类推。

获得人-期格式数据的第二步是根据 time 和 week 这两个变量取值的大小来修改 arrest 的值。因为个案是在第 week 周被逮捕的,所以在 week 之前的周,arrest 的值应当为 0。我们可以使用以下命令将对应数据行中 arrest 的值

替换为 0:

```
. replace arrest = 0 if time<week
(3,159 real changes made)
```

在执行上述 replace 命令之后可以发现,现在变量 arrest 的取值已经能够准确反映个案在每个观察期中是否被逮捕的状态。这样,一个人-期格式的数据就大功告成了。用 list 命令输出结果:

```
. list id week arrest time in 1/37, sepby(id)
```

	id	week	arrest	time
1.	1	20	0	1
2.	1	20	0	2
3.	1	20	0	3
4.	1	20	0	4
5.	1	20	0	5
6.	1	20	0	6
7.	1	20	0	7
8.	1	20	0	8
9.	1	20	0	9
10.	1	20	0	10
11.	1	20	0	11
12.	1	20	0	12
13.	1	20	0	13
14.	1	20	0	14
15.	1	20	0	15
16.	1	20	0	16
17.	1	20	0	17
18.	1	20	0	18
19.	1	20	0	19
20.	1	20	1	20
21.	2	17	0	1
22.	2	17	0	2
23.	2	17	0	3
24.	2	17	0	4
25.	2	17	0	5
26.	2	17	0	6
27.	2	17	0	7
28.	2	17	0	8
29.	2	17	0	9
30.	2	17	0	10
31.	2	17	0	11
32.	2	17	0	12
33.	2	17	0	13
34.	2	17	0	14
35.	2	17	0	15
36.	2	17	0	16
37.	2	17	1	17

第五章　数据变换

二、数据抽取

数据抽取指的是从原始数据中抽取部分样本或信息进行分析。数据抽取分两种：一种是抽取样本，另一种是抽取描述性统计指标，下面我们将分别加以介绍。

（一）抽取样本

对于一些大型数据，如电子化的人类行为数据（所谓的"大数据"），其样本量很大，不宜直接进行分析。这时候，用户就需要从原始数据中抽取部分样本进行分析。在 Stata 中，随机取样可以通过 sample 命令实现，该命令的使用方法如下：

```
sample #[if][in][, count by(groupvars)]
```

使用该命令的时候，需要在"#"中指定抽样规模。如果不加任何选项，"#"表示抽样百分比，即抽取"#%"的样本；如果使用选项 count，"#"表示抽取的具体数目，即抽取"#"个个案。

使用 sample 命令还可实现分层抽样。分层抽样指的是先对总体分类，然后在每个类别内部分别随机抽取样本。这种抽样方法可以保证样本中层变量的分布与总体一致，因而能提高样本的代表性。要实现分层抽样，需要在命令中加上选项 by(groupvars)，这里的 groupvars 就是对总体分层所使用的变量。使用该选项后，Stata 会根据 groupvars 的取值对总体自动分层，然后在每个层内随机抽取"#%"的样本。

下面，我们将通过例子来演示 sample 命令的使用方法。首先，使用 use 命令打开 cgss2005final 数据，从 count 命令的输出结果可以发现，目前该数据的样本量为 10372：

```
. use "C:\Users\XuQi\Desktop\cgss2005final.dta", clear

. count
  10,372
```

现在，我们将这个数据视作总体，并尝试从中抽取 50% 的样本。具体操作如下：

```
. sample 50
(5,186 observations deleted)

. count
  5,186
```

上述 sample 命令中没有使用选项 count，因此，这里的 50 是抽取 50%的意思。执行该命令之后，软件提示有 5186 个个案被删除了。在删除这些个案之后，数据中还剩下 5186 个个案，这些就是被软件随机选中的样本。

如果我们的目标不是抽取 50%的样本，而是抽取 50 个个案，那么可以使用以下命令：

```
. use "C:\Users\XuQi\Desktop\cgss2005final.dta", clear

. sample 50, count
(10,322 observations deleted)

. count
  50
```

上述 sample 命令使用了选项 count，因此，这里的 50 指的是具体的抽取数量。执行该命令后，软件随机删除了 10322 个个案，留在数据中的样本量为 50。

之前的两个 sample 命令采用的都是简单随机抽样，因为抽样波动，这种方法无法保证样本在一些关键指标上的分布与总体完全一致。举例来说，在 cgss2005final 数据中，城市样本占 58.79%，农村样本占 41.21%：

```
. use "C:\Users\XuQi\Desktop\cgss2005final.dta", clear

. tab city
```

是否城市样本	Freq.	Percent	Cum.
否	4,274	41.21	41.21
是	6,098	58.79	100.00
Total	10,372	100.00	

如果我们从中抽取 50%的样本进行分析，那么因为抽样的随机性，样本中的城乡百分比与总体会存在一定的出入，具体如下：

第五章 数据变换

```
. sample 50
(5,186 observations deleted)

. tab city
```

是否城市样本	Freq.	Percent	Cum.
否	2,118	40.84	40.84
是	3,068	59.16	100.00
Total	5,186	100.00	

如果我们希望样本在一些关键指标上与总体完全一致,那么最好采用分层抽样。举例来说,我们可以根据城乡分层,在城市和农村中各抽取50%的样本,然后再将这两个子样本合并,从而得到最终的样本。这一过程可以通过以下sample命令实现:

```
. use "C:\Users\XuQi\Desktop\cgss2005final.dta", clear

. sample 50, by(city)
(5,186 observations deleted)

. tab city
```

是否城市样本	Freq.	Percent	Cum.
否	2,137	41.21	41.21
是	3,049	58.79	100.00
Total	5,186	100.00	

可以发现,通过上述sample命令抽取出来的样本,城乡百分比与总体完全一致。我们建议用户在抽样时根据一些关键指标分层,以获得更有代表性的样本。

最后,使用sample命令时还有一个注意事项。Stata在进行随机抽样的时候会在软件后台自动生成随机数,但这个随机数会受到初始值的影响,因为每次执行sample命令时的初始值都不一样,所以每次执行同样的sample命令会得到不同的结果。

从下面一组命令的输出结果可以发现,我们两次使用同样的sample命令从cgss2005 final数据中抽取10个观察个案,但每次被抽中的个案编号是不同的:

```
. use "C:\Users\XuQi\Desktop\cgss2005final.dta" , clear

. sample 10, count
(10,362 observations deleted)

. list id, sep(0)
```

	id
1.	2322
2.	4757
3.	9232
4.	3192
5.	6546
6.	8993
7.	4422
8.	8642
9.	7063
10.	9723

```
. use "C:\Users\XuQi\Desktop\cgss2005final.dta" , clear

. sample 10, count
(10,362 observations deleted)

. list id, sep(0)
```

	id
1.	2606
2.	8898
3.	8858
4.	826
5.	3088
6.	2954
7.	9153
8.	2121
9.	2525
10.	10369

导致这一结果的原因在于，软件两次生成随机数的起始点不一样。

如果用户希望每次抽样结果相同，需要在执行 sample 命令前设置一个固定的随机数种子(seed)，这个种子就类似于随机数的起始点。其命令是：

set seed #

第五章　数据变换

这里的#可以是介于 0 和 "$2^{31}-1$"（2147483647）之间的任意数值。

当我们设置好固定的随机数种子之后，Stata 每次执行 sample 命令都会抽出同样的样本：

```
. use "C:\Users\XuQi\Desktop\cgss2005final.dta", clear

. set seed 12345

. sample 10, count
(10,362 observations deleted)

. list id, sep(0)
```

	id
1.	9687
2.	5142
3.	4363
4.	9602
5.	3206
6.	2133
7.	7362
8.	880
9.	2076
10.	10046

```
. use "C:\Users\XuQi\Desktop\cgss2005final.dta", clear

. set seed 12345

. sample 10, count
(10,362 observations deleted)

. list id, sep(0)
```

	id
1.	9687
2.	5142
3.	4363
4.	9602
5.	3206
6.	2133
7.	7362
8.	880
9.	2076
10.	10046

（二）抽取描述性统计指标

有时候，用户希望计算数据中的一些描述性统计指标，并将计算结果保存到一个新数据中加以分析利用。举例来说，cgss2005final 数据覆盖了全国 28 个省份，我们可以计算样本中各省份的平均收入、就业率、平均教育年限等指标，并将结果保存到一个以省份为分析单位的新数据中。这一工作可以手动完成，但非常烦琐。为此，Stata 设计了两个专门用来抽取描述性统计指标的命令：collapse 和 contract。

collapse 命令可以根据指定的变量将数据分组，然后分组计算描述性统计指标，最后将计算结果保存到一个以组为分析单位的新数据中。该命令的使用方法如下：

```
collapse clist [if] [in] [weight] [, options]
```

使用该命令的关键在于写对 clist。在 clist 中，用户需要做三项设定：一是设定需要分类汇总的变量，二是设定需要汇总的统计指标，三是设定新数据中汇总变量的名称。在具体设定时，用户可以采取以下两种方法。

第一种方法是用(stat) varlist。括号中的 stat 是统计指标的代号，collapse 命令可以使用的代号及其含义见表 5.3；括号后紧跟的 varlist 是变量名，即需要分类汇总的变量。使用该方法时，Stata 在新生成的汇总数据中将采用与原数据中相同的变量名来命名变量，因此，用户不需要设定新数据中的变量名。但这样带来的一个问题是，如果需要同时汇总一个变量的多个指标，如同时汇总收入的均值和标准差，Stata 会报错，因为在新数据中，收入的均值和标准差都会采用原数据中收入的变量名，而这是不允许的。

为了避免第一种方法的缺陷，用户可以采用另一种稍微复杂一点的方法，即(stat) target_var = varname。在这一方法中，括号中的 stat 依然是统计指标代号，这与之前介绍的第一种方法相同，但括号外的设定要复杂一些。用户需要明确设定新生成的汇总数据中变量的名称，即 target_var；同时设定待分类汇总的变量名，即 varname。

表 5.3　collapse 命令的统计指标代号及其含义

指标	含义	指标	含义
mean	均值（默认指标）	count	非缺失样本量
median	中位数	percent	非缺失百分比
p#	百分位数	max	最大值
sd	标准差	min	最小值
semean	均值标准误	iqr	四分位差（p75-p25）
sebinomial	二分变量均值标准误	first	第一个值
sepoisson	泊松变量均值标准误	last	最后一个值
sum	总和,加权	firstnm	第一个非缺失值
rawsum	总和,不加权	lastnm	最后一个非缺失值

使用 collapse 命令时有两个常用选项：一是 by(varlist)，该选项的功能是设定分组变量，即告诉 Stata 计算统计指标时根据哪个变量对数据分组。二是 cw，该选项的功能是采用例删法（casewise deletion）处理缺失值，即只要个案在 collapse 命令中所设定的任一变量上有缺失值，就将该个案删除。Stata 默认是基于原始数据中所有非缺失的样本来计算每个统计指标的，但这样做有可能导致计算不同指标时采用的样本量不一致。如果用户希望所有统计指标都基于相同的样本量来计算，需要使用 cw 选项。

下面,我们将使用 cgss2005final 数据来演示 collapse 命令的使用方法。

首先,使用 use 命令打开该数据：

```
. use "C:\Users\XuQi\Desktop\cgss2005final.dta", clear
```

接下来,可以使用 collapse 命令分省份汇总各省份的收入均值、平均教育年限和城市化率。因为这里我们要分类汇总的是 income、eduy 和 city 这三个变量的均值,而均值是 Stata 默认的统计指标,所以可以省略变量名前的（mean）这个部分,具体如下：

```
. collapse income eduy city, by(province)
```

执行上述命令之后,Stata 会自动生成一个新数据。用 list 命令输出结果：

```
. list, sep(0)
```

	province	income	eduy	city
1.	北 京	17429.1	11.12285	1
2.	天 津	11528.72	10.8	1
3.	河 北	8250.559	7.940334	.4333333
4.	山 西	6611.625	7.746988	.5
5.	内蒙古	7691.988	7.538922	.5209581
6.	辽 宁	7766.387	8.561446	.5480769
7.	吉 林	4459.152	7.71345	.7543859
8.	黑龙江	5941.88	7.398791	.8126888
9.	上 海	21263.04	11.38	1
10.	江 苏	10022.4	8.334959	.4666667
11.	浙 江	11868.68	6.570094	.4378882
12.	安 徽	7882.321	8.274472	.4961832
13.	福 建	10939.55	7.688474	.6261683
14.	江 西	4304.724	6.161826	.5020747
15.	山 东	9011.21	8.209268	.5022421
16.	河 南	4856.372	7.1571	.438253
17.	湖 北	5891.284	7.258656	.496945
18.	湖 南	9272.5	8.480652	.5804481
19.	广 东	12607.15	8.266666	.6444445
20.	广 西	6753.671	7.187805	.6097561
21.	海 南	9831.662	9.65	.75
22.	重 庆	4345.765	7.211765	.4941176
23.	四 川	4885.792	5.725225	.4071856
24.	贵 州	6307.917	7	.4208955
25.	云 南	5652.658	7.496875	.5
26.	陕 西	6405.063	8.667665	.6257485
27.	甘 肃	6874.024	7.802372	.5944882
28.	新 疆	4887.26	7.075	1

可以发现，这是一个以省份为分析单位的数据。除了省份名称之外，数据中还有三个变量，它们分别表示基于cgss2005final数据计算出来的各省份平均收入、平均教育年限和城市样本所占比例。需要注意的是，这三个变量的变量名与cgss2005final数据中的完全一致。

上面，我们采用了方法一来设定clist，这一方法的好处是比较简洁，但缺陷在于无法同时汇总同一个变量的多个指标，因为这样会导致新数据中多个变量同名。下面，我们尝试采用方法一来分省份汇总收入的均值和标准差，可以发现，Stata提示命令错误，出错的原因在于新生成的汇总数据中的变量名发生了冲突：

第五章　数据变换

```
. use "C:\Users\XuQi\Desktop\cgss2005final.dta", clear

. collapse (mean) income (sd) income, by(province)
error:
        income = (mean) income
        income = (sd) income
name conflict
r(198);
```

要避免出现上述情况，用户可以采用第二种方法来设定 clist。当我们将收入的均值命名为 meanincome、收入的标准差命名为 sdincome 之后，Stata 就能顺利地将这两个指标提取到新数据中了：

```
. use "C:\Users\XuQi\Desktop\cgss2005final.dta", clear

. collapse (mean) meanincome=income (sd) sdincome=income, by(province)
```

在上述 collapse 命令中，我们都是基于全部有效样本计算各项统计指标的。除此之外，Stata 还可采用例删法来处理缺失值。如果要采用这种方法，需要使用选项 cw：

```
. use "C:\Users\XuQi\Desktop\cgss2005final.dta", clear

. collapse income eduy city, by(province) cw

. list, sep(0)
```

	province	income	eduy	city
1.	北京	17429.1	11.10474	1
2.	天津	11528.72	10.8	1
3.	河北	8254.866	7.880779	.4257908
4.	山西	6611.625	7.75	.50625
5.	内蒙古	7691.988	7.548193	.5180723
6.	辽宁	7780.383	8.536407	.5461165
7.	吉林	4459.152	7.71345	.7543859
8.	黑龙江	5941.88	7.300633	.806962
9.	上海	21263.04	11.30964	1
10.	江苏	10022.4	8.311583	.4649266

11.	浙江	11903.43	6.537459	.4234528
12.	安徽	7845.065	8.267307	.4961538
13.	福建	10939.55	7.661442	.6238245
14.	江西	4304.724	6.085106	.4978724
15.	山东	9011.21	8.220521	.5038285
16.	河南	4864.699	7.525271	.4981949
17.	湖北	5891.284	7.269938	.4948875
18.	湖南	9272.5	8.497916	.5770833
19.	广东	12607.15	8.281362	.6505376
20.	广西	6753.671	7.138587	.5951087
21.	海南	9831.662	9.675324	.7402598
22.	重庆	4345.765	7.211765	.4941176
23.	四川	4868.018	5.723147	.4024206
24.	贵州	6307.917	6.936306	.3917198
25.	云南	5652.658	7.523962	.4984026
26.	陕西	6405.063	8.693694	.6276276
27.	甘肃	6836.927	7.894309	.5934959
28.	新疆	4887.26	7.077922	1

从上面这个例子可以发现，使用 cw 选项之后，Stata 汇总得到的各省份平均收入、平均教育年限和城市化率与之前略有差异，出现这种差异就是因为两次采用了不同的缺失值处理方法。

除了 collapse 之外，contract 命令也可用来提取描述性统计指标。不同的是，该命令只能提取观测频数或百分比。contract 命令的用法如下：

    contract varlist [if] [in] [weight] [, options]

使用时，只需将分组变量列在 contract 之后的 varlist 之中即可。

通过 contract 命令生成多个类别变量交叉分类后形成的观测频数数据，是对列联表进行对数线性模型（log-linear model）分析的基础。在使用 contract 命令的时候，用户需要注意以下几点。首先，Stata 在默认情况下只会根据用户设置的分组变量计算观测频数，该频数变量的变量名默认为"_freq"。如果用户希望改用其他变量名，需使用选项 freq( )，并在括号中指定变量名。此外，如果用户想要在观测频数之外输出累计频数、百分比和累计百分比，则需使用 cfreq( )、percent( ) 和 cpercent( ) 这三个选项，并在括号中指定存储累计频数、百分比和累计百分比的变量名。其次，Stata 在默认情况下会自动删除观测频数为 0 的类别，如果用户想要保留该类别，则需使用选项 zero。最后，Stata 在默认情况下会将变量的缺失值也作为一个单独的类别列在汇总数据中，如果用

第五章　数据变换

户不想纳入缺失值,则需使用选项 nomiss。

下面,我们将用 cgss2005final 数据来演示 contract 命令的使用方法。

首先,使用 use 命令打开该数据:

```
. use "C:\Users\XuQi\Desktop\cgss2005final.dta", clear
```

接下来,可以使用以下 contract 命令提取数据中分性别、教育程度和城乡的观测频数和百分比,我们使用了 zero 选项,要求 Stata 显示观测频数为 0 的类别:

```
. contract male educ city, freq(frequence) percent(percentage) zero
```

用 list 命令输出结果:

```
. list, sep(0)
```

	city	male	educ	freque~e	percen~e
1.	否	否	文盲	572	5.51
2.	是	否	文盲	282	2.72
3.	否	否	小学	928	8.95
4.	是	否	小学	561	5.41
5.	否	否	初中	559	5.39
6.	是	否	初中	965	9.30
7.	否	否	高中/职高/技校/中专	120	1.16
8.	是	否	高中/职高/技校/中专	1003	9.67
9.	否	否	大专及以上	11	0.11
10.	是	否	大专及以上	449	4.33
11.	否	否	.	1	0.01
12.	是	否	.	2	0.02
13.	否	是	文盲	240	2.31
14.	是	是	文盲	70	0.67
15.	否	是	小学	815	7.86
16.	是	是	小学	385	3.71
17.	否	是	初中	738	7.12
18.	是	是	初中	829	7.99
19.	否	是	高中/职高/技校/中专	269	2.59
20.	是	是	高中/职高/技校/中专	986	9.51
21.	否	是	大专及以上	17	0.16
22.	是	是	大专及以上	562	5.42
23.	否	是	.	4	0.04
24.	是	是	.	4	0.04

可以发现,上述命令得到了一个城乡、性别和教育程度交叉分类后的数据,且数据中列出了各类别的观测频数(变量名为 frequence)和百分比(变量名

为 percentage)。不过,该数据将教育程度中的缺失值也显示出来了,如果我们希望在计算的时候不考虑缺失值,可以使用选项 nomiss。感兴趣的读者可以自己尝试一下。

▶ 练习

打开数据 cfps2010_adult_chapter4.dta,完成以下操作:

(1) 筛选出数据中的男性样本,并将之存为 cfps2010_adult_male;按照类似的方法筛选出数据中的女性样本,并将之存为 cfps2010_adult_female。

(2) 将 cfps2010_adult_male 和 cfps2010_adult_female 纵向合并。

(3) 以 cid 为匹配变量,将 community.dta 数据横向合并到当前数据中。检查匹配结果,分析匹配失败的个案来自哪个数据。

(4) 根据 ca0 和 hkurban 生成新变量 urban,表示受访者居住在城市(urban=1)还是农村(urban=0)。首先根据 ca0 判断:如果受访者受居委会管理,则 urban=1;如果受村委会管理,则 urban=0。如果 ca0 为缺失值,则根据 hkurban 判断:如果 hkurban 是农业户口,则 urban=0;如果 hkurban 是非农户口,则 urban=1。为 urban 添加变量标签和值标签。

(5) 保留 pid、fid、cid、province、region、urban、male、age、hkurban、marryage、marryage_s、agegap、gapgroup、gap1、gap2、gap3 这些变量。

(6) 按照(5)中列出的变量顺序对变量排序;根据 province 和 urban 对个案排序。

(7) 保存当前数据,数据名为 cfps2010_adult_final.dta。

(8) 尝试从 cfps2010_adult_final.dta 数据中抽取 30%的样本,查看样本中 urban 变量的分布与 cfps2010_adult_final.dta 数据中的是否一致。如果想要使样本中的 urban 的分布与总体一致,该如何抽取样本?

(9) 打开 cfps2010_adult_final.dta 数据,分省份汇总 agegap 的均值和标准差,并将结果输出到一个新数据中。

(10) 提取数据中分 male、urban 和 gapgroup 的观测频数和百分比,缺失值不列。

第六章

do 文件

本章重点和教学目标：

1. 知道什么是 do 文件以及为什么要编写 do 文件；
2. 学会在 do 文件编辑器中编写 do 文件；
3. 掌握在 do 文件中添加注释的方法；
4. 能灵活使用各种方法提高 do 文件的美观度和可阅读性；
5. 学会通过命令、菜单和快捷键执行 do 文件；
6. 学会排查 do 文件执行过程中的错误，知道如何保存 do 文件的执行结果；
7. 学会在一个 do 文件中调用另一个 do 文件的方法；
8. 学会编写和使用 profile.do。

第一节　do 文件简介

在之前各章，我们都是通过在命令窗口输入命令的方式向 Stata 发出指令的。这种方式在处理简单任务时比较有效，而在应对相对复杂的数据分析任务时，用户就需要使用另一种更加有效的向 Stata 发出指令的方法，即本章要介绍的 do 文件。

一、什么是 do 文件

do 文件是 Stata 的命令程序文件。因为它的扩展名是".do",所以通常被称作 do 文件。简单地讲,do 文件是很多 Stata 命令的集合。但是除了可执行的 Stata 命令之外,一个完整的 do 文件通常还会包含注释等辅助信息。下面,我们给出一个 do 文件的例子。这个 do 文件将之前各章关于 cgss2005raw 数据的操作汇总到了一起:

```
. type "C:\Users\XuQi\Desktop\cgss2005.do"
*****************************************
*              CGSS2005 课程数据命令汇总          *
*              许琪      2020 年 6 月 30 日      *
*****************************************

*标注版本
version 14.2

*关闭分页显示
set more off

*打开日志文件
log using "C:\Users\XuQi\Desktop\cgss2005", text replace

*打开数据
use "C:\Users\XuQi\Desktop\cgss2005raw.dta", clear

*变量重命名
rename qs2a province
rename uniq_id id
rename qs2c urban
rename qa2_01 gender
rename qa3_01 birth
rename qa4_01 race
rename qa5_01 hukou
rename qa6_01 regular
rename qa7_01 employ
rename qb01 marry
```

```
rename qb03b edu
rename qb04a party
rename qb07 workyear
rename qb08 workhours
rename qb09b occ
rename qb09e industry
rename qb09f ownership
rename qb12a inc_m
rename qb12b inc_y

log off

*添加变量标签
label var id "个案识别号"
label var province "省份"
label var urban "城乡"
label var gender "性别"
label var birth "出生年"
label var race "民族"
label var hukou "户口性质"
label var regular "户口所在地"
label var employ "就业状况"
label var marry "婚姻状况"
label var edu "教育程度"
label var party "党员身份"
label var workyear "开始工作年份"
label var workhours "工作时长"
label var occ "职业"
label var industry "行业"
label var ownership "单位所有制"
label var inc_m "月收入"
label var inc_y "年收入"

log on

*添加值标签
label def urban 1 "城市" 2 "农村"
label val urban urban
```

```
label def province 11 "北京" 12 "天津" 13 "河北" 14 "山西" 15 "内蒙古" 21 "辽宁" 22 "吉林" ///
                   23 "黑龙江" 31 "上海" 32 "江苏" 33 "浙江" 34 "安徽" 35 "福建" 36 "江西" ///
                   37 "山东" 41 "河南" 42 "湖北" 43 "湖南" 44 "广东" 45 "广西" 46 "海南" ///
                   50 "重庆" 51 "四川" 52 "贵州" 53 "云南" 54 "西藏" 61 "陕西" 62 "甘肃" ///
                   63 "青海" 64 "宁夏" 65 "新疆"
label val province province

label define gender 1 "男" 2 "女"
label val gender gender

label def race 1 "汉" 2 "蒙古" 3 "满" 4 "回" 5 "藏" 6 "壮" 7 "维" 8 "其他"
label val race race

label def hukou 1 "城镇常驻" 2 "其他城镇" 3 "农村户口" 4 "其他户口"
label val hukou hukou

label def regular 1 "本居住地" 2 "本区县" 3 "本省" 4 "外省"
label val regular regular

label def employ 1 "全职" 2 "半职" 3 "临时工" 4 "离退休" 5 "下岗失业" 6 "兼业农民" 7 "全职农民" 8 "从未工作"
label val employ employ

label def marry 1 "未婚" 2 "已婚" 3 "离婚未再婚" 4 "离婚后再婚" 5 "丧偶未再婚" 6 "丧偶后再婚" 7 "拒绝回答"
label val marry marry

# delimit ;
label def edu 1 "未上学" 2 "自学" 3 "小学一年级" 4 "小学二年级" 5 "小学三年级"
              6 "小学四年级" 7 "小学五年级" 8 "小学六年级" 9 "初中一年级"
              10 "初中二年级" 11 "初中三年级" 12 "高中一年级" 13 "高中二年级"
              14 "高中三年级" 15 "职高、技校" 16 "中专" 17 "大专非全日制"
              18 "大专全日制" 19 "本科非全日制" 20 "本科全日制"
              21 "国内研究生" 22 "国外研究生" 23 "其他" ;
# delimit cr
label val edu edu

label def party 1 "党员" 2 "非党员"
label val party party
```

第六章 do 文件

```
label def ownership 1 "党政机关" 2 "国有企业" 3 "国有事业" 4 "集体企事业" /*
                */5 "个体经营" 6 "私企民企" 7 "三资企业" 8 "其他 1" /*
                */9 "其他 2" 10 "其他 3"
label val ownership ownership

*计算年龄和年龄平方
gen age=2005-birth
gen age2=age^2

label var age "年龄"
label var age2 "年龄平方"

*计算工龄和工龄平方
gen senior=2005-workyear
gen senior2=senior^2

label var senior "工龄"
label var senior2 "工龄平方"

*计算收入及其对数
gen income=inc_y
replace income=inc_m*12 if income==.

label var income "收入"

gen lninc=ln(income)
label var lninc "收入对数"

/*
*取年收入与月收入12倍中的较大值作为收入测量
gen inc1=inc_m*12
gen inc2=inc_y

egen incmax=rowmax(inc1 inc2)
*/

*变量重编码
recode age min/29=1 30/39=2 40/49=3 50/59=4 60/max=5, gen(agegroup)    //年龄组

label var agegroup "年龄组"
```

```
label def agegroup 1 "29 岁及以下" 2 "30-39" 3 "40-49" 4 "50-59"
                  5 "60 岁及以上"
label val agegroup agegroup

recode marry 1=1 2=2 3=3 4=2 5=4 6=2 7=.,gen(marrynew)    //婚姻状况

label var marrynew "婚姻状况"
label def marrynew 1 "未婚" 2 "在婚" 3 "离婚" 4 "丧偶"
label val marrynew marrynew

recode edu 1=1 2/8=2 9/11=3 12/16=4 17/22=5 23=.,gen(educ)    //教育程度

label var educ "教育程度"
label def educ 1 "文盲" 2 "小学" 3 "初中" 4 "高中/职高/技校/中专" 5 "大专及以上"
label val educ educ

recode edu 1=0 2=3 3=1 4=2 5=3 6=4 7=5 8=6 9=7 10=8 11=9 12=10 13=11 ///
           14=12 15/16=12 17=14 18=15 19=15 20=16 21=19 22=20 ///
           23=.,gen(eduy)
label var eduy "教育年限"

*生成虚拟变量
gen hkurban=1 if hukou==1 | hukou==2    //是否城镇户口
replace hkurban=0 if hukou==3

recode ownership 1/4=1 5/10=0,gen(state)    //是否国有部门

tab educ, gen(edu)    //教育程度

gen male=(gender==1) if gender<.    //是否男性
gen ccp=(party==1) if party<.    //是否共产党员
gen han=(race==1) if race<.    //是否汉族
gen city=(urban==1) if urban<.    //是否城镇样本
gen migrant=(regular==2 | regular==3 | regular==4) ///使用逻辑表达式生成虚拟变量
 if regular<.    //是否流动人口

label var hkurban "是否城镇户口"
label var state "是否国有部门"
label var edu1 "是否文盲"
label var edu2 "是否小学"
```

```
label var edu3 "是否初中"
label var edu4 "是否高中/职高/技校/中专"
label var edu5 "是否大专及以上"
label var male "是否男性"
label var ccp "是否共产党员"
label var han "是否汉族"
label var city "是否城市样本"
label var migrant "是否流动人口"

label define yesorno 0 "否" 1 "是"
label val hkurban state edu1 edu2 edu3 edu4 edu5 male ccp han city
migrant yesorno

*删除不需要的变量
drop urban-regular marry-workyear ownership inc_m inc_y

*调整变量顺序
order id province city male age* han hkurban migrant marrynew edu* ccp
employ state

*保存数据
save "C:\Users\XuQi\Desktop\cgss2005final.dta", replace

*关闭日志文件
log close
```

二、为什么要编写 do 文件

在学习如何编写和使用 do 文件之前,首先要回答的一个问题是:我们为什么要编写和使用它? 在之前各章,我们一直是以在命令窗口输入命令的方式向 Stata 发出指令,与这种方式相比,编写和使用 do 文件在以下三个方面具有明显优势:

首先,在命令窗口,用户一次只能提交一行命令,而一个复杂的数据分析任务往往需要执行成百上千条命令。所以,面对一个复杂任务时,一个更有效率的方法是将所有命令写在 do 文件里,然后一次性将其中的部分或全部交由

Stata 执行。

其次,在命令窗口提交过的命令只会临时记录在结果窗口和命令回顾窗口,一旦关闭 Stata,这些命令就会丢失。如果用户将命令写在 do 文件中,就可以永久性地保存它们,这就为日后重新查看、调用、补充和修改数据分析过程提供了便利。

最后,do 文件既可以留给数据分析者本人使用,也可以非常方便地分享给他人。而且在 do 文件中,数据分析者可以通过注释的方式帮助他人更好地理解数据分析的整体思路和要点,这也是在命令窗口输入命令无法做到的。

综上所述,在命令窗口输入命令比较适用于那种临时性的、简单的和探索性的数据分析工作,而那种有计划的、相对复杂的和系统的数据分析任务最好以 do 文件的方式完成。在本章接下来的部分,我们将详细介绍 do 文件的编写方法和使用要点。

第二节 编写 do 文件

do 文件的编写工作并不复杂,因为它的主体内容就是可执行的 Stata 命令,这些命令与之前各章介绍的在命令窗口输入的命令没有任何区别。但是,在一个完整的 do 文件中,用户还需添加注释等其他内容,以增加文件的可读性。此外,用户还需要适当地调整 do 文件的格式,以使其看上去整洁美观。本节将详细介绍编写 do 文件的方法与技巧。

一、do 文件编辑器

do 文件的编写工作可以通过任何一个文本编辑器完成,如记事本、Word 等常用的文本编辑工具。用户只要将编写好的文件存为".do"格式,就可通过 Stata 打开并执行。但是,相比这些通用的文本编辑软件,我们更推荐用户在 Stata 自带的 do 文件编辑器中编写 do 文件。用户可以单击 Stata 窗口上的 快捷键打开 do 文件编辑器,也可通过菜单"Window->Do-file Editor->New Do-file Editor"打开 do 文件编辑器。打开以后,桌面上会弹出图 6.1 所示的窗口,这个窗口中的空白区域就是编写 do 文件的地方。

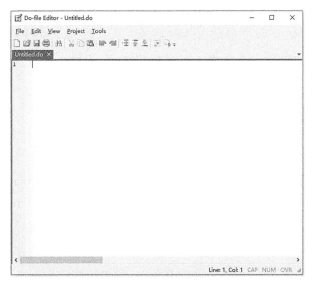

图 6.1　Stata 自带的 do 文件编辑器

与其他文本编辑软件相比,通过 do 文件编辑器来编写 do 文件有以下三个优势:

首先,Stata 自带的 do 文件编辑器与软件本身有直接的接口,用户可以在编辑器中选定部分或全部写好的命令交由 Stata 执行。因此,在 do 文件编辑器中编写 do 文件时,用户可以一边编辑,一边提交执行,并不时地根据执行结果调试命令。

其次,Stata 的 do 文件编辑器自动配有行号,且可以用不同的颜色显示不同的内容。例如,命令名默认用蓝色显示,命令的其他部分用黑色显示,字符串用褐色显示,注释用绿色显示。这样,用户通过颜色就能区分不同的内容,阅读和使用起来都非常方便。

最后,Stata 的 do 文件编辑器中提供了非常丰富的菜单和多个实用的快捷键,借助这些菜单和快捷键,用户可以非常方便地实现查找、替换、定位和执行等复杂操作,这也是其他文本编辑软件所不具备的。我们将在本章的后续部分介绍部分菜单和快捷键的使用方法。

二、do 文件的内容

如前所述,一个 do 文件的主体内容是可执行的 Stata 命令,这些命令的书写方法与在命令窗口中直接输入时完全相同,在这里不再重复介绍。我们要着重介绍的是 do 文件中所特有的两部分内容:一是标注版本,二是内容注释。

(一)标注版本

在编写 do 文件的时候,用户最好在一开始标明文件中的命令所基于的 Stata 版本,以免出现旧版本的命令在新版本的软件中无法执行的情况。我们知道,Stata 是一个不断更新的软件,每次更新它都会调整一些命令的使用方法,这导致用旧版本 Stata 软件编写的 do 文件在新版本中可能会出现执行不了的情况。

为了避免出现这种情况,用户可以在 do 文件的第一行命令使用 version 命令标明在编写这个文件时所使用的 Stata 版本。该命令的使用方法非常简单,只需在命令名 version 之后直接写出 Stata 的版本号即可。举例来说,在本章第一节所展示的 do 文件中就使用了一个 version 命令,具体如下:

```
version 14.2
```

该命令的功能是告诉 Stata,这个 do 文件是使用 14.2 版的 Stata 软件编写的。在读到这行命令之后,Stata 就会从它自带的版本库中调用 14.2 版的信息,并基于 14.2 版的语法要求执行该文件中的命令。这样,即便用户今后使用更高版本的 Stata 软件打开这个 do 文件,也不会出现命令执行不了的情况。

(二)内容注释

除了标注版本之外,用户在编写 do 文件的时候还要适时地添加注释。注释中的内容不会参与执行,但是能帮助编写者自己和他人更好地理解 do 文件。

在 do 文件中,用户可通过四种方法添加注释:

一是在某一行的开头添加"*",此时,整行内容都将被视作注释;

二是用配对的"/*"和"*/"表示注释的内容;

第六章 *do* 文件

三是在某一行之中用"//",这时,"//"之后的内容将被视作注释;

四是在某一行之中用"///",这时,"///"之后的内容将被视作注释,但与第三种方法不同的是,下一行内容将视作注释所在行命令的一部分。

第一种添加注释的方法通常用在一段命令之前,以说明这段命令的用途。举例来说,在本章第一节所演示的 do 文件中,我们在一组 rename 命令之前添加了一行注释。这行注释的功能是告诉读者,接下来的工作是对数据中的变量重命名:

```
* 变量重命名
rename qs2a province
rename uniq_id id
rename qs2c urban
rename qa2_01 gender
rename qa3_01 birth
rename qa4_01 race
rename qa5_01 hukou
rename qa6_01 regular
rename qa7_01 employ
rename qb01 marry
rename qb03b edu
rename qb04a party
rename qb07 workyear
rename qb09f ownership
rename qb12a inc_m
rename qb12b inc_y
```

使用"*"添加注释一次只能注释一行,如果要连续注释多行内容,最好使用第二种方法。在下面这个例子中,我们用"/*"和"*/"将一段命令包裹起来,这样,这段命令在执行的时候将被视作注释而直接跳过。这个例子也展示了注释的另一项功能,即跳过暂时不需要使用的命令。相比直接删除,注释的好处在于,以后如果需要使用这段命令,只需将注释符号去掉,而不需要重新编写。因此,我们建议用户在编写 do 文件的时候不要贸然删除命令,通过注释的方式跳过暂时不使用的命令是一个更好的选择,比如:

```
/*
*取年收入与月收入12倍中的较大值作为收入测量
gen inc1 = inc_m * 12
gen inc2 = inc_y

egen incmax = rowmax(inc1 inc2)
*/
```

此外,用户还可以在一行之中通过"//"添加注释,这种方法通常用在一条完整的命令之后,以对该命令的功能做某种说明。举例来说,在下面这组命令中,每条命令之后都添加了注释,这里的每个注释都是对一行命令的说明:

```
gen male = (gender == 1) if gender<.    //是否男性
gen ccp = (party == 1) if party<.    //是否共产党员
gen han = (race == 1) if race<.    //是否汉族
gen city = (urban == 1) if urban<.    //是否城镇样本
```

最后,第四种添加注释的方法通常用在一个完整的命令之间,以对某个命令的局部作说明。在下面这个例子中,我们使用逻辑表达式生成了是否流动人口这个虚拟变量:

```
gen migrant = (regular == 2 | regular == 3 | regular == 4) ///使用逻辑表达式生成虚拟变量
if regular<.    //是否流动人口
```

为了帮助他人理解这行命令,我们在逻辑表达式之后用"///"添加了一个注释。使用这种方法添加注释的时候,注释所在行的下一行内容将被视作上一行命令的延续,即 Stata 会认为"if regular<."是 generate 命令的一部分。如果使用的是"//",Stata 会认为命令在"//"之前就已经结束了。在实际使用时,用户一定要注意"//"和"///"之间的差异。

综上所述,在 do 文件中添加注释的方法非常灵活,用户可根据实际情况进行选择。这些注释的内容不参与执行,因此看起来似乎可有可无;但实际上,一个通篇只有命令而没有任何注释的 do 文件是难以被他人理解的,所以通常也是不被接受的。即便是数据分析者本人,时隔多日之后,在没有任何注释的帮助下,也很难迅速回忆起编写 do 文件时的整体思路和对数据中特定问题的处理方法。因此,我们强烈建议用户在编写 do 文件的时候多用注释!有时候,巧用注释还能实现一些特殊的功能,如本节介绍的将暂时不用的命令隐藏起来。在本章第三节,我们还将给出其他巧用注释的案例。

三、do 文件的美化

用户在编写 do 文件的时候,还需要通过各种方式将文件中的内容编辑得整洁美观。例如,在 Stata 语法允许的范围内,为 do 文件添加一个醒目的标题;使文件内容段落分明、逻辑清晰、显示美观等。

首先,我们来看如何给 do 文件添加标题。本章第一节演示的 do 文件提供了这样一个例子。我们在这个标题中注明了 do 文件要完成的主要任务、编写者姓名和编写时间:

```
* * * * * * * * * * * * * * * * * * * * * * * * * * * *
*               CGSS2005 课程数据命令汇总                *
*                 许琪      2020 年 6 月 30 日            *
* * * * * * * * * * * * * * * * * * * * * * * * * * * *
```

细心的读者可能已经发现,这个标题实际上是通过注释的方式添加到 do 文件中的,因为标题中的每一行都以"*"开头,所以这些行都将被视作注释。我们在这里巧妙地使用注释符号制作了一个美观的标题,读者可以参照这个方法制作自己的标题。

其次,用户还可通过空行和缩进这两项技术来提高 do 文件的逻辑性和层次性。在编写 do 文件的时候,一组相关命令结束之后,最好空一行,然后再写接下来的命令。空行不影响执行,但是可以给人一种一段话已经结束的感觉。我们在本章第一节演示的 do 文件中使用了很多空行,读者可以对照文件内容来领会这些空行的用法。

除了空行之外,另一种很实用的技术是缩进,即通过空格键将某些行往里缩一点,来显示这些行与上下行之间的逻辑关系。举例来说,下面这段命令就采用了缩进技术:

```
label def province 11 "北京" 12 "天津" 13 "河北" 14 "山西" 15 "内蒙古" 21 "辽宁" 22 "吉林" ///
                   23 "黑龙江" 31 "上海" 32 "江苏" 33 "浙江" 34 "安徽" 35 "福建" 36 "江西" ///
                   37 "山东" 41 "河南" 42 "湖北" 43 "湖南" 44 "广东" 45 "广西" 46 "海南" ///
                   50 "重庆" 51 "四川" 52 "贵州" 53 "云南" 54 "西藏" 61 "陕西" 62 "甘肃" ///
                   63 "青海" 64 "宁夏" 65 "新疆"
```

这段命令的功能是定义 province 这个值标签，但因为标签的内容太多，我们分了五行来编写。为了表明第二行至第五行的内容也从属于 label def 这一个命令，我们将这几行都往里缩了一些，且恰好收缩到与第一行命令中定义标签相齐平的位置。可以想象，如果第二行至第五行的内容也顶格写，就不会有这种清晰的逻辑层次。

最后，在编写 do 文件的时候，用户经常会遇到的一个问题是超长命令行的书写。上面给出的这个 label def 命令就是一个很典型的例子。根据 Stata 的要求，一个完整的命令必须写在一行之中，因为 Stata 只要读到回车键，就认为命令结束了，这就给 do 文件中编写超长命令带来了很大的麻烦。

如果用户想要分多行来编写超长命令，可以采用三种方法。

一是用"///"将超长命令分割成多段，每段写在一行。之前提到，"///"是在 do 文件中添加注释的一种方法，这种方法的特殊之处在于，它会将注释所在行的下一行视作上一行命令的延续。利用这一特性，我们可以巧妙地解决超长命令行分多行来书写的问题。上面给出的 label def 命令就是一个具体的应用。

二是修改 Stata 默认的命令结束标志。如前所述，Stata 默认回车键为一个完整命令结束的标志，如果我们将之换成其他符号（如"；"），就可以非常轻松地将一个命令写在多行了。在 Stata 中，修改命令结束标志的方法是使用命令"# delimit"。使用时，只需在该命令之后键入新的命令结束标志即可。

我们使用该命令将 Stata 的命令结束标志改成了"；"，接下来就可非常方便地将一个很长的 lable def 命令写在多行之中了。但须注意的是，在命令结束的位置，一定要键入"；"。因为这时候，Stata 的命令结束标志已经变成了"；"，如果没有键入"；"，软件会误以为命令还没有结束。而且，一旦我们将命令结束标志改成"；"，之后所有的命令在结尾处都必须添加"；"，这会非常烦琐。因此，我们建议在将超长命令写完之后，就立刻将命令结束标志改回默认的回车键。因为回车键的代号是"cr"，所以，我们只需执行"# delimit cr"命令，即可将命令结束标志修改回来：

```
#delimit ;
label def edu 1 "未上学" 2 "自学" 3 "小学一年级" 4 "小学二年级" 5 "小学三年级"
              6 "小学四年级" 7 "小学五年级" 8 "小学六年级" 9 "初中一年级"
              10 "初中二年级" 11 "初中三年级" 12 "高中一年级" 13 "高中二年级"
              14 "高中三年级" 15 "职高、技校" 16 "中专" 17 "大专非全日制"
              18 "大专全日制" 19 "本科非全日制" 20 "本科全日制"
              21 "国内研究生" 22 "国外研究生" 23 "其他" ;
#delimit cr
```

最后,处理超长命令行的第三种方法是将回车键变成注释内容。如前所述,"/*"和"*/"之间的任何内容都将被视作注释,而一旦被当作注释,软件就会跳过其中的内容。利用注释的这一特殊功能,我们可以通过"/*"和"*/"这两个注释符号将行末的回车键跳过,这样就可以把一个很长的命令分多行来写了。下面给出了一个具体的例子:

```
label def ownership 1 "党政机关" 2 "国有企业" 3 "国有事业" 4 "集体企事业" 5 "个体经营" /*
*/ 6 "私企民企" 7 "三资企业" 8 "其他 1" 9 "其他 2" 10 "其他 3"
```

第三节 执行 do 文件

do 文件可以通过两种方式提交给 Stata 执行:一是通过命令,二是在 do 文件编辑器中通过菜单或快捷键。在执行 do 文件的过程中可能会遇到各种错误,因此,用户要掌握错误排查的各种方法与技巧。最后,do 文件的执行结果最好保存到一个专门的日志文件中,以待日后查看。本节将详细介绍这些与 do 文件执行相关的知识。

一、命令法

用户可以通过两个命令将 do 文件提交给 Stata 执行:一个是 do,另一个是 run。这两个命令的使用方法都很简单,用户只需在 do 或者 run 之后列出待执行的 do 文件名及其存储地址即可[1]:

---

[1] 如果 do 文件保存在工作目录,存储地址可以省略。

do/run filename

do 和 run 的区别在于：使用 do 执行 do 文件的时候，Stata 会在结果窗口显示执行过程；如果使用的是 run，执行过程将被省略。

举例来说，我们可以在命令窗口输入以下命令将本章第一节演示的 do 文件提交给 Stata 执行：

. do "C:\Users\XuQi\Desktop\cgss2005.do"
（输出结果略）

可以发现，在执行该命令之后，Stata 一次性将 cgss2005.do 这个 do 文件中的所有命令都执行了一遍，且执行过程完整地显示在了结果窗口中。

用户也可以换用 run 来执行上述 do 文件，具体命令如下：

. run "C:\Users\XuQi\Desktop\cgss2005.do"

可以发现，使用 run 的时候，Stata 只会在后台执行 do 文件中的命令，而执行过程不会显示在结果窗口中。

用户在执行 do 文件的时候，是使用 do 还是使用 run 取决于具体问题的需要。如果 do 文件中包含统计分析相关的命令（如变量描述、回归分析等），我们建议使用 do，因为这时候如果使用 run，就无法看到统计分析表格。如果 do 文件中包含的仅是数据管理相关的命令（如定义变量、添加标签等），用户可以使用 run。

最后还需强调的一点是，如果用户使用 do 来执行 do 文件，一定要提前把分页显示的开关关掉，即使用 set more off 命令让 Stata 可以一次性将所有结果都输出。否则，Stata 只能一页一页地显示输出结果，这会给 do 文件的执行带来很大麻烦。我们建议用户在 do 文件的开始处使用 set more off 命令，这样，Stata 在每次执行的时候就可以自动把分页显示的开关关闭。

二、菜单或快捷键法

除了使用命令之外，用户也可在 do 文件编辑器中通过菜单或快捷键来执行 do 文件。相比命令法，菜单或快捷键法更加灵活，因为命令法只能将 do 文件中的所有命令提交给 Stata 执行，而菜单或快捷键法既可以提交所有命令，也可以选中部分命令提交给 Stata。

要使用菜单或快捷键法执行 cgss2005.do 这个 do 文件,我们首先要在 do 文件编辑器中打开该文件。打开的方法有两种:一是通过 do 文件编辑器中的快捷键 ,二是通过菜单"File->Open->Open"。[1]

打开以后,用户可以单击快捷键 ,或者菜单"Tools->Execute(do)"一次性执行该 do 文件中的所有命令,相应的执行过程将会显示在 Stata 的结果窗口中。这种执行 do 文件的方式类似于上一节介绍的命令 do。

此外,用户也可通过菜单"Tools->Execute quietly(run)"来执行 do 文件。此时,Stata 只会在后台执行 do 文件中的所有命令,而不会在结果窗口显示执行过程。这种执行 do 文件的方式类似于上一节介绍的命令 run。

除了可以一次性执行 do 文件中的所有命令之外,通过菜单或快捷键还可只执行其中部分命令。具体方法是,先选中要执行的命令,然后单击快捷键 ,或者菜单"Tools->Execute(do)",这样 Stata 就会执行选中的命令,并将执行结果显示在结果窗口。如果用户不想显示执行结果,可以使用菜单"Tools->Execute quietly(run)"。

我们建议用户在编写 do 文件的同时,灵活使用菜单或快捷键执行已编写完成的部分或全部命令。这样做的好处是可以及时看到输出结果,并根据输出结果调试命令。

三、错误及其排查方法

在执行 do 文件的时候,Stata 如果遇到出错的命令会立刻中断执行,并在结果窗口给出错误提示。遇到错误时,用户不必过于紧张,因为出错在使用 Stata 的过程中是再平常不过的事情。关键的问题是,用户要能读懂 Stata 的错误提示,并根据错误提示准确找到出错的命令和出错的原因,且能及时纠正它。

我们在之前各章已经详细介绍过数据管理过程中的常用命令以及可能出

---

[1] 不同版本的快捷键图标和菜单位置可能有所不同。

错的地方。在 do 文件中，命令的书写方法与在命令窗口完全相同，出错的原因也类似，因此，我们在这里不再重复介绍。在这一部分，我们将重点介绍与 do 文件相关的一些错误排查技巧。

首先，一个 do 文件通常会包含很多条命令，所以遇到错误，用户首先要解决的问题是找到出错的命令所在的位置。这可以通过 do 文件编辑器中的查找功能实现。举例来说，假设在执行 do 文件的时候遇到了如下错误提示：

```
. replace income=inc_m*12 if income=.
invalid syntax
r(198);

end of do-file

r(198);
```

通过之前各章的学习，我们很快就会发现，错误的原因在于这行 replace 命令在进行逻辑判断时将"=="错写成了"="。所以纠正的方法很简单，只要将"if income=."改成"if income==."即可。但问题是，do 文件中有成百上千条命令，一下子找到这行出错的 replace 命令并不容易。这时候，用户可以在 do 文件编辑器中单击快捷键 或者菜单"Edit->Find->Find"，打开查找对话框，然后在框中输入出错的命令，就可马上定位到出错位置。

其次，用户可在使用 do 或 run 这两个命令执行 do 文件的时候添加选项 nostop，这个选项的功能是遇到出错命令则跳过，并继续执行后续命令。但我们并不推荐大家使用这个选项，因为跳过错误命令可能会影响后续命令的执行。例如，如果我们跳过了上面这个出错的 replace 命令，变量 income 的取值就会与我们设想的不完全相同。这样，后续对 income 变量的相关操作和统计分析也会出问题。所以，我们建议用户在遇到出错命令时，一定要先排除错误，简单粗暴地跳过错误命令是得不偿失的。

再次，有时 Stata 在执行 do 文件的时候会突然终止，可能不是因为遇到了错误命令，而是遇到了一个特殊命令，即 exit。这个命令的功能是终止执行，它通常在编程等一些特殊的场合才会用到。如果是因为遇到 exit 命令而终止执行，Stata 会在结果窗口显示如下提示信息：

```
. exit

end of do-file
```

这时候,用户可通过查找窗口找到这行 exit 命令,然后结合上下文判断执行这行命令的原因是什么,最后再寻找解决方案。

最后,有时候,在执行 do 文件的过程中,用户想要自行终止执行过程。例如,do 文件中可能包含某个复杂的模型分析命令,但这个模型在拟合过程中始终无法收敛,因而陷入了无休无止的死循环,这时候用户就需要手动终止 do 文件的执行过程,然后找到出问题的模型,修改模型设定后再重新执行。手动终止 do 文件执行过程的方法是单击 Stata 窗口中的快捷键 ⊗ 。这个快捷键平时是灰色,处于未激活状态,只有在 do 文件执行过程中才会变成红色。待这个快捷键变为红色之后,用户就可通过单击它来终止 do 文件的执行。

四、保存执行结果

如果使用命令 do 来执行 do 文件,或者使用与命令 do 功能相似的菜单或快捷键,Stata 在执行 do 文件中的命令之后,会将结果显示在结果窗口,但这些结果会随着用户关闭 Stata 而丢失。如果用户想要永久性地保存执行结果,可以使用 Stata 的结果记录文件。

(一)新建结果记录文件

在 do 文件中新建结果记录文件的方法是使用 log using 命令。该命令的使用方法很简单,用户只需在命令名之后指定结果记录文件的名称及其存储地址即可。

举例来说,执行以下 log using 命令之后,Stata 就会在我的电脑桌面上新建一个名为 cgss2005 的结果记录文件:

```
log using "C:\Users\XuQi\Desktop\cgss2005", text replace
```

使用 log using 命令时有三个注意事项:

一是使用该命令的位置。Stata 会将 log using 命令之后出现的所有命令的执行结果保存下来。所以在使用该命令前,用户需要先明确 do 文件中哪些命令的执行结果是需要保存的,然后在这些命令之前使用 log using 命令。如果用户不确定需要保存哪些结果,可以在 do 文件一开始使用该命令,这样就能把所有结果都保存下来。

二是结果记录文件的格式。Stata 提供了两种格式:一种是 smcl 格式,这是 Stata 自带的一种特殊格式的文件,它只能用 Stata 打开。另一种是文本格式,这是一种通用的文件,可以使用任意一种文本编辑器打开。Stata 默认采用它自带的 smcl 格式的文件来保存执行结果,但我们更推荐用户使用文本格式,因为这种格式的日志文件打开方式灵活,编辑起来也更加方便。如果用户想要使用文本格式,需要在 log using 命令中使用选项 text。上文演示的 log using 命令使用了选项 text,这意味着将新建一个文本格式的结果记录文件。

三是同名文件的处理方式。在新建结果记录文件的时候,如果遇到同名文件,Stata 会报错。如果用户坚持想用这个文件名来保存执行结果,那么有两个选择:替换同名文件的内容,此时需使用选项 replace;或者在同名文件已有内容之后追加新的内容,此时需使用选项 append。在上文演示用的 log using 命令中,我们使用了选项 replace,这意味着如果遇到同名文件,Stata 会用当前的执行结果去替换已有的内容。

(二)关闭结果记录文件

在使用 log using 新建一个结果记录文件之后,Stata 会将该命令之后的所有执行结果都保存到文件中,直到遇到 log close 命令为止。log close 命令的功能是关闭结果记录文件,一旦关闭,就无法再将输出结果保存到结果记录文件中了。

使用 log close 命令时有三个注意事项:

一是 log close 与 log using 是一对必须成对使用的命令。如果在 log close 之前没有使用 log using 新建一个结果记录文件,Stata 会给出"no log file open"的错误提示,即没有处于打开状态的结果记录文件,因此无法关闭。

二是使用 log close 的位置一定要选好。因为该命令之后的输出结果将无法保存到结果记录文件中,所以,用户一定要将 log close 放在所有需要保存结果的命令之后。如果无法确定哪些命令的执行结果需要保存,那么,我们建议用户在整个 do 文件的最后使用该命令,这样,就可以把所有执行结果都保存下来。

三是使用 log close 会永久性地关闭已打开的结果记录文件,这意味着,如果没有再次使用 log using,之前的结果记录文件是无法再次打开的。除了这种永久性地关闭结果记录文件的方式之外,Stata 还提供了一种临时关闭和打开结果记录文件的方法。如果用户想要临时关闭结果记录文件,可以使用命令 log off;如果要打开被 log off 命令临时关闭的结果记录文件,可以使用命令 log on。

在下面这个例子中,我们使用 log off 临时关闭了结果记录文件。这样,关于添加变量标签的这段命令的执行结果将不会被保存到结果记录文件中。在这段命令之后,我们使用了 log on,这意味着将再次打开之前被临时关闭的结果记录文件,这样,该命令之后的输出结果将被保存下来:

```
log off

*添加变量标签
label var id "个案识别号"
label var province "省份"
label var urban "城乡"
label var gender "性别"
label var birth "出生年"
label var race "民族"
label var hukou "户口性质"
label var regular "户口所在地"
label var employ "就业状况"
label var marry "婚姻状况"
label var edu "教育程度"
label var party "党员身份"
label var workyear "开始工作年份"
label var ownership "单位所有制"
label var inc_m "月收入"
label var inc_y "年收入"

log on
```

由此可见，log off 和 log on 这对命令可以帮助用户过滤执行结果中不想保存下来的部分，这就使得结果记录文件的使用更加灵活。

第四节　调用 do 文件

在一个 do 文件中，用户可通过命令 do filename 来调用其他 do 文件。这样，被调用的 do 文件与主文件之间就形成了一种嵌套关系。这种嵌套关系有时能帮助我们更好地处理一些复杂的统计分析任务。

举例来说，假设用户需要同时使用 2003 年、2005 年、2006 年、2008 年和 2010 年这五期 CGSS 调查数据开展研究。使用时，这五期数据都要进行相应的数据管理工作，如变量重命名、添加标签、生成新变量、变量重编码等。我们可以将所有命令写在一个 do 文件中，但这样会使得 do 文件变得很长，且难以阅读。一个更好的办法是将对五期数据的相关操作分别保存在五个不同的 do 文件中，然后在一个主文件中调用这五个 do 文件。具体来说，我们可以将对五期 CGSS 数据的操作保存在 cgss2003.do、cgss2005.do、cgss2006.do、cgss2008.do 和 cgss2010.do 这五个 do 文件中。然后，在一个新的 do 文件中键入以下五行命令[①]：

```
do cgss2003.do
do cgss2005.do
do cgss2006.do
do cgss2008.do
do cgss2010.do
```

这样，在执行该 do 文件的时候，Stata 就会把五个 do 文件中包含的所有命令都执行一遍。这比把所有命令写在一个 do 文件中更加简洁明了。

除了形式上更加简洁之外，上述拆分还有两个额外的好处。第一，我们可以将这五个拆分出来的子任务交给不同的人去完成，最终再由一个人统合，这样，团队合作能够更加有效地开展。第二，拆分出来的五个 do 文件还可在其他

[①] 这里假定五个 do 文件均保存在工作目录。如果不在工作目录，需要在命令 do 中指定每个 do 文件的存储地址。

的统计分析工作中发挥用途。例如,一个新的统计分析任务可能只需使用cgss2005 数据,我们就可以在执行这项任务时直接调用 cgss2005.do,这样可以省却很多做过的数据管理工作。

最后还需提到的一点是,在 Stata 中,被调用的 do 文件本身还可调用其他 do 文件。例如,上面这个例子中的 cgss2003.do 这个 do 文件也可包含一个或多个 do 命令来调用其他编写好的 do 文件。在 Stata 14 中,这种 do 文件之间的嵌套关系最多可以达 64 层,因此,通过 do 文件之间的相互调用,用户可以构建起一个非常复杂的文件结构。

第五节 一个特殊的 do 文件:profile.do

用户每次打开 Stata,它都会自动在安装目录以及其他默认的位置(如工作目录、ado 文件的存放地址等)搜索一个特殊的 do 文件:profile.do。如果找到了这个 do 文件,Stata 就会自动执行该文件中包含的所有命令。利用 profile.do 的上述特性,用户可以将一些常用的系统设置命令写在该文件中。这样,每次启动 Stata,软件就会自动将系统参数设置成用户希望的样子。

下面给出了一个简单的 profile.do 文件的例子:

```
set more off
set matsize 1000
set logtype text
set update_query off
cd "C:\Users\XuQi\Desktop"
```

这个 do 文件共包含五行命令:第一行命令表示将分页显示的开关关掉;第二行命令表示将统计计算时允许的最大矩阵规模改为 1000;第三行表示将默认的日志文件类型改为文本格式;第四行命令表示关闭自动更新;第五行命令表示将工作目录改为桌面。

编写好 profile.do 的内容之后,用户一定要将之存放到指定位置(通常放在 Stata 的安装目录),因为只有这样,Stata 在启动时才能找到并执行它。如果用户打开 Stata 软件时看到结果窗口显示"running C:\Program Files(x86)\

Stata14\profile.do …",这意味着软件找到了这个 do 文件,并顺利执行了其中的所有命令。

◆ 练习

将第三章、第四章和第五章中对 cfps2010_adult 数据的操作集中编写到一个 do 文件中,并完成以下操作:

(1) 标注编写 do 文件所用的 Stata 版本;
(2) 添加必要的注释,说明编写思路和变量处理的要点;
(3) 合理使用各种技术提高 do 文件的可读性,通过恰当的方法处理超长命令行;
(4) 尝试使用命令法、菜单或快捷键法执行 do 文件,并保存执行结果。

第七章

编程入门

本章重点和教学目标:

1. 了解编程的概念及其主要用途;
2. 掌握宏的概念及其使用方法;
3. 学会获取 Stata 命令的运算结果;
4. 学会使用循环来简化重复性的命令编写工作;
5. 学会创建新的命令程序文件及其帮助文件的方法。

第一节 编程简介

编程(programming)是一个容易令人生畏的词。初学者大多觉得编程很难,没有信心掌握它。这种心理就跟用户刚接触 Stata 时听说要写命令是一样的。但是,我想随着前面几章的学习,大家应该能感觉到,Stata 的命令并不难写。同样,在 Stata 里面,编程也不是一件很难掌握的事情。而用户一旦掌握了编程的技巧,往往能收到事半功倍的效果。

通常来说,用户可在以下三种情况下使用编程:

一是实现统计分析的自动化,即当我们修改了一处命令,其他地方与之相关的命令也能自动加以调整。在统计分析时,反复调试命令是一项很常见的工作，但调试命令很容易出错，因为命令与命令之间往往是关联的，如果我们修改了某处命令，但忘记修改其他与之关联的命令，就会出错。所以，如果能够实现自动化，让软件根据已做的修改自动调整其他相关命令就会大大降低出错的可能性，也能大大减少调试命令的工作量。在使用 Stata 的时候，宏是我们实现统计分析自动化的一个重要工具，我们将在本章第二节介绍宏的概念和基本使用方法。另外，获取和调用 Stata 的统计分析结果也是实现统计分析自动化时常常需要用到的功能，我们将在本章第三节对之加以介绍。

二是重复调用某项功能或执行某种命令。在进行统计分析的时候，我们经常会遇到一些重复性的工作，例如，在数据所有变量名之后添加统一的变量后缀、按照某种固定的程式修改多个变量的取值等。如果这些重复性工作都要通过手动编写命令的方法来完成，那么工作量会非常浩大，以后查阅和修改这些命令也会非常困难。这时候，如果我们能找到这些重复性工作背后的规律，并对之进行适当的汇总打包，就可交给 Stata 批量处理。这一功能就是很多编程语言中所说的循环。Stata 提供了多个相对简单易用的循环命令来帮助用户简化重复性工作，我们将在本章第四节介绍循环命令的使用方法。

三是使用 Stata 自带的编程语言，还可以编写满足特定统计分析需要的命令程序文件及其帮助文件。通过之前各章的学习，我们知道，Stata 的各项数据管理和统计分析功能都是通过一个个具体的命令实现的，这些命令功能强大且已经比较完善。但即便如此，我们还是会遇到一些 Stata 自带的命令所无法满足的特殊统计分析需要。这时，用户就需要编写自己的命令程序来解决这些问题。我们在之前曾经提到，Stata 是一个开放的软件，除了它自带的命令程序之外，还有很多外部命令可供使用。这些外部命令就是其他用户使用 Stata 的编程功能所编写的命令程序文件。Stata 公司会不定期地将一些有用的外部命令吸纳到它自带的命令系统之中。比如，我们在第五章介绍的实现数据长宽格式相互转换的 reshape 命令，它在最初就是一个用户自己编写的外部程序，后来成为 Stata 自带的标准化程序。在本章第五节，我们将简要介绍编写 Stata 命令程序文件及其帮助文件的方法，以便一些高级用户开发自己的命令程序文件，从而为整个 Stata 用户社群做出更大的贡献。

综上所述，编程是一项非常实用的技术，恰当地使用编程语言有时会大大提高数据管理和统计分析的效率。在本章接下来的部分,我将对 Stata 的编程功能做一个简单介绍。写作本章的目的不是详尽罗列所有与编程相关的技巧和细节,而是希望通过这一章的介绍,让读者了解编程的基本思路,并逐渐养成编程的意识。如果读者想要了解更多有关 Stata 编程的技术,可以参考 Stata 出版社出版的经典教材《Stata 编程简介》[①]。

第二节 宏

在 Stata 的编程语言中,宏(macro)是一个最基本、最常使用的工具。通俗来讲,宏就是一个别名,程序员可以用宏来指定任何其想指定的内容。本节将介绍宏的基本概念和使用方法,并通过几个例子介绍宏在简化命令书写和实现统计分析自动化中的应用。

一、什么是宏

在介绍什么是宏之前,我们先看一个现实生活中的例子。下面,我们列出了十二个词:

富强、民主、文明、和谐
自由、平等、公正、法治
爱国、敬业、诚信、友善

这十二个词,我想大家应该耳熟能详,把它们合在一起,就是党的十八大提出的社会主义核心价值观。我们在日常交流的时候,如果说到社会主义核心价值观,一般只会使用概称,而很少将这十二个词一起说出来。为什么呢?我想,这里面有两个原因。第一,"社会主义核心价值观"这个说法比较简洁,而如果每次提到社会主义核心价值观,都要将上面列出的十二个词完整复述一遍,那就太麻烦了。第二,自从党的十八大提出社会主义核心价值观之后,民众对它的内容已经有了比较清楚的了解,所以只要提到社会主义核心价值

[①] Christopher F. Baum, *An Introduction to Stata Programming*, 2nd ed., Stata Press, 2016.

观,大家的脑子里就会显现出这十二个词。综上所述,在日常交流中,使用社会主义核心价值观这个称谓是一个既简洁又不会引发歧义的方法。

我们在计算机编程时所使用的宏,其原理也与之类似。宏实际上也是一个称谓,我们用这个称谓来指定一段具体的内容。如果这段内容需要在一个程序的多个地方反复使用,那么我们最好定义一个宏,然后在使用时直呼其名,这样计算机就能正确理解其所指代的内容。除此之外,在编程的时候使用宏还有另外一个好处,即实现命令的批量修改。一旦我们修改了某个宏的定义,程序中所有使用这个宏的地方都会自动进行修改。如果我们没有使用宏,而是直接使用宏所指代的内容,可以想象,这时候对命令的修改将会非常烦琐。

Stata 中有两种宏:一种是全局(global)宏,另一种是局域(local)宏。这两种宏的功能基本相同,但使用范围有明显区别。局域宏只在定义这个宏的程序文件(do 文件或 ado 文件)中有效,一旦程序运行完毕,其内部的局域宏将会自动丢失。① 而全局宏则在退出 Stata 前一直有效。我们建议初学者尽可能使用局域宏,只有在必须使用全局宏的地方才使用全局宏。因为全局宏比局域宏更加难以处理,且更容易出现名称上的冲突。

二、定义一个宏

在使用宏之前,我们首先要对它进行定义。在 Stata 中,如果要定义一个全局宏,就需要使用 global 命令;如果要定义一个局域宏,则需要使用 local 命令。这两个命令的使用方法如下:

```
global mname [ =exp|:extended_fcn|[string] ]
local mname [ =exp|:extended_fcn|[string] ]
```

在定义宏的时候,我们需要做两项工作:一是给宏起一个恰当的名字,即上述命令中的 mname;二是明确宏所指代的内容,即上述命令中 mname 之后的部分。宏的命名与变量命名相似,也要遵循见名知义的原则。此外,宏的名称

---

① 如果在一个 do 文件中调用其他 do 文件,这些被调用的 do 文件中的局域宏也会随着该文件运行结束而自动丢失。

不能太长。Stata 规定,全局宏的名称不能超过 32 个字符,而局域宏不能超过 31 个字符。

在确定好名字之后,我们还必须明确宏所指代的内容。在 Stata 中,宏可以指代三种内容:字符、表达式的值和拓展函数的返回值。如果宏指代的是字符,那么只需将指代内容列在宏的名称之后即可。用户也可使用双引号将指代内容括起来。如果宏指代的是表达式的计算结果,那么需要将表达式列在 mname 之后,且二者之间用等号相连。需要注意的是,这里的等号必不可少,因为如果没有等号,Stata 会误将表达式当作字符,而不是它的计算结果。最后,如果宏指代的是拓展函数的返回值,那么需要将拓展函数列在 mname 之后,且二者之间用冒号隔开。Stata 提供了很多宏的拓展函数,这些函数只在编程时会用到,用户可通过命令 help extended_fcn 来查看这些函数的用法。

下面,我们给出了几个宏的定义:

- `local a I love Stata`
- `global b I love Stata`
- `local c = 2+2`
- `local d 2+2`
- `local e : word count I love Stata`
- `local f : word 1 of I love Stata`

第一行命令定义了一个局域宏 a,它指代的内容是字符串"I love Stata"。第二行定义的宏 b 指代的也是这个字符串,但与第一行命令不同的是,这行使用的是 global 命令,所以宏 b 是一个全局宏,而不是局域宏。在第三行命令中,我们定义了一个局域宏 c,它指代的是"2+2"这个表达式的计算结果,所以 c 实际上指代的是数字 4。而在第四行命令中,局域宏 d 与表达式"2+2"之间没有等号,因此,Stata 会将"2+2"视作字符,并将这个字符作为局域宏 d 所指代的内容。在第五行命令中,局域宏 e 指代的是"word count string"这个拓展函数的返回值,该函数的功能是计算字符串 string 中的单词数。因为"I love Stata"共包含三个单词,所以该函数计算结果是 3,这个数值 3 就是局域宏 e 所指代的内容。最后,第六行命令定义的局域宏 f 指代的也是一个拓展函数的返回值。这行命令使用了"word # of string"这个拓展函数,该函数的功能是返回 string

这个字符串中的第"#"个单词。因为"I love Stata"中的第一个单词是 I,所以,f 指代的就是 I 这个单词。

三、宏的使用方法

在定义好一个宏以后,我们就可以在后续的程序中使用它们。使用局域宏的方法是用符号(`')将宏的名称括起来①,使用全局宏的方法是在宏的名称之前添加"$"符号。一旦我们在程序中使用了宏,Stata 就会用宏所指代的内容替换它的名称。

举例来说,在上文中,我们定义了六个宏,现在我们可以使用 display 命令来显示这六个宏所指代的内容。为了方便后续讲解,我们将所有命令都保存到一个名为 macro 的 do 文件中,然后使用以下命令来执行该文件:

. do "C:\Users\XuQi\Desktop\macro.do"

具体执行结果如下:

. local a I love Stata

. display "`a'"   // display "I love Stata"
I love Stata

. global b I love Stata

. display "$b"   // display "I love Stata"
I love Stata

. local c = 2+2

. display "`c'"   // display "4"
4

. local d 2+2

---

① 在输入这个符号的时候需要注意,符号的左半部分位于键盘 Tab 键之上("~"下面的那个符号,即反引号),符号的右半部分就是我们常用的单引号,也就是键盘上双引号下面的那个符号(在英文输入法模式下才可以打出)。

```
. display "`d'"   //  display "2+2"
2+2

. local e : word count I love Stata

. display "`e'"   //  display "3"
3

. local f : word 1 of I love Stata

. display "`f'"   //  display "I"
I
```

在上述六行 display 命令之后,我们用注释的方法给出了它们各自所等价的命令,即 Stata 用每个宏所指代的内容替换我们对宏的引用之后所呈现的命令。读者可以对照这些注释以及 Stata 的输出结果去体会宏的使用方法。

在执行上述 do 文件之后,我们可以再次在命令窗口输入这六行 display 命令。可以发现,只有与宏 b 对应的 display 命令给出了与之前一致的输出结果,而其他五行命令的显示结果均为空。其原因在于,上述定义的六个宏之中,只有宏 b 是全局宏,它在 do 文件运行结束之后依然有效,而另外五个宏都是局域宏,在 do 文件执行结束后,这五个宏也自动失效了。所以,当我们在执行 do 文件后再次使用 display 命令时,Stata 已经无法显示其所指代的内容。通过这个例子,读者应该能够理解局域宏和全局宏之间的差异。

四、用宏指代重复的命令片段

用宏来指代一段特定内容,在这段内容需要重复使用时最为有效。下面,我们给出一个具体的应用案例。

首先,使用 use 命令打开 cgss2005final 数据,然后拟合两个多元线性回归模型:

```
. use "C:\Users\XuQi\Desktop\cgss2005final.dta", clear

. regress income male age age2 eduy city han i.marrynew ccp state
```

(输出结果略)

. regress lninc male age age2 eduy city han i.marrynew ccp state

（输出结果略）

可以发现，这两个回归模型的自变量完全相同，但因变量不同。对于这样的模型，我们可以通过宏来简化命令的书写，具体如下：

. local x male age age2 eduy city han i.marrynew ccp state

. regress income `x'

（输出结果略）

. regress lninc `x'

（输出结果略）

在上述命令中，我们先定义了一个局域宏 x，使之指代模型的所有自变量，然后在回归模型中使用这个宏，这样就省去了在两个模型中重复键入相同自变量的烦恼。上面这个例子只涉及两个模型，因而，宏在简化命令书写方面的效果还不是很明显。但是，如果用户需要拟合 20 个这样的模型呢？可以想象，这时，使用宏的优势就会变得非常明显。

宏可以指代一个命令中的任意部分，包括命令的选项。举例来说，假设我们希望在使用 regress 命令的时候，Stata 汇报标准化回归系数，使用稳健标准误，且省略方差分析表的输出，其对应的选项分别是 beta、vce(robust) 和 noheader。我们可以定义一个宏来指代这三个选项，并在回归命令中使用宏，具体如下：

. local option beta vce(robust) noheader

. regress income `x', `option'

（输出结果略）

. regress lninc `x', `option'

（输出结果略）

除了减少书写命令的工作量之外，使用宏还有一个好处，就是可以批量修改命令。在上面这个例子中，如果我们想要将自变量中的 city 换成 hkurban，那么只需修改宏的定义即可，而回归模型部分可以原封不动地保留。具体如下：

```
. local x male age age2 eduy hkurban han i.marrynew ccp state

. regress income `x'
```
（输出结果略）

```
.regress lninc `x'
```
（输出结果略）

相比之下，如果不使用宏，我们就需要同时修改两个回归命令。如果待修改的命令还有很多，且散布在 do 文件的多个角落，那么修改命令就会变得非常烦琐。所以，当我们需要反复调试命令的时候，宏是一个非常有用的工具。

在这一节，我们主要介绍的是如何用宏来指代一串重复使用的命令片段，在接下来的几节，我们还会通过其他案例来介绍更多宏的使用方法。

第三节 获取 Stata 的运算结果

在编程的时候，宏的一个重要用途就是保存 Stata 的运算结果，以供后续分析使用。本节将首先介绍 Stata 记录运算结果的方式；然后介绍用宏来保存运算结果的方法；最后，介绍如何将 Stata 的运算结果输出到数据中。

一、Stata 记录运算结果的方式

Stata 在进行统计运算或估算一个模型之后，都会把相关运算结果临时记录下来。记录的方式取决于具体的命令类型。对于一般的统计运算命令，Stata 会通过 r( ) 的方式保存运算结果；而对于模型估计命令，则会通过 e( ) 的方式来保存。[①]

（一）以 r( ) 方式保存的运算结果

我们通过一个具体的例子来说明以 r( ) 方式保存的运算结果。首先使用

---

① 用户可通过每个命令自带的帮助文件来判断 Stata 是采用何种方式来保存运算结果的。具体来说，用户可先使用 help 命令打开帮助文件，然后找到"Stored results"部分，该部分详细列出了每个命令可以保存的运算结果及其采用的方式。

use 命令打开 cgss2005final 数据，打开之后执行以下 summarize 命令，计算 income 的描述性统计指标：

```
. use "C:\Users\XuQi\Desktop\cgss2005final.dta", clear

. sum income
```

Variable	Obs	Mean	Std. Dev.	Min	Max
income	10,049	8737.141	12844.34	0	400000

在执行上述 summarize 命令之后，Stata 会将计算结果以 r( ) 的方式保存下来。我们可以通过命令 return list 来查看具体的保存方式和结果：

```
. return list

scalars:
                  r(N) =  10049
              r(sum_w) =  10049
               r(mean) =  8737.141407105184
                r(Var) =  164977023.1727767
                 r(sd) =  12844.33817574019
                r(min) =  0
                r(max) =  400000
                r(sum) =  87799534
```

可以发现，Stata 用八个不同的 r( ) 记录了上述 summarize 命令的八个运算结果，这八个 r( ) 从上到下依次表示样本量、加权后的样本量、均值、方差、标准差、最小值、最大值和求和。我们可以在后续命令中直接通过 r( ) 来调用这些被保存下来的结果。

举例来说，我们可以通过以下命令计算 income 的变异系数。根据定义，变异系数等于标准差除以均值：

```
. display r(sd)/r(mean)
1.4700847
```

计算结果显示，income 的变异系数为 1.47。当然，我们也可以通过手动复制 summarize 输出表格中的数字来实现上述计算。具体如下：

```
. display 12844.34/8737.141
1.470085
```

可以发现，两种方法的计算结果是一致的。但相比之下，后一种方法明显更加烦琐。而且,一旦我们改变了 summarize 命令的执行条件,如增加 if male == 1 这个条件(仅对男性计算),那么计算结果必然发生变化,我们就必须重新复制输出表格中的数字。而如果使用前一种方法,就可以省却这一工作。

(二)以 e( ) 方式保留的模型估算结果

接下来,我们再看 Stata 如何保存模型估算结果。我们先拟合一个线性回归模型,然后就可使用 ereturn list 命令查看 Stata 保存回归结果的方法。需要注意的是,对于以 e( ) 方式保存的模型估算结果,必须使用 ereturn list,而不是之前的 return list:

```
. regress lninc male age age2 eduy city state

      Source |       SS           df       MS      Number of obs   =     5,847
-------------+----------------------------------   F(6, 5840)      =    253.30
       Model |  877.03192         6   146.171987   Prob > F        =    0.0000
    Residual |  3370.07616     5,840  .577067836   R-squared       =    0.2065
-------------+----------------------------------   Adj R-squared   =    0.2057
       Total |  4247.10808     5,846  .726498132   Root MSE        =    .75965

       lninc |      Coef.   Std. Err.      t    P>|t|     [95% Conf. Interval]
        male |   .2316287   .0203009    11.41   0.000     .1918313     .271426
         age |  -.0151872   .0040378    -3.76   0.000    -.0231027   -.0072717
        age2 |   .0001806   .0000411     4.39   0.000        .0001    .0002612
        eduy |   .0903769   .0029965    30.16   0.000     .0845027    .0962511
        city |   .3190632   .0312255    10.22   0.000     .2578496    .3802768
       state |  -.0803813   .0241596    -3.33   0.001     -.127743   -.0330196
       _cons |   8.147924   .1009684    80.70   0.000     7.949989     8.34586

. ereturn list

scalars:
              e(N) =  5847
           e(df_m) =  6
           e(df_r) =  5840
              e(F) =  253.3012198394413
             e(r2) =  .206500965739356
           e(rmse) =  .7596498111447093
            e(mss) =  877.0319200832551
            e(rss) =  3370.076159741604
           e(r2_a) =  .2056857270055266
             e(ll) =  -6685.704498863648
           e(ll_0) =  -7361.918690961318
           e(rank) =  7
```

```
macros:
         e(cmdline) : "regress lninc male age age2 eduy city state"
           e(title) : "Linear regression"
       e(marginsok) : "XB default"
             e(vce) : "ols"
          e(depvar) : "lninc"
             e(cmd) : "regress"
      e(properties) : "b V"
         e(predict) : "regres_p"
       e(estat_cmd) : "regress_estat"

matrices:
                e(b) :  1 x 7
                e(V) :  7 x 7

functions:
             e(sample)
```

从 ereturn list 命令的输出结果可以发现,以 e( )的形式保存下来的回归分析结果被分成了四类,其中比较重要的有两类。一是方差分析表部分的计算结果,这些结果是以标量(scalars)的形式保存的,这里的标量就是数字的意思。因为是数字,所以用户可直接使用它们进行后续计算。例如,我们可使用以下命令列出模型的 R^2:

```
. display e(r2)
.20650097
```

二是与回归系数相关的分析结果,这些结果是以矩阵(matrices)的形式保存的。用户可使用 matrix list 命令列出矩阵中的所有元素。例如,使用以下命令可以列出回归系数矩阵:

```
. matrix list e(b)
e(b)[1,7]
         male          age         age2         eduy         city        state        _cons
y1  .23162866   -.01518718    .00018057    .09037686    .31906319   -.08038131    8.1479245
```

相比标量,矩阵使用起来比较麻烦。如果用户想要使用上述矩阵中的元素,需要先新建一个矩阵,然后根据坐标调用相关元素的值。举例来说,我们可使用以下方法列出上述回归模型中 male 的回归系数:

```
. matrix b=e(b)
```

第七章 编程入门

```
. display b[1,1]
.23162866
```

在上述命令中,我们先生成了一个名为 b 的矩阵,并使之等于 Stata 保存的回归系数矩阵,然后通过 display 命令列出该矩阵中第一行第一列的元素,这个元素就是 male 的回归系数。需要注意的是,我们不能直接使用 display 命令列出 e(b)矩阵中的元素。例如,如果使用以下命令,Stata 会给出错误提示:

```
. display e(b)[1,1]
invalid syntax
r(198);
```

所以,生成新矩阵的工作是必不可少的。

除了可以通过上述方法获取 Stata 保存的回归系数之外,用户还可通过"_b[varname]"直接使用它们。例如,我们可以通过以下命令列出 male 的回归系数:

```
. display _b[male]
.23162866
```

相比之前的方法,通过"_b[varname]"获取回归系数更加方便快捷,所以,我们更加推荐用户采用这种方法。除了"_b[varname]"之外,用户还可通过"_se[varname]"获取回归系数的标准误。我们在本书第四章曾详细介绍过"_b[varname]"和"_se[varname]"的使用方法。读者可参考相应章节以获取更多内容。

二、用宏来保存运算结果

在第一部分,我们介绍了如何查看和使用 Stata 以 r( )和 e( )两种方式保存的运算结果。需要注意的是,通过这两种方式保存的运算结果(包括"_b[varname]"和"_se[varname]")都是临时性的。一旦我们执行了新的估算命令,之前的结果就会被新的结果覆盖。如果我们希望在整个命令程序中都能使用相关运算结果,最好的办法是将它们保存为宏。

举例来说,我们可以定义两个宏来保存通过 summarize 命令计算得到的 income 的均值和标准差,然后使用宏来计算 income 的变异系数,具体如下:

```
. sum income
```

Variable	Obs	Mean	Std. Dev.	Min	Max
income	10,049	8737.141	12844.34	0	400000

```
. local mean = r(mean)
. local sd = r(sd)

. display `sd' /`mean'
1.4700847
```

可以发现,上述计算结果与上一节使用 r( ) 得到的结果是完全一致的。不过,采用宏的好处在于,我们在后续的分析中也可使用 mean 和 sd 这两个宏来获取 income 的均值和标准差,而不必担心在执行新的估算命令之后,原先保存的计算结果丢失。

我们可以通过接下来的这个例子更好地展示宏的特点。首先,使用 regress 命令估算一个回归模型,具体如下:

```
. regress lninc male age age2 eduy city state
```

Source	SS	df	MS			
Model	877.03192	6	146.171987	Number of obs	=	5,847
Residual	3370.07616	5,840	.577067836	F(6, 5840)	=	253.30
				Prob > F	=	0.0000
				R-squared	=	0.2065
				Adj R-squared	=	0.2057
Total	4247.10808	5,846	.726498132	Root MSE	=	.75965

lninc	Coef.	Std. Err.	t	P>|t|	[95% Conf. Interval]	
male	.2316287	.0203009	11.41	0.000	.1918313	.271426
age	-.0151872	.0040378	-3.76	0.000	-.0231027	-.0072717
age2	.0001806	.0000411	4.39	0.000	.0001	.0002612
eduy	.0903769	.0029965	30.16	0.000	.0845027	.0962511
city	.3190632	.0312255	10.22	0.000	.2578496	.3802768
state	-.0803813	.0241596	-3.33	0.001	-.127743	-.0330196
_cons	8.147924	.1009684	80.70	0.000	7.949989	8.34586

接下来,定义一个宏,将上述模型的 R^2 保存下来:

```
. local r2_m1 = e(r2)
```

然后，重新估算一个新的回归模型，这个新模型在之前模型的基础上增加了 ccp 这个变量。在增加这个变量之后，模型的 R^2 有所增加。我们可以再定义一个宏，来保存这个新模型的 R^2。具体如下：

```
. regress lninc male age age2 eduy city state ccp

      Source |       SS           df       MS      Number of obs   =     5,847
-------------+----------------------------------   F(7, 5839)      =    220.39
       Model |  887.628284         7   126.804041  Prob > F        =    0.0000
    Residual |   3359.4798     5,839   .575351909  R-squared       =    0.2090
-------------+----------------------------------   Adj R-squared   =    0.2080
       Total |  4247.10808     5,846   .726498132  Root MSE        =   .75852

       lninc |      Coef.   Std. Err.      t    P>|t|     [95% Conf. Interval]
        male |   .2181407   .0205129    10.63   0.000     .1779277    .2583536
         age |  -.0156523   .0040332    -3.88   0.000    -.0235589   -.0077457
        age2 |   .0001772    .000041     4.32   0.000     .0000967    .0002577
        eduy |   .0875818   .0030621    28.60   0.000      .081579    .0935846
        city |   .3259337   .0312202    10.44   0.000     .2647306    .3871367
       state |  -.0905298   .0242393    -3.73   0.000    -.1380477   -.0430118
         ccp |   .1277208   .0297612     4.29   0.000     .0693779    .1860637
       _cons |   8.191819   .1013357    80.84   0.000     7.993164    8.390475

. local r2_m2 = e(r2)
```

现在，我们可以计算一下纳入 ccp 这个新变量之后，模型 R^2 的增加量。这可以通过以下命令实现：

```
. dis `r2_m2' - `r2_m1'
.00249496
```

在这个例子中，我们总共拟合了两个回归模型。在执行第二个 regress 命令之后，前一个模型的估算结果就被第二个模型覆盖了。所以，只有先用宏将前一个模型的 R^2 保存下来，才能在计算 R^2 增量的时候使用它。

三、把运算结果输出到数据中

在 Stata 中，用户除了可以将统计分析结果直接用于计算之外，还可以将它们输出到一个新数据中。方法是在命令前使用前缀 statsby，该前缀的用法如下：

Stata 数据管理教程

```
statsby [exp_list] [, options]: command
```

上述命令中的 exp_list 是需要输出的内容,用户可通过 r( )、e( ) 或者 "_b[ ]" 和 "_se[ ]" 进行设定。如果不设定,Stata 会根据命令的类型来决定输出的内容。通常来说,对于以 e( ) 形式保存输出结果的命令,Stata 默认输出的是回归系数,即 "_b[ ]";对于以 r( ) 形式保存输出结果的命令,Stata 默认将所有临时保存的分析结果全部输出。

前缀 statsby 有两个常用选项。一个是 by( ),该选项的功能是分类计算,即针对括号中设定的变量的每一个取值类别分别执行 command,然后将分类计算的结果全部输出到新数据中。另一个是 saving( ),该选项的功能是定义新数据的名称,如果不用该选项,Stata 默认会用输出的新数据来覆盖原先读入内存的数据。

下面,我们将通过例子来演示前缀 statsby 的使用方法。首先,使用 use 命令打开 cgss2005final 数据,然后使用前缀 statsby 将 income 的描述性统计结果输出到一个新数据中,具体如下:

```
. use "C:\Users\XuQi\Desktop\cgss2005final.dta", clear

. statsby : sum income
(running summarize on estimation sample)

       command:  summarize income
             N:  r(N)
         sum_w:  r(sum_w)
          mean:  r(mean)
           Var:  r(Var)
            sd:  r(sd)
           min:  r(min)
           max:  r(max)
           sum:  r(sum)
            by:  <none>

Statsby groups
────+─── 1 ───+─── 2 ───+─── 3 ───+─── 4 ───+─── 5
```

执行上述命令后,Stata 生成了一个新数据,而原来读入内存的 cgss2005final 数据则被这个新数据覆盖了。我们可以使用 list 命令列出该数据的内容:

. list

	N	sum_w	mean	Var	sd	min	max	sum
1.	10049	10049	8737.142	1.65e+08	12844.34	0	400000	8.78e+07

可以发现,该数据共有一行八列,这八个数字就是 summarize 命令以 r( ) 的形式保留下来的 income 的八个描述性统计指标。因为我们在使用前缀 statsby 的时候,没有设定要输出的指标,所以 Stata 默认输出所有指标。

假设我们只希望输出 income 的均值和标准差,那么可以在 statsby 之后,列出待输出的指标名称,具体如下:

. use "C:\Users\XuQi\Desktop\cgss2005final.dta", clear

. statsby r(mean) r(sd): sum income
(running summarize on estimation sample)

      command: summarize income
      _stat_1: r(mean)
      _stat_2: r(sd)
           by: <none>

Statsby groups

通过 list 命令可以发现,现在这个新数据中只有两个变量,它们分别记录的是 income 的均值和标准差:

. list

	_stat_1	_stat_2
1.	8737.142	12844.34

不过,一旦我们设定了具体要输出的指标名称,Stata 默认将按照"_stat_#"的方式给指标命名,这种命名不太方便使用。如果我们想要更换指标的名字,可以在 statsby 中设定指标的同时给出名字,具体方法如下:

```
. use "C:\Users\XuQi\Desktop\cgss2005final.dta", clear

. statsby mean=r(mean) sd=r(sd): sum income
(running summarize on estimation sample)

      command:  summarize income
         mean:  r(mean)
           sd:  r(sd)
           by:  <none>

Statsby groups
────┼─── 1 ───┼─── 2 ───┼─── 3 ───┼─── 4 ───┼─── 5

. list
```

	mean	sd
1.	8737.142	12844.34

可以发现,在使用 mean = r(mean) 和 sd = r(sd) 的方式进行设定后,新数据中的变量名变成了 mean 和 sd(等号左边的内容),这就比之前的"_stat_1"和"_stat_2"好用得多。

在上面的例子中,我们一直是基于全部样本计算 income 的描述性统计指标的。除此之外,通过 statsby 还可实现分类计算。例如,通过以下命令,我们可以计算每个省份的收入均值和标准差,并将之输出到一个新数据中。而且,为了防止新数据将原始数据覆盖,我们使用了选项 saving(inc_prov, replace),这样就可以用一个名为 inc_prov 的新数据来保存输出结果。选项中添加 replace 的目的是覆盖同名文件,以防当前工作目录已经存有一个也叫 inc_prov 的数据:

```
. use "C:\Users\XuQi\Desktop\cgss2005final.dta", clear

. statsby mean=r(mean) sd=r(sd), by(province) saving(inc_prov, replace):
  sum income
(running summarize on estimation sample)
      command:  summarize income
         mean:  r(mean)
           sd:  r(sd)
           by:  province

Statsby groups
────┼─── 1 ───┼─── 2 ───┼─── 3 ───┼─── 4 ───┼─── 5
..................
```

现在我们可以打开这个新生成的 inc_prov 数据，从 list 命令的输出结果可以发现，该数据保存的是 cgss2005final 数据中所有 28 个省份收入均值和标准差：

```
. use "C:\Users\XuQi\Desktop\inc_prov", clear
(statsby: summarize)


. list, sep(0)
```

	province	mean	sd
1.	北京	17429.1	14880.36
2.	天津	11528.72	7602.173
3.	河北	8250.559	12396.93
4.	山西	6611.625	6095.446
5.	内蒙古	7691.988	10323.07
6.	辽宁	7766.387	9938.139
7.	吉林	4459.152	5535.651
8.	黑龙江	5941.88	5688.321
9.	上海	21263.04	23929.76
10.	江苏	10022.4	14146.39
11.	浙江	11868.68	16957.29
12.	安徽	7882.321	19201.77
13.	福建	10939.55	12031.58
14.	江西	4304.724	7402.875
15.	山东	9011.21	10116.36
16.	河南	4856.372	5172.368
17.	湖北	5891.284	7049.422
18.	湖南	9272.5	10712.6
19.	广东	12607.15	21723.45
20.	广西	6753.671	9176.602
21.	海南	9831.662	9002.276
22.	重庆	4345.765	3276.01
23.	四川	4885.792	7964.55
24.	贵州	6307.917	7027.662
25.	云南	5652.658	6210.146
26.	陕西	6405.063	5509.513
27.	甘肃	6874.024	8328.318
28.	新疆	4887.26	5494.351

通过之前的学习我们知道，将分类计算的统计指标输出到新数据的功能也可通过 collapse 命令实现。不过，collapse 命令只能分类汇总描述性统计指标，对于一些比较复杂的统计运算则无能为力。举例来说，collapse 无法得到线性回归模型的回归系数和标准误，而 statsby 却能轻松做到这一点。我们可通

过 statsby 将分省份计算得到的回归模型的系数、标准误和模型R^2输出到一个新数据中：

```
. use "C:\Users\XuQi\Desktop\cgss2005final.dta", clear

. statsby _b _se r2=e(r2), by(province) saving(reg_prov, replace):
  reg lninc male age age2 eduy city state
(running regress on estimation sample)
      command:    regress lninc male age age2 eduy city state
      _eq2_r2:    e(r2)
          by:    province
(note: file reg-prov.dta not found)
Statsby groups
─────┼─── 1 ───┼─── 2 ───┼─── 3 ───┼─── 4 ───┼─── 5
..........................
```

第四节 循 环

在数据管理和统计分析过程中，用户经常会遇到一些重复性的工作。如果每项重复性工作都需要手动编写命令来完成，那么编程就会变得非常烦琐，命令程序也会因为太长而不便于阅读和使用。为了应付重复性的编程工作，所有高级编程语言都提供了循环功能。所谓循环，指的就是让计算机根据用户的设定来重复执行某一段代码，以达到精简命令程序编写工作的目的。而且，循环内部还可嵌套其他循环。本节将通过具体的例子介绍 Stata 中的三种循环语句以及循环嵌套的使用方法。

一、forvalues 循环

forvalues 循环可以让 Stata 在指定的数字序列里重复执行一段命令，其基本结构如下：

```
forvalues lname = range {
        commands referring to `lname'
    }
```

其中，lname 是一个局域宏，它的取值由等号后面的 range 决定。range 用来设定数字序列的取值范围和变动方式，Stata 会根据 range 的设定来重复给

lname 赋值,并重复执行大括号中的命令。

在使用 forvalues 循环的时候,有两个注意事项。一是 range 的设定方法。表 7.1 列出了四种不同的设定 range 的方法,并给出了具体的例子。用户可根据实际情况选择最合适的设定 range 的方法。二是大括号中需要重复执行的命令必须包含 lname,即这些命令的一个或多个部分要能随着 lname 取值的变化发生有规律的变化。这是我们采用循环语句可以精简命令书写的原因所在。

表 7.1 forvalues 循环中设定 range 的方法

设定方法	含义	案例	案例解释
a (d) b	从 a 变化到 b,每次增加 d 个单位	0 (10) 100	从 0 变化到 100,每次增加 10
		100 (-10) 0	从 100 变化到 0,每次减少 10
a/b	从 a 变化到 b,每次增加 1 个单位	1/100	从 1 变化到 100,每次增加 1
a t to b	从 a 变化到 b,每次增加 t-a 个单位	2 4 to 10	从 2 变化到 10,每次增加 2
		1 1.2 to 2	从 1 变化到 2,每次增加 0.2
a t : b	从 a 变化到 b,每次增加 t-a 个单位	2 4 : 10	从 2 变化到 10,每次增加 2
		1 1.2 : 2	从 1 变化到 2,每次增加 0.2

下面,我们将通过具体的例子来演示 forvalues 循环的使用方法。首先,使用 use 命令打开 Recid.dta 这个数据。我们曾在第五章介绍 expand 命令的时候使用过该数据。这是一个事件史数据。现在,我们重复一下第五章的操作,将这个以个体为分析单位的数据转换成人-期格式。

. use "C:\Users\XuQi\Desktop\Recid.dta" , clear

. expand week
(19,377 observations created)

. sort id

. bysort id: gen time = _n

. replace arrest = 0 if time<week
(3,159 real changes made)

转换之后可以发现，该数据中有一串名为 emp1—emp52 的变量，这串变量记录的是受访者在 52 周的观察期内每周是否有工作的信息。它有两个取值：0 表示没有工作，1 表示有工作。现在，我们尝试为这 52 个变量添加变量标签和值标签。

通过之前各章的学习，我们知道为变量添加标签需要使用 label 命令，这个命令并不复杂，但问题是，这里有 52 个变量需要添加标签，重复执行 52 遍几乎相同的 label 命令实在是一件非常令人懊恼的工作。不过，如果我们学会了 forvalues 循环，这一工作就可以轻松完成了！下面是具体的操作：

```
. label define yesorno 0 "否" 1 "是"

. forvalues i = 1/52 {
        label var emp`i' "第`i'周是否有工作"
        label val emp`i' yesorno
  }
```

在上面这段命令中，我们首先使用 label define 命令定义了一个值标签，然后使用了一个 forvalues 循环。在这段循环语句中，我们定义了一个局域宏 i，令它的初始取值为 1，然后每次重复执行的时候值增加 1，直到增加到 52 为止。

大括号中包含两行命令。第一行是添加变量标签的命令，这行命令中有两处使用到了宏 i：一处是变量名 emp`i'，另一处是标签的内容"第`i'周是否有工作"。执行的时候，Stata 会在出现宏 i 的地方，用它当前的取值去替代。因此，第一次循环，i 的取值为 1，Stata 会执行命令：label var emp1 "第一周是否有工作"。第二次循环，i 的取值将变为 2，Stata 将执行命令：label var emp2 "第二周是否有工作"。以此类推，直到执行完最后一个命令（label var emp52 "第52周是否有工作"）为止。

第二行命令是一个为变量添加值标签的命令，我们在变量名处使用了宏 i。对照之前的第一行命令，读者应该不难理解这行命令在 forvalues 循环中是如何被重复执行的。综上所述，我们通过一段非常简洁的循环语句，实现了为 52 个变量添加变量标签和值标签这一极为烦琐的重复性工作。

使用循环语句还能完成一些更加复杂的工作。比如，在人-期格式的事件史数据中生成时变变量就可以通过forvalues循环实现。在上面这个例子中,数据中的每一行代表受访者在某一周的情况,周的取值由变量time决定。换句话说,time取值为1表示受访者在第一周的情况,time取值为二表示受访者在第二周的情况,以此类推。现在我们想基于time和emp1—emp52生成一个表示受访者在当前周是否有工作的时变变量。这可以通过以下命令实现:

```
. gen emp = emp1 if time == 1
(19,377 missing values generated)

. forvalues i = 2/52 {
        qui replace emp = emp`i' if time == `i'
    }
```

在这段命令中,我们首先使用generate命令生成了一个新变量emp,并令它在time取值为1时的值为emp1。接下来,需要使用一系列replace命令将emp在time取值为2时的值修改为emp2,在time取值为3时的值修改为emp3,以此类推。很明显,这段重复性的工作交给forvalues循环来做再适合不过了。因此,我们写了一段循环命令。这段命令的主体部分只包含一行replace命令。第一次循环,局域宏i的取值为2,Stata将执行命令replace emp = emp2 if time == 2;第二次循环,i的值将增加到3,此时Stata将执行命令replace emp = emp3 if time == 3;以此类推,直到执行完所有的51个replace命令为止。

值得注意的是,在这段命令中,我们在replace命令之前使用了一个修饰语qui(即quitely),意思是悄悄地执行命令,不必呈现执行过程。如果不使用qui,Stata会把51行replace命令的执行过程输出,这会导致输出结果非常冗长。因此,我们建议用户在使用循环语句的时候灵活使用qui这个修饰语。

二、while循环

forvalues循环适用于那些明确知道循环次数的情况。有时候,我们只知道重复执行某段命令的条件,而不知道具体要重复执行多少次,这时就需要使用while循环。while循环的基本结构如下:

```
            while exp {
                    stata_commands
                 }
```

使用时,while 之后必须接一个逻辑表达式 exp,当 exp 的判断结果为真时,Stata 会执行大括号中的命令,直到 exp 的判断结果变为假,循环才会终止。使用 while 循环的时候,大括号中一定要有命令能修改 exp 中的参数值,因为只有这样,exp 的判断结果才有可能发生变化,否则循环将会一直执行下去,即变成了一个死循环。

下面,我们将通过 while 循环来重复上一节对 Recid 数据的操作。首先,我们采用与上一节同样的方法读入 Recid 数据并将之转换成人-期格式。

```
. use "C:\Users\XuQi\Desktop\Recid.dta", clear

. expand week
(19,377 observations created)

. sort id

. bysort id: gen time = _n

. replace arrest = 0 if time<week
(3,159 real changes made)
```

接下来,我们尝试使用 while 循环来为 emp1 至 emp52 这 52 个变量添加变量标签和值标签,具体命令如下:

```
. label define yesorno 0 "否" 1 "是"
. local i = 1
. while `i' <= 52 {
        label var emp`i' "第`i'周是否有工作"
        label val emp`i' yesorno
        local ++i
  }
```

在上面这段命令中,我们先定义了一个值标签,然后定义了一个局域宏 i,并令 i 的初始值为 1。接下来,我们使用了一个 while 循环,这个循环将在宏 i

第七章 编程入门

的取值小于等于 52 的条件下重复执行大括号中的三行命令。因为 i 的初始值为 1，满足小于等于 52 的条件，所以 Stata 将在第一次循环中执行以下三行命令：

```
label var emp1 "第 1 周是否有工作"
label val emp1 yesorno
local ++i
```

其中，前两行命令的功能是为 emp1 这个变量添加变量标签和值标签。第三行命令非常关键，它的作用是使宏 i 的取值在当前值的基础上加 1。[1] 换句话说，执行该命令之后，i 的值将变为 2。接下来，Stata 将会判断 i 当前的值是否满足小于等于 52 的条件，因为 i 当前的值是 2，满足这一条件，所以 Stata 会继续执行大括号中的命令：

```
label var emp2 "第 2 周是否有工作"
label val emp2 yesorno
local ++i
```

这样，我们就为 emp2 这个变量添加了变量标签和值标签，同时使 i 的值从 2 变为 3。然后，Stata 又会重复上述操作，直到 i 的值增加到 53，即大于 52 为止。而这个时候，我们已经成功地为 emp1 至 emp52 这 52 个变量添加好了变量标签和值标签。

我们也可使用 while 循环来生成时变变量 emp，具体命令如下：

```
. gen emp = emp1 if time == 1
(19,377 missing values generated)

. local i = 2

. while `i' <= 52 {
        qui replace emp = emp`i' if time == `i'
        local ++i
  }
```

在这段命令中，我们首先使用 generate 命令生成了一个新变量 emp，令它

---

[1] 也可使用命令：local i = `i' + 1。该命令与我们在正文中使用的"local ++i"在功能上是等价的。

在 time 取值为 1 时的值为 emp1。接下来,我们定义了一个局域宏 i,令它的初始值为 2。最后,我们执行了一个 while 循环。这个循环将重复执行 51 次 replace 命令,直到 i 的值增加到 53,即不再满足 i 小于等于 52 这个条件为止。与之前使用的 forvalues 循环类似,我们在 while 循环中也使用了修饰语 qui,以省略整个循环的执行过程。

三、foreach 循环

上文介绍的 forvalues 循环和 while 循环通常只能针对一串数字序列使用,且数字序列取值的变化一般要满足一定的规律,如每次递增 1。当我们想要对一组任意界定的字符串或数串使用循环时,这两个命令就无能为力了。这时,我们需要使用一种更加灵活的循环方法,即下面要着重介绍的 foreach 循环。

foreach 可以针对任意排列的字符串或数串重复执行一段命令,它的使用方法如下:

```
foreach lname {in|of listtype} list {
    commands referring to `lname'
}
```

上述命令中的 lname 是一个局域宏,它的所有取值需列在 list 之中。lname 和 list 之间要用 in 或者 of 这两个介词中的一个连接。如果用户使用的是 in,则不需要指定 list 的取值类型;如果用户使用的是 of,就必须进一步指定 list 的类型,即 listtype。可供选择的 listtype 包括 local、global、varlist、newvarlist 和 numlist。如果 list 是一个局域宏,那么 listtype 应使用 local;如果 list 是一个全局宏,那么 listtype 应使用 global;如果 list 列出的是数据中已有的一串变量名,listtype 应使用 varlist;如果 list 列出的是数据中没有的一串新变量名,那么 listtype 应使用 newvarlist;如果 list 里面列出的是一串数字,那么 listtype 应使用 numlist。总而言之,当使用 of 来连接 lname 和 list 的时候,命令的书写会复杂一些,但这样做的好处是循环的运算速度会更快(特别是当 list 是局域宏或全局宏的时候);如果用户使用 in,可以免去选择 listtype 的烦恼,但在运算速度上会有所损失。

使用 foreach 循环的时候,还必须在大括号中写出需要 Stata 重复执行的命

第七章 编程入门

令。与使用 forvalues 循环时一样,这些命令通常要包括 lname,因为只有这样,Stata 才能根据 list 中列出来的 lname 的不同取值重复执行稍有不同的命令。

下面,我们将通过具体的例子来演示 foreach 循环的使用方法。首先,使用 use 命令打开 cgss2005final 数据。然后,我们想要对数据中的 age、eduy、income 和 lninc 这四个变量进行标准化。对变量标准化的方法是:(var-mean(var))/sd(var)。我们可以根据这个公式对上述四个变量逐一进行标准化,但也可以通过一个 foreach 循环更加方便地实现这一目标,具体命令如下:

```
. use "C:\Users\XuQi\Desktop\cgss2005final.dta", clear

. foreach var in age eduy income lninc {
        qui sum `var'
        gen std_`var' = (`var' -r(mean))/r(sd)
  }
```

上述 foreach 循环将会重复执行四次大括号中的命令。第一次循环时,局域宏 var 的取值为 age,因此 Stata 将执行如下两行命令:

```
sum age
gen std_age=(age-r(mean))/r(sd)
```

第二次循环时,var 的取值将变为 eduy,此时执行的命令为:

```
sum eduy
gen std_eduy=(eduy-r(mean))/r(sd)
```

而在第三和第四次循环时,var 的取值将变为 income 和 lninc,这时将分别执行以下两组命令:

```
sum income
gen std_income=(income-r(mean))/r(sd)

sum lninc
gen std_lninc=(lninc-r(mean))/r(sd)
```

这样,在执行上述循环之后,数据中将生成 std_age、std_eduy、std_income 和 std_lninc 这四个新变量,这四个变量就是对 age、eduy、income 和 lninc 进行标准化以后的结果。

数据中的变量除了直接以变量串的形式纳入 foreach 循环之外,还可以先定义为一个宏,然后以宏的形式使用 foreach 循环。我们来看接下来这个例子。假设我们要拟合一个线性回归模型,模型的因变量是 lninc,自变量包括 male、age、age2、eduy、city、han、ccp 和 state。在执行 regress 命令之前,我们通常要将所有变量中的缺失值先清除掉,然后描述一下各变量的基本特征。这一工作可以通过手动操作一步一步来实现,但使用 foreach 循环能使命令的编写变得更加简洁,具体如下:

```
. local model lninc male age age2 eduy city han ccp state

. foreach var of local model {
        qui drop if `var' ==.
  }

. foreach var of local model {
        sum `var'
  }
```

Variable	Obs	Mean	Std. Dev.	Min	Max
lninc	5,847	9.107627	.8523486	4.60517	12.89922
Variable	Obs	Mean	Std. Dev.	Min	Max
male	5,847	.5286472	.4992214	0	1
Variable	Obs	Mean	Std. Dev.	Min	Max
age	5,847	44.71473	14.77086	18	94
Variable	Obs	Mean	Std. Dev.	Min	Max
age2	5,847	2217.548	1435.952	324	8836
Variable	Obs	Mean	Std. Dev.	Min	Max
eduy	5,847	9.852061	3.796865	0	20
Variable	Obs	Mean	Std. Dev.	Min	Max
city	5,847	.864888	.3418724	0	1
Variable	Obs	Mean	Std. Dev.	Min	Max
han	5,847	.9575851	.2015511	0	1
Variable	Obs	Mean	Std. Dev.	Min	Max
ccp	5,847	.1522148	.3592597	0	1
Variable	Obs	Mean	Std. Dev.	Min	Max
state	5,847	.6275013	.4835115	0	1

在上面这段命令中,我们首先定义了一个局域宏 model,这个宏指代的是线性回归模型中将要使用的所有变量。接下来,我们使用了两个 foreach 循环。第一个循环的功能是使用例删法(casewise deletion)处理缺失值,即只要在 model 中指代的任何一个变量上有缺失值,该个案就会被删除。第二个循环的功能是逐一描述 model 中所指代的变量。

在这两个循环命令中,我们都使用 model 这个宏来指代变量串,而且因为我们采用了介词 of,所以我们在 of 之后使用了 local,表示 model 是一个局域宏。使用宏的好处是我们不必在两个 foreach 循环中列出长长的一串变量。而且,在后续的回归分析中,我们也可以使用这个宏。在使用宏之后,回归分析的命令变得非常简洁:

```
. regress `model'
```

Source	SS	df	MS		Number of obs	=	5,847
					F(8, 5838)	=	195.37
Model	896.914215	8	112.114277		Prob > F	=	0.0000
Residual	3350.19386	5,838	.57385986		R-squared	=	0.2112
					Adj R-squared	=	0.2101
Total	4247.10808	5,846	.726498132		Root MSE	=	.75754

lninc	Coef.	Std. Err.	t	P>|t|	[95% Conf. Interval]	
male	.2184174	.0204864	10.66	0.000	.1782564	.2585783
age	-.0160207	.004029	-3.98	0.000	-.0239191	-.0081223
age2	.0001795	.000041	4.38	0.000	.0000991	.0002599
eduy	.0872175	.0030594	28.51	0.000	.0812198	.0932151
city	.3270343	.0311808	10.49	0.000	.2659083	.3881603
han	.1981074	.0492483	4.02	0.000	.1015626	.2946522
ccp	.1277961	.0297226	4.30	0.000	.0695288	.1860633
state	-.0915072	.024209	-3.78	0.000	-.1389659	-.0440486
_cons	8.016614	.1101786	72.76	0.000	7.800623	8.232605

四、循环嵌套

在上面演示的所有例子中,我们都只使用了一层循环。实际上,循环可以有很多层,也就是说,可以在一个循环之中套用另一个循环,从而实现循环的嵌套。下面,我们将通过具体的例子来演示循环的这种使用方法。

假设我们想要基于 cgss2005final 数据拟合一组双变量回归模型,模型的因变量包括 income 和 lninc，而模型的自变量包括 male、age、age2、eduy、city、han、ccp 和 state，这可以通过以下命令实现：

```
. foreach y in income lninc {
        foreach x in male age age2 eduy city han ccp state {
                regress `y' `x'
        }
    }
```
（输出结果略）

  上面这段命令涉及两个嵌套的 foreach 循环，外层循环定义了模型因变量 y 的两个可能取值，即 income 和 lninc。而内存循环则定义了模型自变量 x 的所有可能取值，即包括 male、age、age2、eduy、city、han、ccp 和 state 这八种情况。在实际执行的时候，Stata 会对 y 和 x 的取值进行两两搭配组合，并将之纳入回归模型。这样，Stata 就可以一下子拟合 16 个双变量线性回归模型，这 16 个模型对应的命令如下：

```
regress income male
regress income age
regress income age2
regress income eduy
regress income city
regress income han
regress income ccp
regress income state

regress lninc male
regress lninc age
regress lninc age2
regress lninc eduy
regress lninc city
regress lninc han
regress lninc ccp
regress lninc state
```

  利用循环还可以实现一些更加复杂的模型分析功能。假设在上述回归分析中,我们最关心的自变量是 eduy,其他变量都是控制变量,那么我们可以通过以下命令来观察逐步纳入控制变量之后,eduy 的回归系数如何发生变化:

```
. foreach y in income lninc {
        local control
        regress `y' eduy
        foreach x in male age age2 city han ccp state {
                local control `control' `x'
                regress `y' eduy `control'
        }
    }
```
(输出结果略)

上述命令包含两层 foreach 循环。第一层循环是对因变量的循环,即针对 income 和 lninc 这两个因变量,分别执行三个命令。其中,第一个命令的功能是定义一个局域宏 control,这个宏在初始状态下不包含任何内容。第二个命令的功能是拟合一个双变量线性回归,回归模型只包含 eduy 这个核心自变量,没有任何控制变量。接下来,第三个命令是一个 foreach 循环,在这个循环中,我们逐步往 control 这个局域宏中添加控制变量,然后做一个有控制变量的回归。这样,通过上面这组复杂的双层循环命令,Stata 总共拟合了两组共 16 个模型,这 16 个模型对应的命令如下:

```
regress income eduy
regress income eduy male
regress income eduy male age
regress income eduy male age age2
regress income eduy male age age2 city
regress income eduy male age age2 city han
regress income eduy male age age2 city han ccp
regress income eduy male age age2 city han ccp state

regress lninc eduy
regress lninc eduy male
regress lninc eduy male age
regress lninc eduy male age age2
regress lninc eduy male age age2 city
```

```
regress lninc eduy male age age2 city han
regress lninc eduy male age age2 city han ccp
regress lninc eduy male age age2 city han ccp state
```

上文演示了如何使用 foreach 命令实现双层循环。在实际使用时,循环可以包含更多层数,而且不仅是 foreach 命令,之前介绍的 forvalues 和 while 命令也可实现多层循环。在使用循环嵌套的时候,用户需要注意三点:一是要搞清楚内层循环和外层循环之间的关系,特别是要搞清楚在循环执行过程中哪些在变,哪些不变,如果遇到特别复杂的情况,我们建议用户先在纸上手写演练几次循环的过程。二是在写多层循环命令的时候,我们建议用户采用缩进技术,使内层循环相对外层循环往里缩进几个空格,这样的程序在阅读的时候会更有层次。三是涉及多层循环时,每一层循环的大括号一定要对应好,不能只有"{",没有"}"。我们建议用户在使用循环的时候,先把两个括号都写好,再往括号中添加具体的命令,这样可以有效防止命令写完时漏掉"}"。

第五节 创建新命令

我们在之前各章使用的命令都是 Stata 软件自带的命令,这些命令功能强大且已经比较完善,但是对于一些高级用户来说,有时还是会遇到 Stata 现有命令所无法解决的问题。例如,我们想计算一个新系数或估计一个新发表的统计模型,但这个系数或模型因为太新,还没有被纳入 Stata 现有的命令系统。还有时候,我们在处理数据时会重复遇到一些特殊问题,而每次解决这些问题都需要编写繁杂的程序。当遇到这些情况的时候,最好的办法就是自己手动创建一个新命令。在 Stata 中,手动创建新命令的工作并不复杂,而且这本身就是 Stata 软件的特色之一。在 Stata 的用户社群中,共享着很多用户自己创建的外部命令,这些命令不仅极大地丰富了 Stata 的功能,而且在很大程度上推动了 Stata 软件的发展与流行。本节将简要介绍利用 Stata 自带的编程语言创建新命令及其帮助文件的方法,希望读者在学习之后能对创建新命令的流程和基本概念有一个大概的了解。

一、命令程序文件及其编写方法

Stata 中的所有命令都与一个命令程序文件相对应,这些命令程序文件大多以".ado"为扩展名[①]。例如,与 regress 命令对应的是一个名为 regress.ado 的文件,与 tabulate 命令对应的是一个名为 tabulate.ado 的文件。这些 Stata 自带的命令程序文件都按照字母顺序存储在 Stata 安装目录下面的 ado\base 子目录中。比如:

regress 命令存储在 ~\Stata14\ado\base\r\regress.ado

tabulate 命令存储在 ~\Stata14\ado\base\t\tabulate.ado

用户可通过任何一个文本编辑器打开这些命令程序文件,甚至修改其中的内容。不过我们不建议用户自行改动命令程序文件,这有可能导致相应的命令无法执行。此外,如果将这些命令程序文件挪动到电脑其他位置也会导致命令失效,其原因在于 Stata 只会在特定位置搜索命令程序文件,一旦找不到目标文件,就会给出"command is unrecognized"的错误提示。用户可以通过 sysdir 命令查看 Stata 搜索命令程序文件的默认位置。如下所示,保存在以下位置的命令程序文件才是可以被执行的。因此,用户自己创建的新命令也只有保存到特定的文件夹(通常存储在 c:\ado\personal\)中,才能被 Stata 找到并执行:

```
. sysdir
    STATA:  C:\Program Files (x86)\Stata14\
     BASE:  C:\Program Files (x86)\Stata14\ado\base\
     SITE:  C:\Program Files (x86)\Stata14\ado\site\
     PLUS:  c:\ado\plus\
 PERSONAL:  c:\ado\personal\
 OLDPLACE:  c:\ado\
```

下面,我们将通过具体的例子来演示如何创建新的命令程序文件。假设我们想要创建一个名为 love 的命令,它的功能是在结果窗口显示"I love

---

[①] 有一小部分命令是在 Stata 的主程序里界定的。此外,从第 9 版开始,Stata 新发展了一种 mata 语言,所以在新版 Stata 中,也有一小部分命令是以".mata"为扩展名的。

you!"。在创建之前,我们可以先在命令窗口键入 love:

```
. love
command love is unrecognized
r(199);
```

Stata 给出了"command love is unrecognized"的错误提示,其原因在于,目前并不存在一个名为 love 的程序,所以无法执行。

现在,我们要手动创建一个 love 命令,方法是:首先,打开 do 文件编辑器,在里面键入以下几行命令;然后,将文件保存为一个名为 love.ado 的文件;最后,将这个文件复制到"c:\ado\personal\"文件夹中:

```
program love
    display "I love you!"
end
```

现在,我们再次打开 Stata,并在命令窗口输入 love。与之前不同的是,这次 Stata 在结果窗口成功显示了"I love you!"。

```
. love
I love you!
```

现在,我们回过头来看这个 love 命令是如何创建的。在 Stata 中,要创建一个新命令必须先编写一个与该命令同名的命令程序文件,且这个文件必须包含如下结构:

```
program progname
    command
end
```

其中,program progname 表示定义一个名为 progname 的新命令,command 是这个新命令要执行的具体内容,end 是命令程序文件结束的标志。

现在,我们来看对 love 这个命令的定义。可以发现,"love.ado"这个命令程序文件总共包含三行命令。第一行 program love 的含义是创建一个名为 love 的新命令。第二行的 display "I love you!"就是这个新命令的功能,即在结果窗口显示"I love you!"。而第三行的 end 是命令结束的标志,表示 love 这个命令

第七章 编程入门

的创建工作到此结束。

在编写好命令程序文件的内容后,我们必须将之另存为一个扩展名为". ado"的文件,且该文件的名字必须与命令名完全相同。否则,Stata 无法执行该文件。最后,将"love. ado"复制到"c:\ado\personal\"文件夹的步骤也很重要,因为只有将命令存放到指定位置,Stata 才能找到并执行它。

由此可见,在 Stata 中创建一个新命令的工作并不复杂,在上面演示的案例中,我们只写了三行程序就完成了一个新命令的创建工作。不过,通常在编写命令程序文件的时候,除了命令主体之外,我们还要添加一些辅助内容。

下面列出了一个完整版的 love 命令程序文件所包含的全部内容。在这个完整版中,除了之前讲述过的三行核心命令之外,我们还新增了三行内容。首先,我们在文件开始,增加了一行注释,注释中标注了该命令的版本、创建时间和创建人的姓名。添加这行注释的好处是可以帮助创建者自己以及其他人了解该命令的基本情况:

```
*! version 1.0   2020/07/18   XuQi
capture program drop love
program love
    version 14.0
    display "I love you!"
end
```

此外,我们在定义新命令之前写了一行 capture program drop love,这行命令的功能是如果发现内存中已经存在一个 love 命令,则将之丢弃。使用这行命令的好处是可以防止我们将要定义的 love 命令与曾经使用过的命令发生冲突。Stata 会将曾经使用过的命令临时保存在内存,如果我们将要定义的命令与这些命令同名,就会出错。所以在定义新命令之前,最好使用一个 program drop 命令将临时保存到内存的同名命令删除。但直接使用 program drop 也有问题,因为如果内存中没有保存相应的命令,Stata 也会出错。为了避免这个情况,我们在 program drop 之前使用了一个修饰语 capture,capture 的功能是根据实际情况判断是否需要执行 program drop 命令,即如果内存中确实存有一个同名命令,则执行 program drop,否则就不执行。

最后，我们在命令主体部分还使用了一行 version 命令，这行命令的功能是标注编写这个命令程序文件时所使用的 Stata 版本。我们在第六章介绍 do 文件的编写方法时曾经提到，不同版本的 Stata 之间可能会出现命令不兼容的情况，因此，在编写正式命令之前标注版本号，可以防止出现高版本 Stata 无法执行低版本命令的情况。

综上所述，编写一个命令程序文件的时候，用户不仅要写好程序的主体部分，还要适时地添加注释，并通过各种手段避免可能出现的错误。

我们在上文演示的 love 命令是一个很简单的命令，它的功能单一，每次执行只能显示固定的内容。而我们在之前各章使用过的命令都比它复杂。我们在第一章曾经提到，一个完整的 Stata 命令可以在命令名之后接变量串，可以使用 if 和 in 来限定命令的执行条件和样本范围，可以添加多个选项等。接下来，我们将通过一个稍微复杂一点的例子来演示如何在一个新命令中添加这些元素。

我们在本章第四节介绍嵌套循环的时候，曾经提到一种回归分析方法，即在一个简单的双变量回归模型中逐步纳入控制变量，并观察核心自变量的回归系数如何发生变化。这种嵌套模型（nested model）的分析策略在实际研究中经常会用到，因此，我们决定创建一个名为 nestregress 的新命令，该命令的功能是输出在无控制变量和逐步增加控制变量的情况下，核心自变量的回归系数及其置信区间。下面给出了这个命令程序的具体内容：

```
*!   version 1.0   2020/07/18   XuQi

capture program drop nestregress

program nestregress
    version 14.2
    syntax varlist [if] [in] , ind(varname) cov(varlist) [ci(real 95)]
    foreach y in `varlist' {
        local control
        qui regress `y' `ind' `if' `in'
        local coeff = _b[`ind']
        local lower = `coeff' -invttail(e(df_r), `ci' /200)*_se[`ind']
        local upper = `coeff' +invttail(e(df_r), `ci' /200)*_se[`ind']
```

```
        display ""
        display "For model: `y' on `ind'"
        display "The coefficient of `ind' is `coeff'."
        display "The `ci'% CI is [`lower', `upper']."
        foreach x in `cov' {
            local control `control' `x'
            qui regress `y' `ind' `control' `if' `in'
            local coeff=_b[`ind']
            local lower=`coeff'-invttail(e(df_r), `ci'/200)*_se[`ind']
            local upper=`coeff'+invttail(e(df_r), `ci'/200)*_se[`ind']
            display ""
            display "For model: `y' on `ind' `control'"
            display "The coefficient of `ind' is `coeff'."
            display "The `ci'% CI is [`lower', `upper']."
        }
}
end
```

在上面这段命令中,第一行命令是一个注释;第二行命令的功能是如果内存中已经保存了一个名为 nestregress 的命令,则将之清除。从第三行命令开始,我们进入了命令的主体部分。在主体部分,我们首先标明了创建这个命令程序时所使用的 Stata 版本(14.2 版)。接下来,我们使用了一行 syntax 命令定义了 nestregress 在使用时的语法规则。这行命令比较复杂,需要着重讲解。

首先,syntax 之后的 varlist 表示在使用 nestregress 时,需要在命令名之后接一串变量,这串变量根据后面程序可知,它就是回归模型的因变量。

其次,[if]和[in]表示该命令可以像其他 Stata 命令一样使用 if 和 in 来限定命令的执行条件和样本范围。需要注意的是,在 syntax 命令中,方括号中的内容是可有可无的项,而没有方括号的是必选项。因此,根据这行 syntax 命令的定义,我们在使用 nestregress 命令时,其命令名之后必须接一串变量(因为 varlist 没有在方括号中),而 if 和 in 则是可有可无的(因为这两项在方括号中)。

此外,我们在 syntax 命令中,还为 nestregress 命令定义了三个选项。其中 ind(varname)和 cov(varlist)是必选项,因为它们没有使用方括号;而 ci(real 95)是可选项,因为它外面使用了方括号。在定义这三个选项的时候有几个细节需要注意：一是 ind( ) 的括号里用的是 varname，而 cov(varlist) 中用的是 varlist。用 varname 表示只能纳入一个变量（模型的核心自变量），而 varlist 表示可以纳入多个变量（控制变量可以有多个）。二是 ci(real 95) 选项表示括号中应输入一个实数，且如果用户没有使用该选项，这个实数的默认值是 95。从后面可知，这个选项是用来定义置信区间的置信度的，在默认情况下，我们让软件输出置信度为 95% 的置信区间。

写好 syntax 命令之后，我们使用一个循环嵌套来实现逐步往模型中增加控制变量并输出相应结果的功能。这段命令的核心思想在本章第四节介绍循环嵌套时已经讲过，此处不再重复。我们在这里想要提醒读者注意的是，这段命令中用于回归分析的因变量、核心自变量和控制变量都是从 syntax 命令的定义中获取的。例如，模型因变量取自 syntax 中的 varlist，自变量取自选项 ind，控制变量取自选项 control，置信度取自选项 ci。这四个参数一旦在 syntax 命令中定义好，就会变成四个局域宏，后面的命令就可以使用这些宏来完成相应的统计运算。

另外，我们在这段命令中所有使用 regress 命令的地方都添加了修饰语 qui，这样的好处是可以省略冗长的回归分析表格的输出。最后，我们在计算置信区间时使用了 Stata 自带的函数 invttail(df, p)，这个函数中的参数都取自回归分析结果。用户可通过 help 命令或者我们在之前各章的介绍来理解这个函数的用法。

程序写好之后，我们需要将之保存到"c:\ado\personal\"，并命名为 nestregress.ado。现在，我们可以测试一下这个命令的执行情况。首先打开 cgss2005final 数据，然后输入以下命令：

```
. use "C:\Users\XuQi\Desktop\cgss2005final.dta", clear

. nestregress lninc, ind(eduy) cov(male age age2)

For model: lninc on eduy
The coefficient of eduy is .1403529779316135.
The 95% CI is [.1402189756047483,.1404869802584788].
```

第七章 编程入门

```
For model: lninc on eduy male
The coefficient of eduy is .1365259571376186.
The 95% CI is [.1363914568047864,.1366604574704508].

For model: lninc on eduy male age
The coefficient of eduy is .1431567782075104.
The 95% CI is [.1430131819128305,.1433003745021904].

For model: lninc on eduy male age age2
The coefficient of eduy is .1431431247011048.
The 95% CI is [.1429995140807299,.1432867353214797].
```

可以发现，Stata 给出了 eduy 在逐步纳入控制变量以后的回归系数以及 95% 置信度下的置信区间。

我们还可以测试一下 ci( ) 选项的功能。在添加 ci(99) 这个选项之后，Stata 正确地给出了 99% 置信度下的置信区间：

```
. nestregress lninc, ind(eduy) cov(male age age2) ci(99)

For model: lninc on eduy
The coefficient of eduy is .1403529779316135.
The 99% CI is [.1403261943211729,.1403797615420541].

For model: lninc on eduy male
The coefficient of eduy is .1365259571376186.
The 99% CI is [.1364990739886245,.1365528402866127].

For model: lninc on eduy male age
The coefficient of eduy is .1431567782075104.
The 99% CI is [.1431280770102453,.1431854794047755].

For model: lninc on eduy male age age2
The coefficient of eduy is .1431431247011048.
The 99% CI is [.1431144206405029,.1431718287617067].
```

通过上面这个例子，我们演示了在编写 Stata 命令程序文件时的一些核心要素，如定义命令语法，使用函数、宏和循环，获取统计运算结果等。不过需要强调的是，nestregress.ado 依然是一个非常简单的 Stata 命令程序。一个完善的命令程序不仅要定义命令的参数和使用方法,而且要考虑命令执行过程中可能出现的各种错误及其应对策略。这些问题可能比命令的主体部分还要复杂,编程的难度也要更大。我们写作本节的主要目标是让读者了解创建命令程序的核心思想和步骤,这些更加高深的内容待读者掌握了创建命令的方法后自学完成。

二、帮助文件及其编写方法

一个完整的 Stata 命令通常由两部分组成:一是命令程序文件,二是配套的帮助文件。在这一部分,我们将主要介绍帮助文件及其编写方法。

通俗来讲,帮助文件就是一个命令的使用说明书。对于一个陌生命令,比如上文我们创建的 nestregress,一般用户拿到手以后根本不知道如何使用。所以,我们必须为它编写一份使用说明,只有这样才能让使用者尽快了解命令的功能和使用方法。

在 Stata 14 中,帮助文件的扩展名为".sthlp",而在较早的 Stata 版本中,帮助文件是以".hlp"为扩展名的。一个命令的帮助文件必须与该命令同名,且通常与命令程序文件存放在相同的位置。这样做的目的是让 Stata 能尽可能快地找到命令的帮助文件。举例来说,如果我们想要为新创建的 nestregress 命令编写一个帮助文件,那么这个帮助文件的名称一定得是 nestregress.sthlp,且要将之存储在"c:\ado\personal\"。只有这样,我们在命令窗口输入 help nestregress 的时候,Stata 才能找到并打开这个帮助文件。

Stata 中的帮助文件是用它自带的 SMCL 文本编排语言来编写的。与此同时,SMCL 语言也是 Stata 在结果窗口显示命令执行结果和将执行结果存储为结果记录文件的默认编排语言。[①] 通俗来讲,SMCL 语言是一种为文本添加格式的特殊方法,它的使用方法并不复杂,但是对绝大多数用户来说,深入学习这种语言并没有太大必要。所以在下面,我们将仅通过一个例子来演示如何

[①] 我们在第六章介绍结果记录文件时提到 Stata 有两种保存结果记录的方式:一是以".smcl"的格式存储,二是以文本格式存储。不过,我们更建议大家用兼容性更好的文本格式保存运行结果。

用 SMCL 语言为 nestregress 命令编写一个帮助文件。

首先,打开 Stata 的 do 文件编辑器,然后在 do 文件编辑器中键入如下内容:

{smcl}
{title:Title}

{p 4}{cmd:nestregress}{hline 2}Nested lineal regression model

{title:Syntax}

{p 4}{cmd:nestregress} {it:varlist} [{cmd:if} {it:exp}] [{cmd:in} {it:range}] {cmd:,} {cmd:ind({it:varname})} {cmd:cov({it:varlist})} [{cmd:ci({it:#})}]

{p 8}Dependent variables of linear regression models should be listed in {it:varlist}.

{title:Description}

{p 4}{cmd:nestregress} performs nested lineal regression models. At first, a simple lineal regression model is performed and then control variables are added step by step. Coefficient and CI of the core independent variable are shown.

{title:Options}

{p 4}{cmd:ind({it:varname})} specifies the core independent variable of the model. This option must be included in the command.

{p 4}{cmd:cov({it:varlist})} specifies control variables of the model. This option must be included in the command.

{p 4}{cmd:ci({it:#})} specifies confidence level; default is ci(95).

{title:Examples}

{p 4}Setup

{p 8}{cmd:. sysuse auto}

{p 4}Perform nested lineal regression models

{p 8}{cmd:. nestregress price, ind(foreign) cov(mpg weight)}

{p 4}Acquire 99% confidence intervals

{p 8}{cmd:. nestregress price, ind(foreign) cov(mpg weight) ci(99)}

然后,将上述文件命名为 nestregress. sthlp,并存储到"c:\ado\personal\"。现在,我们就可以使用 help 命令打开这个帮助文件了(具体结果如图 7.1 所示):

. help nestregress

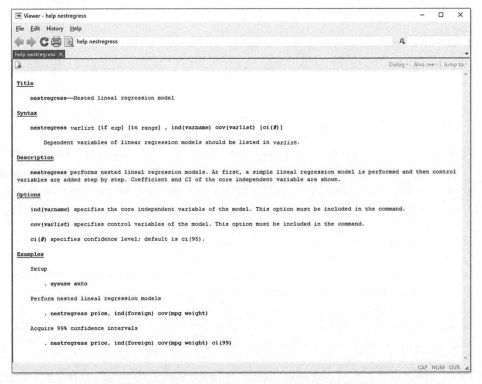

图 7.1　nestregress 命令的帮助文件在 Stata 中的呈现结果

现在,我们回过头来看一下这个帮助文件是如何编写的。通常来说,帮助文件的编写工作要分两步进行:第一步是输入帮助文件的内容,即图 7.1 所示的帮助窗口中最终呈现的文字;第二步是为文字内容编排格式。

我们先看第一步工作,这步工作实际上跟 SMCL 语言没有任何关系,用户只需根据命令的实际情况输入相关内容即可。通常来说,一个完整的帮助文件要包含 Title、Syntax、Description、Options 和 Examples 五个部分。但这也不是绝对的,用户可根据具体需要适当增减相应的部分。一般来说,Title 部分要用一句简短的话介绍命令的基本功能。Syntax 部分主要介绍命令的语法结构,并做必要说明。Description 部分主要描述命令的功能和执行中的技术细节,这部分通常是 Title 的一个扩展,但也不能太长。Options 部分需要逐个介绍命令的选项及其使用方法。最后,帮助文件通常以 Examples 结束,即通过具体的案例来演示命令的使用。

编写好帮助文件的具体内容之后,就要进入第二步排版工作。这时候,SMCL 语言才真正派上用场。SMCL 语言的一个主要特点是用"{}"表示命令部分。我们可以参照 nestregress.sthlp 这个帮助文件来理解这个语言在使用时的一些技巧。

首先,在文件一开始需要用{smcl}命令告诉 Stata 用 SMCL 语言来编排帮助文件。

其次,如果用户要改变某段文字的字体,需要使用{字体代码:文字内容}命令。举例来说,{title:Title}表示用 title 这种字体来显示 Title 这个单词,title 是 SMCL 语言中通常用来显示标题的字体。我们在上述命令中对 Title、Syntax、Description、Options 和 Examples 这五个段落标题都使用了 title 字体。除了 title 字体之外,我们还使用了 cmd(默认的命令显示字体)和 it(斜体)这两种字体。对于字体,还有两点需要注意:

(1)不是所有文字内容都要设置字体。例如,对于一般的介绍性文字,可以不加任何修饰,让 Stata 采用默认的字体显示。通常来说,只有比较特殊的文本,如标题、命令、选项、参数等才需要设置字体。

(2)如果需要对已经设置字体的文本中的内容叠加应用其他字体,需要使用字体命令的嵌套功能。举例来说,{cmd:ind({it:varname})}这句命令的意思是,对 ind(varname)使用命令字体,但括号中的 varname 则要在命令字体的基础上再使用斜体。

再次，除了字体之外，用户还可以编排段落的格式。编排方法是在一段话之前用{p}这个命令，我们在上述命令中大量使用的{p #}命令表示的是在一段话的开头输入#个空格。例如{p 4}表示在段落开头空四格，而{p 8}表示在段落开头空八格。

最后，用户可以在文本的任意处使用{hline}命令添加横线，来增强文件的美观度。举例来说，我们在 Title 部分使用了一个{hline 2}命令，表示在命令名 nestregress 和说明性文本"Nested lineal regression model"之间增加一个横线，横线的长度为两个字符，具体显示效果如图 7.1 所示。

综上所述，SMCL 语言是一种文字编排语言，用户在编写帮助文件的时候可以使用这种语言来美化帮助文件在窗口中的显示效果。在上面这个例子中，我们用到了 SMCL 语言的一些基本功能，如改变字体、编排段落格式等。除此之外，SMCL 语言还有其他更加高级的功能，如给某段文本添加超链接。用户如果对该语言感兴趣，可以在命令窗口输入命令"help smcl"以获取关于该语言的更多信息。

◆ 练习

使用 cgss2005final 数据，完成以下操作：

(1) 以 eduy 为因变量，以 male、age、age2、hkurban 为自变量，拟合线性回归模型，显示 $1/(1-R^2)$ 的大小，查看计算结果是否超过 10。[①]

(2) 围绕 eduy、male、age、age2、hkurban 这几个变量拟合线性回归模型，要求每次以其中一个变量为因变量，剩余变量为自变量，显示每个模型 $1/(1-R^2)$ 的大小，查看计算结果是否超过 10。

(3) 通过循环实现第(2)步操作。

(4) 创建一个新命令，命令名为 myvif。该命令的功能是根据用户输入的变量串拟合线性回归模型，每次以变量串中的一个为因变量，剩余为自变量，

---

① $1/(1-R^2)$ 也被称作方差膨胀因子(variance inflation factors, VIF)。通常认为如果 VIF 的值超过 10，因变量与自变量之间的共线性就比较强。

计算模型的 $1/(1-R^2)$，默认将这个值与 10 比较，如果超过 10，则列出该模型中因变量的名称。设置一个选项，允许用户修改 $1/(1-R^2)$ 的比较标准。

（5）使用 cgss2005final 数据测试一下第（4）步创建的新命令。

（6）为第（4）步创建的新命令写一个帮助文件。

附 表

附表　数据管理常用命令汇总

	命令	常用选项	说明
系统参数	query		查询系统参数
	set	permanently	改变系统参数值
软件更新	update query		检查是否需要更新
	update all		更新 Stata
	db update		打开更新对话框
寻求帮助	help		打开命令帮助文件
	search		联网搜索帮助信息
	findit		联网搜索帮助信息
打开数据	use	clear	打开 Stata 格式数据
	sysuse	clear	打开软件自带 Stata 格式数据
	webuse	clear	打开官网 Stata 格式数据
	import delimited	delimiters( ) clear	打开有固定分隔符的文本格式数据
	infile	clear	打开自由格式文本数据
	infix	clear	打开固定格式文本数据
	import excel	sheet( ) cellrange( ) firstrow clear	打开 Excel 格式数据

(续表)

	命令	常用选项	说明
录入数据	edit		打开数据编辑窗口
	input		录入数据
	cf	all verbose	双录检验
乱码转换	unicode analyze		分析文件编码类型
	unicode encoding set		设置编码方案
	unicode translate	invalid( )	按照设置的编码方案转换文件
查看数据	describe		描述数据和变量的基本特征
	tabulate	missing nolable generate( )	描述变量的频数分布
	tab1	missing nolable	描述多个变量的频数分布
	browse		打开数据浏览窗口
	count		计数
	list	separator( ) sepby( )	列出数据
	duplicates report		汇报重复观测值或重复观测个案
	duplicates list		列出重复观测值或重复观测个案
	duplicates tag	generate( )	标记重复观测值或重复观测个案
	duplicates drop		删除重复观测值或重复观测个案
存储数据	save	replace	保存为 Stata 格式数据
	saveold	replace version( )	保存为旧版的 Stata 格式数据
	export delimited	delimiter( ) replace	保存为有固定分隔符的文本数据
	outfile	replace	保存为自由格式的文本数据
	export excel	firstrow( ) replace	保存为 Excel 数据

（续表）

	命令	常用选项	说明
变量名与变量标签	rename	upper lower proper	对变量重命名
	label variable		添加变量标签
变量值与值标签	mvdecode	mv( )	将用户自定义的缺失值编码为系统缺失值
	mvencode	mv( )	将系统缺失值编码为用户自定义的缺失值
	label define	modify add	定义值标签
	label value		为变量添加值标签
	label list		列出值标签的内容
	label drop		删除值标签
变量类型转换	decode	generate( )	将数值变量的值标签转换为字符变量
	tostring	generate( ) replace	将数值变量的值转换为字符变量
	encode	generate( )	将字符变量转换为数值变量的值标签
	destring	generate( ) replace ignore( )	将字符变量中的数值转换为数值变量
变量存储类型和显示格式	recast		改变变量的存储类型
	compress		采用最省空间的存储类型存储变量
	format		查看或改变变量的显示格式
变量运算	generate		生成新变量并赋值
	replace		改变原变量的值
	egen		使用 egen 命令的函数生成新变量
	recode	generate( )	变量重编码

（续表）

命令		常用选项	说明
数据合并	append	generate( ) keep( ) force nolabel nonotes	纵向合并数据
	merge	generate( ) nogenerate noreport update replace keepusing( ) nolabel nonotes keep( )	一对一或一对多横向合并数据
	joinby	unmatched( ) _merge( ) update replace	多对多横向合并数据
	cross		交叉合并数据
长宽格式转换	reshape long	i( ) j( ) string	将宽格式转换为长格式
	reshape wide	i( ) j( ) string	将长格式转换为宽格式
数据排序	sort		从小到大排列数据行
	gsort		从小到大或从大到小排列数据行
	order	last before( ) after( ) alphabetic	排列变量的数据
数据筛选	keep		保留部分变量或样本
	drop		删除部分变量或样本
数据伸缩	expand		延展数据

（续表）

	命令	常用选项	说明
数据抽取	sample	count by( )	抽样
	collapse	by( ) cw	抽取均值、中位数、标准差等描述性统计指标并生成新数据
	contract	freq( ) cfreq( ) percent( ) cpercent( ) zero nomiss	抽取观测频数、百分比等描述性统计指标并生成新数据
编写和执行 do 文件	version		标注版本
	do	nostop	执行 do 文件，显示执行结果
	run	nostop	执行 do 文件，不显示执行结果
	log using	text replace append	打开结果记录文件
	log close		关闭结果记录文件
	log off		暂时关闭结果记录文件
	log on		打开暂时被关闭的结果记录文件
编程相关命令	local		定义一个局域宏
	global		定义一个全局宏
	forvalues		针对连续变化的数字重复执行命令
	while		当符合某一条件时重复执行命令
	foreach		针对任意字符串或数串重复执行命令
	program		定义一个新命令
	syntax		定义新命令的语法结构
	program drop		删除读入内存中的命令
其他常用命令	sysdir		显示系统文件存储位置
	cd		改变当前工作目录
	clear		清空内存
	display		显示结果

注：命令和选项名称下如有下划线表示可使用缩写，下划线所标注的字符即为软件可接受的最简缩写方式。

参考书目

唐丽娜:《社会调查数据管理:基于 Stata 14 管理 CGSS 数据》,人民邮电出版社 2016 年版。

王天夫、李博柏:《STATA 实用教程》,中国人民大学出版社 2008 年版。

杨菊华:《社会统计分析与数据处理技术——STATA 软件的应用》,中国人民大学出版社 2008 年版。

Acock, Alan C., *A Gentle Introduction to Stata*, 6th ed., Stata Press, 2018.

Allison, Paul D., *Survival Analysis Using SAS: A Practical Guide*, 2nd ed., SAS Institute Inc., 2010.

Hamilton, Lawrence C., *Statistics with STATA: Version 12*, 8th ed., Brooks/Cole, Cengage Learning, 2013.

Mitchell, Michael N., *Data Management Using Stata: A Practical Handbook*, 2nd ed., Stata Press, 2020.

教师反馈及教辅申请表

北京大学出版社本着"教材优先、学术为本"的出版宗旨，竭诚为广大高等院校师生服务。

本书配有教学课件，获取方法：

第一步，扫描右侧二维码，或直接微信搜索公众号"北大出版社社科图书"，进行关注；

第二步，点击菜单栏"教辅资源"—"在线申请"，填写相关信息后点击提交。

如果您不使用微信，请填写完整以下表格后拍照发到 ss@pup.cn。我们会在1—2个工作日内将相关资料发送到您的邮箱。

书名		书号	978-7-301-	作者	
您的姓名				职称、职务	
学校及院系					
您所讲授的课程名称					
授课学生类型（可多选）	□ 本科一、二年级　　□ 本科三、四年级 □ 高职、高专　　　　□ 研究生 □ 其他_____				
每学期学生人数	_____人			学时	
手机号码（必填）				QQ	
电子信箱（必填）					
您对本书的建议：					

我们的联系方式：

北京大学出版社社会科学编辑室

通信地址：北京市海淀区成府路 205 号，100871

电子邮箱：ss@pup.cn

电　话：010-62753121 / 62765016

微信公众号：北大出版社社科图书（ss_book）

新浪微博：@未名社科-北大图书

网　址：http://www.pup.cn